音符与品格：
中小学音乐教育与德育的融合探索

张静慧　著

天津大学出版社
TIANJIN UNIVERSITY PRESS

图书在版编目(CIP)数据

音符与品格：中小学音乐教育与德育的融合探索 / 张静慧著. -- 天津：天津大学出版社, 2024.5

ISBN 978-7-5618-7728-9

Ⅰ. ①音… Ⅱ. ①张… Ⅲ. ①音乐课－教学研究－中小学②德育－教学研究－中小学 Ⅳ. ①G633.951.2 ②G631

中国国家版本馆CIP数据核字(2024)第106402号

出版发行	天津大学出版社
地　　址	天津市卫津路92号天津大学内（邮编：300072）
电　　话	发行部：022-27403647
网　　址	www.tjupress.com.cn
印　　刷	廊坊市海涛印刷有限公司
经　　销	全国各地新华书店
开　　本	710mm×1010mm　1/16
印　　张	14.5
字　　数	300千
版　　次	2024年5月第1版
印　　次	2024年5月第1次
定　　价	58.00元

自 序

在中小学教育中，音乐教育不仅承载着培养学生审美情感、艺术修养的重任，更在无形中塑造着学生的品格与道德。德育，作为教育的灵魂，其重要性不言而喻。那么，如何将音乐教育与德育紧密结合，让学生在感受音乐之美的同时，也形成良好的道德品质和行为习惯呢？这正是本书试图探索的问题。

作为一名长期从事中小学一线音乐教学与思政教育工作的教育者，我对此有着深刻的体会和感悟。在多年的教学实践中，我深感音乐教育与德育之间有着天然的联系。音乐可以触动人的心灵，而德育则关注人的内在修养和外在行为。当二者相互融合时，便能在学生心中播下美的种子，培育出品格高尚的花朵。

本书的目的，正是希望为广大教育工作者提供一套行之有效的音乐教育与德育融合的方法和策略。通过深入的理论探讨和丰富的实践案例，帮助读者理解音乐教育与德育的内在联系，掌握在音乐教学中渗透德育的方法和技巧，从而更好地促进学生的全面发展。在本书的撰写过程中，我参考了大量的国内外相关文献和研究成果，结合自己多年的教学实践经验，力求做到既有理论深度，又有实践指导意义。同时，我也尽量使用通俗易懂的语言，让广大读者能够轻松阅读、深入理解。

本书共分为六章。第一章导论部分，对当前教育背景下的音乐教育与德育进行了概述，明确了本书的目的与意义，并对关键概念进行了界定。第二章至第四章，分别对音乐教育与德育的理论支撑、中小学音乐教育的现状与挑战、德育在音乐教育中的渗透与实践进行了深入的分析和探讨。第五章则重点介绍了音乐教育与德育的融合策略与方法，包括课程设计、教学方法、评价策略等方面。最后一章则是对未来的展望与挑战的思考，探讨了新时代背景下音乐教育与德育融合的新机遇与挑战，以及技术辅助和音乐教育与德育在跨文化交流背景下的应用与发展。

在撰写本书的过程中，我深感音乐教育与德育的融合是一项长期而艰巨的任务，我们既要确保音乐教学的学科专业性和独立性，又要挖掘音乐教育中的德育育人价值，既要使德育成为弥漫在学生日常生活中的主动自觉元素，又要借助学科学习，放大学科育人价值。它需要我们不断探索、实践和创新，不断完善和优化教育方法和策略，希望通过本书能够为推动音乐教育与德育的融合贡献一份力量。

我要感谢所有支持、鼓励和帮助过我的人。感谢我所在的深圳市光明区玉律学校以及校长王婷的指导与帮助，感谢我的家人、同事和朋友们的理解和支持，感谢出版社的编辑们的辛勤付出和精心编辑，感谢阅读此书的您的信任和期待。我也深知本书还存在许多不足之处，接下来我也会继续努力探索。

今日完成此书稿的撰写，恰逢立春时节，那就借此春光的诗意浪漫与生动美好，祝福中小学音乐教育与德育的融合探索之路有趣有盼！

张静慧

2024 年 2 月 4 日

目 录

第一章　导论

第一节　当前教育背景下的音乐教育与德育

一、当前教育背景下音乐教育与德育的重要性

在当前的教育背景下，随着教育理念的不断更新和教育目标的日益明确，音乐教育和德育都被赋予了新的使命和价值。它们不仅在各自的领域内发挥着重要作用，更在学生的全面发展中相互促进、相辅相成。国内研究中，众多学者强调音乐教育在培养学生审美情趣、创新能力和文化素养方面的独特作用。音乐教育不仅传授音乐知识和技能，更通过音乐作品的欣赏与创作，引导学生体验美的真谛，陶冶情操。同时，音乐教育在德育方面也有着不可替代的作用。它能够通过音乐的集体实践活动，培养学生的团队协作精神和人际交往能力，进而提升学生的道德品质和社会责任感。国外研究同样重视音乐教育与德育的关联。许多教育专家认为，音乐教育能够激发学生的创造力和想象力，这两种能力在当今社会尤为重要。此外，音乐教育也被视为一种有效的跨文化交流工具，能够增进学生对不同文化的理解和尊重，从而促进全球化背景下的社会和谐。在德育方面，国外研究强调音乐教育对于培养学生自律、自信和自尊等品质的重要作用。

通过对国内外相关文献的综述，能够发现音乐教育在培养学生审美情趣、创新能力、文化素养以及跨文化交流能力等方面具有独特优势。音乐作品的欣赏与创作不仅能引导学生深入体验美的内涵，还能在潜移默化中提升学生的道德品质和社会责任感。同时，德育作为教育的核心目标之一，也需要在多元化的教育手段中寻找有效的实施途径。音乐教育以其独特的艺术形式和实践性强的特点，为德育提供了有力的支撑。通过音乐的集体实践活动，学生可以培养团队协作精神、人际交往能力以及自律、自信和自尊等品质。

因此，本书认为在当前教育背景下，加强音乐教育与德育的融合是促进学生全面发展、培养社会责任感和创新精神的重要途径。未来教育实践中应更加注重音乐教育与德育的相互渗透，构建更加完善的教育体系，为培养全面发展的新一代贡献

力量。

（一）音乐教育在培养学生审美意识、创造力等方面的作用

音乐教育作为现代教育体系的重要组成部分，对于培养学生的全面发展具有独特的作用。尤其是在培养学生的审美意识和创造力方面，音乐教育发挥着不可替代的重要作用。本文将详细探讨音乐教育在培养学生审美意识、创造力等方面的具体作用。

1. 音乐教育在培养学生审美意识方面的作用

审美意识是指人们对美的感知、理解和评价的能力。音乐教育通过引导学生欣赏音乐作品，激发学生对美的感知和理解，进而培养他们的审美意识。具体来说，音乐教育在培养学生审美意识方面的作用主要体现在以下 3 个方面。

（1）拓展学生的审美视野

音乐作品是音乐艺术的具体表现形式，其中蕴含着丰富的艺术元素和审美价值。音乐教育通过引导学生欣赏不同风格、不同时代、不同地域的音乐作品，帮助学生拓展审美视野，了解不同音乐文化的特点和魅力。这种跨文化的审美体验有助于学生形成开放、多元的审美观念，提高对不同艺术形式的欣赏能力。

（2）深化学生的审美理解

音乐作品不仅是声音的组合，更是情感的表达和思想的传递。音乐教育通过引导学生深入分析音乐作品的旋律、节奏、和声等音乐元素，以及作品背后的历史、文化和社会背景，帮助学生深化对音乐作品的理解和感悟。这种深入的审美理解有助于学生更好地把握音乐作品的情感内涵和艺术价值，从而提升自己的审美水平。

（3）塑造学生的审美情趣

审美情趣是指人们在审美活动中所表现出的偏好和倾向。音乐教育通过引导学生参与音乐创作和表演活动，激发学生对音乐的热爱和兴趣，进而塑造他们的审美情趣。在音乐创作和表演过程中，学生需要发挥自己的想象力和创造力，将自己的情感和思想以音乐的形式表达出来。这种亲身参与的音乐体验有助于学生更好地感受音乐的魅力和力量，从而培养出健康、积极的审美情趣。

2. 音乐教育在培养学生创造力方面的作用

创造力是指人们在思维和实践活动中所表现出的创新能力和想象能力。音乐教育作为一种富有创造性的艺术形式，对于培养学生的创造力具有独特的优势。具体来说，音乐教育在培养学生创造力方面的作用主要体现在以下 3 个方面。

（1）激发学生的创新思维

音乐作品的创作需要发挥作者的想象力和创新思维。音乐教育通过引导学生参

与音乐创作活动，激发学生的创新思维和想象力。在音乐创作过程中，学生需要运用所学知识和技能，发挥自己的主观能动性，将内心的情感和思想以音乐的形式表达出来。这种创作过程有助于培养学生的创新思维和解决问题的能力，为他们在其他领域的创新活动提供有益的启示和帮助。

（2）培养学生的创新技能

音乐创作和表演需要掌握一定的音乐技能和技巧。音乐教育通过系统的音乐理论和技能训练，帮助学生掌握音乐创作和表演的基本技能和方法。这些技能和方法不仅有助于提高学生的音乐素养和表演能力，还能够为他们在其他领域的创新活动提供有力的技能支持。例如，音乐创作中的旋律创作、和声编配等技能可以应用于其他艺术形式的创作中，提高学生的综合艺术素养和创新能力。

（3）营造创新的环境和氛围

音乐教育作为一种开放性的艺术形式，为学生提供了一个自由、宽松的创新环境和氛围。在音乐教育中，教师鼓励学生发挥自己的想象力和创造力，尊重学生的个性和差异，为学生的创新活动提供充分的支持和保障。这种创新的环境和氛围有助于激发学生的创新热情和创新意识，为他们的创新活动提供有力的外部支持。

音乐教育在培养学生的审美意识和创造力方面发挥着独特而重要的作用。通过音乐教育，学生可以拓展审美视野、深化审美理解、塑造审美情趣，激发创新思维、培养创新技能、营造创新的环境和氛围。这些作用不仅有助于提高学生的文化素养和综合素质，还能够为他们在未来的学习和工作中发挥更大的潜力提供有力的支持。因此，我们应该重视音乐教育在培养学生审美意识和创造力方面的作用，积极推动音乐教育的发展和创新。

3. 音乐教育对于学生个人发展的深远影响

除了上述提到的审美意识和创造力的培养，音乐教育还在多个层面对学生的个人发展产生深远影响。

（1）情感表达与情绪管理

音乐教育为学生提供了一个情感表达的渠道。通过音乐，学生可以将自己内心的感受、想法和情绪表达出来，无论是欢乐、悲伤、愤怒还是思念，都可以通过音乐找到共鸣。这种情感的释放和表达有助于学生更好地理解和管理自己的情绪，增强他们的情感认知能力。

（2）自我认知与自我实现

音乐创作和表演往往需要学生深入挖掘自己的内心世界，寻找自己的声音和风格。这个过程有助于学生进行自我探索和自我认知，明确自己的兴趣、价值观和人生目标。同时，通过不断地挑战自己和超越自己，学生可以在音乐中实现自我价值，体验到成功的喜悦和成就感。

（3）跨文化理解与沟通能力

音乐是一种跨越国界和文化的艺术形式。通过学习不同国家和地区的音乐作品，学生可以了解不同文化的音乐风格、音乐传统和音乐历史，培养跨文化理解和沟通能力。这种能力在当今全球化的社会中尤为重要，有助于学生更好地融入国际社会，与来自不同文化背景的人进行交流和合作。

（4）批判性思维与解决问题能力

音乐教育和学习的过程中，学生不仅需要掌握音乐知识和技能，还需要学会分析和评价音乐作品，提出自己的观点和见解。这种批判性思维的培养有助于学生形成独立思考和判断的能力，提高他们的解决问题和创新的能力。

（5）团队合作与社交技能

音乐表演往往需要多人协作完成，如乐队、合唱团等。在这些团队中，学生需要学会与他人合作、沟通、协调和解决矛盾。这种团队合作的经历不仅可以锻炼学生的社交技能，还可以培养他们的团队精神和协作能力，为未来的工作和生活打下坚实的基础。

音乐教育在培养学生的审美意识、创造力以及个人发展等多个方面都具有不可替代的作用。它不仅可以提高学生的文化素养和艺术修养，还可以促进他们的全面发展。因此，我们应该重视音乐教育的作用，积极推动音乐教育的发展和创新，为更多学生提供优质的音乐教育资源和机会。同时，我们也应该鼓励学生积极参与音乐学习和实践活动，让他们在音乐的海洋中自由遨游，感受音乐的魅力和力量。

（二）德育在培养学生道德品质、行为习惯等方面的作用

德育，作为教育体系中的核心组成部分，旨在培养学生的道德品质、行为习惯和社会责任感。在当今社会，德育教育的重要性愈发凸显，它对于学生的个人成长和社会发展都具有深远的影响。本文将详细探讨德育在培养学生道德品质、行为习惯等方面的具体作用。

1. 德育与道德品质的培养

道德品质是人格的核心，是一个人行为处事的原则和底线。德育通过引导学生树立正确的道德观念，形成良好的道德品质，为学生的全面发展奠定基础。

（1）道德观念地树立

道德观念是人们对于道德现象、道德关系和道德行为的基本看法和态度。德育通过传授道德知识、讲解道德原则和规范，引导学生树立正确的道德观念。在德育

的过程中，学生逐渐明确是非、善恶、美丑的标准，形成正确的价值取向和行为准则。这种正确的道德观念不仅有助于学生的个人成长，还能为社会的和谐稳定提供有力支撑。

（2）道德情感的培养

道德情感是人们对于道德现象、道德关系和道德行为所产生的内心体验和情感态度。德育通过激发学生的道德情感，培养他们的仁爱、善良、正直等优秀品质。在德育的熏陶下，学生学会关心他人、尊重生命、珍惜友谊，形成积极向上的情感态度。这种良好的道德情感有助于学生更好地理解和践行道德规范，形成稳定的道德品质和行为习惯。

（3）道德意志的锻炼

道德意志是人们在履行道德义务、实现道德目标过程中所表现出的自觉性和坚持性。德育通过锻炼学生的道德意志，培养他们的自律、自强和自我控制能力。在德育的过程中，学生学会面对诱惑和困难时坚守道德底线，始终保持清醒的头脑和正确的行为方向。这种坚定的道德意志为学生的未来发展提供了强大的精神动力。

2. 德育与行为习惯的养成

行为习惯是人们在日常生活中所表现出的稳定的、自动化的行为方式。良好的行为习惯对于一个人的成长和发展至关重要。德育通过引导学生养成良好的行为习惯，为他们的未来发展奠定基础。

（1）文明礼貌的行为习惯

文明礼貌是社会交往中的基本准则和行为规范。德育通过教育和引导，使学生养成文明礼貌的行为习惯。在德育的熏陶下，学生学会尊重他人、注重礼仪、讲究卫生，形成良好的社交形象。这种良好的行为习惯有助于学生更好地融入社会，与他人和谐相处，提高自己的社交能力和社会适应能力。

（2）遵纪守法的行为习惯

遵纪守法是公民的基本义务和道德要求。德育通过传授法律知识、讲解法律原则和规范，引导学生形成遵纪守法的行为习惯。在德育的过程中，学生明确自己的权利和义务，自觉遵守社会规范和法律法规，维护社会秩序和公共利益。这种良好的行为习惯为学生的未来发展提供了坚实的法律保障。

（3）勤劳节俭的行为习惯

勤劳节俭是中华民族的传统美德。德育通过教育和引导，使学生养成勤劳节俭的行为习惯。在德育的熏陶下，学生学会珍惜劳动成果、合理利用资源、保持艰苦朴素的作风。这种良好的行为习惯有助于学生形成正确的消费观念和价值观，为未来的生活和发展奠定坚实的基础。

（4）诚实守信的行为习惯

诚实守信是人际交往中的基本准则和道德规范。德育通过讲解诚信原则、开展诚信教育活动，引导学生塑造诚实守信的行为习惯。在德育的过程中，学生树立诚信意识、维护个人信誉、建立良好的人际关系和社会信任体系。这种良好的行为习惯有助于学生在未来的社会生活中赢得他人的信任和尊重。

3. 德育对学生个人成长和社会发展的深远影响

除了上述提到的道德品质和行为习惯的培养外，德育还在多个层面对学生的个人成长和社会发展产生深远影响。

（1）增强社会责任感和国家认同感

德育教育注重培养学生的社会责任感和国家认同感。通过了解国家的历史、文化和传统，学生可以更好地认识自己的民族身份和国家地位，增强对国家的归属感和自豪感。同时，德育教育还鼓励学生积极参与社会公益活动，培养他们的社会责任感和奉献精神。这种强烈的社会责任感和国家认同感有助于学生在未来的社会生活中发挥积极作用，为国家的繁荣和发展贡献自己的力量。

（2）提升综合素质和竞争力

在当今社会，综合素质和竞争力是衡量一个人成功与否的重要标准。德育教育通过培养学生的道德品质、行为习惯和社交能力等方面的素质，提升学生的综合素质和竞争力。这种全面的素质培养有助于学生在未来的学习和工作中更好地适应环境、应对挑战、实现自我价值。同时，德育教育还注重培养学生的创新思维和实践能力，为他们的未来发展提供广阔的空间和可能性。

（3）促进社会和谐与进步

德育教育不仅关注学生的个人成长，还致力于推动社会的和谐与进步。通过培养具有高尚道德品质和良好行为习惯的公民，德育教育可以为社会的稳定和发展提供有力的人才保障。同时，德育教育还倡导公平正义、诚信友爱等社会价值观，推动社会的文明进步和道德水平提升。这种积极的社会影响有助于构建一个更加和谐、稳定、繁荣的社会环境。

德育在培养学生道德品质、行为习惯等方面具有不可替代的作用。它不仅可以帮助学生树立正确的道德观念、形成良好的道德品质和行为习惯，还可以对他们的个人成长和社会发展产生深远的影响。因此，我们应该高度重视德育教育的作用，积极推动德育教育的创新和发展，为更多学生提供优质的德育教育资源和机会。同时，我们也应该鼓励学生积极参与德育学习和实践活动，让他们在德育的熏陶下茁壮成长，为社会的和谐与进步贡献自己的力量。

二、音乐教育与德育在教育中的互补性

音乐教育与德育，虽然在教育内容和方法上有所不同，但它们在学生的全面发展中却具有显著的互补性。音乐教育主要关注学生的情感、审美和创造力的培养，而德育则注重学生的道德品质和行为习惯的形成。两者相互补充，共同促进学生的全面发展。

（一）音乐教育能够激发学生的情感共鸣，培养他们的审美意识和创造力

音乐教育作为一种独特的艺术形式，在学生的成长过程中扮演着至关重要的角色。它不仅能够激发学生的情感共鸣，培养他们的审美意识，还能在一定程度上锻炼学生的创造力。本文将详细阐述音乐教育在这三个方面的具体作用。

1. 音乐教育激发学生的情感共鸣

情感共鸣是指个体在接触到某种情感刺激时，产生与刺激源相同或相似的情感体验。音乐作为一种直接作用于人类情感的艺术形式，具有极强的情感表现力。因此，音乐教育在激发学生的情感共鸣方面具有得天独厚的优势。

（1）音乐作品的情感传递

音乐作品中蕴含着丰富的情感元素，如旋律的起伏、节奏的快慢、音色的变化等，都能够直接触动学生的心灵。在音乐教育过程中，教师通过引导学生欣赏音乐作品，让他们深入感受作品中所表达的情感，从而产生强烈的情感共鸣。例如，在欣赏贝多芬的《命运交响曲》时，学生可以通过激昂的旋律和有力的节奏，感受到作者与命运抗争的坚定信念和顽强意志，从而激发自己面对困难时的勇气和决心。

（2）音乐表演的情感体验

音乐表演是音乐教育的重要组成部分，也是激发学生情感共鸣的有效途径。在表演过程中，学生需要将自己对音乐作品的理解和感受通过演奏、演唱等方式表达出来。这种表达过程不仅要求学生具备扎实的音乐技能，还需要他们投入真实的情感。因此，音乐表演能够让学生更加深入地体验音乐作品的情感内涵，产生更为强烈的情感共鸣。例如，在合唱表演中，学生可以通过与其他同学的协作和配合，共同营造出一种团结、和谐的氛围，从而更加深刻地体验到集体荣誉感和归属感。

2. 音乐教育培养学生的审美意识

审美意识是指个体对美的感知、理解和评价能力。音乐教育通过引导学生欣赏和创造美，培养他们的审美意识，提高他们的审美水平。

（1）音乐作品的审美价值

音乐作品作为一种艺术形式，具有独特的审美价值。在音乐教育过程中，教师通过引导学生欣赏和分析音乐作品，让他们了解作品的创作背景、艺术风格和表现形式，从而深入挖掘作品的审美价值。这种挖掘过程不仅能够让学生领略到音乐作品的魅力所在，还能培养他们的审美感知能力和审美鉴赏能力。例如，在欣赏古典音乐时，学生可以通过对旋律、和声、节奏等音乐元素的分析，感受到古典音乐所追求的和谐、均衡和美感，从而提高自己的审美水平。

（2）音乐创造的审美体验

音乐创造是音乐教育的另一重要方面，也是培养学生审美意识的有效途径。在音乐创造过程中，学生需要发挥自己的想象力和创造力，将内心的情感和对美的理解通过音乐语言表达出来。这种表达过程不仅能够锻炼学生的音乐技能，还能让他们更加深入地理解和感受美的内涵。例如，在作曲练习中，学生可以通过对旋律、和声、节奏等音乐元素的组合和变化，创造出具有独特美感的音乐作品，从而培养自己的审美创造力和审美评价能力。

3. 音乐教育锻炼学生的创造力

创造力是指个体产生新思想、新观点和新方法的能力。音乐教育通过激发学生的想象力和创新精神，培养他们的创造力。

（1）音乐作品的创作过程

音乐作品的创作过程是一个充满想象力和创新精神的过程。在音乐教育过程中，教师鼓励学生积极参与音乐作品的创作，让他们通过自己的想象和创造来表达内心的情感和对美的理解。这种创作过程不仅能够锻炼学生的音乐技能，还能激发他们的创造力和创新精神。例如，在歌曲创作中，学生可以通过对歌词和旋律的构思和编排，创造出具有独特风格和情感内涵的歌曲作品，从而培养自己的创造力和创新能力。

（2）音乐活动的创意实践

音乐活动是学生展示自己音乐才华和创造力的舞台。在音乐教育过程中，教师组织各种形式的音乐活动，如音乐会、音乐节等，让学生有机会展示自己的音乐成果和创意实践。这些活动不仅能够激发学生的参与热情，还能让他们在实践中锻炼自己的创造力和协作能力。例如，在音乐节策划中，学生可以通过对节目内容、舞台布置等方面的创意设计和实践，培养自己的创造力和实践能力。

音乐教育在激发学生的情感共鸣、培养他们的审美意识和创造力方面发挥着重要作用。通过音乐作品的欣赏和表演、音乐创造和实践活动等途径，音乐教育能够让学生更加深入地理解和感受音乐艺术的魅力所在，提高他们的综合素质和创造力水平。因此，我们应该重视音乐教育的作用，积极推动音乐教育的创新和发展，为更多学生提供优质的音乐教育资源和机会。

音乐教育在激发学生的情感共鸣、培养他们的审美意识和创造力方面发挥着重要作用。通过音乐作品的欣赏和表演、音乐课堂的情感交流和审美引导以及音乐活动的创意实践等途径，音乐教育能够让学生更加深入地理解和感受音乐艺术的魅力所在，提高他们的综合素质和创造力水平。因此，我们应该重视音乐教育的作用，积极推动音乐教育的创新和发展，为更多学生提供优质的音乐教育资源和机会。

（二）德育关注学生的道德品质和行为习惯的培养，为学生全面发展提供支撑

德育，作为教育的重要组成部分，一直以来都受到广泛的关注。它关注学生的道德品质和行为习惯的培养，旨在引导学生形成正确的价值观、人生观和世界观，从而为他们的全面发展提供坚实的支撑。本文将从德育的内涵、德育与学生道德品质的培养、德育与学生行为习惯的养成以及德育在学生全面发展中的作用等方面进行详细阐述。

1. 德育的内涵

德育，顾名思义，就是对学生进行道德方面的教育。然而，德育的内涵并非仅限于道德知识的传授，更重要的是对学生道德品质和行为习惯的培养。德育旨在引导学生形成正确的道德观念，培养他们的道德情感，锻炼他们的道德意志，从而使他们在日常生活中能够自觉地践行道德规范，形成良好的道德品质和行为习惯。

2. 德育与学生道德品质的培养

道德品质是个体在道德方面所表现出的稳定特征和倾向。德育通过引导学生认识和理解道德规范，培养他们的道德情感，锻炼他们的道德意志，从而促使他们形成良好的道德品质。

（1）道德规范的认知教育

道德规范是社会对个人行为的基本要求，是维持社会秩序和保障个人权益的重要基础。德育的首要任务就是引导学生认识和理解道德规范，让他们明白哪些行为是道德的，哪些行为是不道德的。通过课堂教学、主题班会、道德讲座等多种形式，教师可以向学生传授道德知识，引导他们形成正确的道德观念。

（2）道德情感的培养

道德情感是个体在道德方面所产生的情感体验。德育通过创设道德情境、讲述道德故事、组织道德实践等活动，激发学生的道德情感，让他们在亲身体验中感受到道德的力量和美好。例如，通过组织志愿服务活动，让学生亲身体验到帮助他人的快乐，从而培养他们的爱心和同情心。

（3）道德意志的锻炼

道德意志是个体在践行道德规范过程中所表现出的坚定性和持久性。德育通过引导学生参与道德实践、面对道德困境、解决道德冲突等过程，锻炼他们的道德意志，使他们在面对诱惑和压力时能够坚守道德底线。例如，在面对考试作弊的诱惑时，学生能够坚定地拒绝并自觉维护考试的公平公正。

3. 德育与学生行为习惯的养成

行为习惯是个体在日常生活中所表现出的稳定行为模式和倾向。德育通过引导学生践行道德规范、形成良好的行为习惯，为他们的全面发展提供支撑。

（1）行为规范的内化

行为规范是社会对个人行为的期望和要求。德育通过引导学生认识和理解行为规范，将之外化为具体的行为要求，再通过持续的实践和强化，使之内化为学生的自觉行为。例如，通过制定班级公约、学校规章制度等方式，明确学生的行为要求，再通过日常管理和评价激励等措施，引导学生践行规范，逐渐形成良好的行为习惯。

（2）行为习惯的养成

行为习惯的养成是一个长期的过程，需要持续的实践和强化。德育通过创设良好的教育环境、提供丰富的实践机会、实施有效的评价激励等措施，引导学生养成良好的行为习惯。例如，通过开展文明班级、文明宿舍等评选活动，激励学生在日常生活中注重文明礼仪、保持环境整洁等行为习惯的养成。

4. 德育在学生全面发展中的作用

德育作为教育的重要组成部分，在学生全面发展中发挥着举足轻重的作用。它不仅关注学生的道德品质和行为习惯的培养，还为学生全面发展提供支撑。

（1）德育与智育的相互促进

德育与智育是教育的两个重要方面，二者相互促进、相辅相成。德育通过培养学生的道德品质和行为习惯，为他们的智力发展提供正确的价值导向和行为支持。而智育则通过传授知识和技能，为德育提供认知基础和思维工具。例如，在学习科学文化知识的过程中，学生能够认识到知识的力量和美好，从而激发他们对知识的热爱和追求；而在践行道德规范的过程中，学生需要运用所学知识进行思考和判断，从而锻炼他们的思维能力和实践能力。

（2）德育与体育的相互补充

德育与体育也是教育的两个重要方面，二者相互补充、共同发展。德育通过培养学生的道德品质和行为习惯，为他们的身心健康发展提供坚实的支撑。而体育则通过锻炼学生的身体素质，为他们的道德发展提供有力的物质保障。例如，在体育活动中，学生能够体验到团队合作的力量和美好，从而培养他们的团队精神和协作能力；而在践行道德规范的过程中，学生需要具备良好的身体素质和心理素质，才能够更好地应对各种挑战和困难。

（3）德育与美育的相互融合

德育与美育是教育的两个重要方面，二者相互融合、共同发展。德育通过培养学生的道德品质和行为习惯，为他们的审美发展提供正确的价值导向和行为支持。而美育则通过引导学生欣赏美、创造美，为他们的道德发展提供丰富的情感体验和审美愉悦。例如，在欣赏艺术作品的过程中，学生能够感受到作品中所蕴含的道德力量和美好情感，从而激发他们的道德情感和审美情感；而在践行道德规范的过程中，学生需要运用所学知识进行美的创造和传播，从而锻炼他们的审美能力和实践能力。

5. 德育在培养学生社会责任感中的作用

社会责任感是指个体对自己所承担的社会角色和义务的认知与担当。在当今社会，培养学生的社会责任感已经成为教育的重要目标之一。德育作为培养学生道德品质和行为习惯的重要途径，对于培养学生的社会责任感具有不可替代的作用。

（1）德育与社会责任感的关联

德育的核心目标是培养学生的道德品质和行为习惯，而社会责任感是个体道德品质的重要组成部分。通过德育，学生可以认识到自己在社会中所扮演的角色和所承担的义务，明确自己的社会责任，从而形成强烈的社会责任感。同时，德育还可以通过引导学生参与社会实践活动，让他们在实践中体验和感悟社会责任，进一步加深他们的社会责任感。

（2）德育在培养学生社会责任感中的实践

在德育实践中，教师可以通过多种方式来培养学生的社会责任感。第一，教师可以结合课程内容，引导学生关注社会热点问题，了解社会的发展动态和面临的挑战，从而激发他们的社会责任感和使命感。第二，教师可以组织学生参与志愿服务、环保活动、公益募捐等社会实践活动，让他们在实践中体验和感悟社会责任，培养他们的社会责任感和奉献精神。第三，教师还可以通过开展主题班会、道德讲座等活动，引导学生讨论和思考社会道德问题，培养他们的道德思维和社会责任感。

6. 德育在塑造学生健康人格中的作用

健康人格是指个体在心理、道德和社会适应等方面所表现出的积极、稳定和成熟的特征。德育作为培养学生道德品质和行为习惯的重要途径，对于塑造学生的健康人格具有重要的作用。

（1）德育与健康人格的关联

德育旨在培养学生的道德品质和行为习惯，而这些品质和习惯正是构成健康人格的重要基础。通过德育，学生可以形成正确的价值观、人生观和世界观，具备积极向上的心态和健全的人格特征。同时，德育还可以通过引导学生面对挫折和困难、培养他们的意志力和抗挫能力等方式，进一步塑造他们的健康人格。

（2）德育在塑造学生健康人格中的实践

在德育实践中，教师可以通过多种方式来塑造学生的健康人格。第一，教师可以通过课堂教学和主题班会等活动，引导学生认识和理解健康人格的内涵和特征，让他们明确自己的人格发展目标。第二，教师可以通过开展心理辅导、情感教育等活动，关注学生的心理健康和情感需求，培养他们的积极情感和健全人格。第三，教师还可以通过组织体育比赛、文艺表演等丰富多彩的课外活动，让学生在实践中锻炼自己的意志力和团队协作能力，进一步塑造他们的健康人格。

德育作为教育的重要组成部分，关注学生的道德品质和行为习惯的培养，为学生的全面发展提供支撑。通过引导学生认识和理解道德规范、培养他们的道德情感、锻炼他们的道德意志以及养成良好的行为习惯等措施，德育能够促进学生全面发展，为他们的未来奠定坚实的基础。同时，德育在培养学生社会责任感和塑造学生健康人格等方面也发挥着重要的作用。随着社会的不断发展和进步，德育将面临新的挑战和机遇。为了更好地发挥德育在学生全面发展中的作用，我们需要不断创新德育理念和方法，关注学生的个体差异和多元化需求，注重德育的实效性和长效性。同时，我们还需要加强德育与其他教育领域的融合与协作，形成教育合力，共同为学生的全面发展提供支撑。

三、音乐教育与德育融合的必要性

关于音乐教育与德育融合的理论基础，一些文献从教育学、心理学、美学等角度进行了分析。例如，有文献提出了“以美育人”的教育理念，认为音乐教育应该注重培养学生的审美能力和创造力，进而促进他们的全面发展和个性成长；还有文献探讨了音乐教育对学生心理健康的积极影响，以及如何通过音乐教育提高学生的自我认知和情感调节能力。许多文献都强调了音乐教育与德育之间的内在联系。音乐教育不仅仅是传授音乐知识和技能的过程，更是一种情感教育和审美教育，能够培养学生的道德品质、审美能力和创造力。同时，德育也可以通过音乐教育得到有效的实施和推进，因为音乐具有独特的艺术魅力和感染力，能够触及学生的心灵深处，引导他们树立正确的价值观和道德观。而在音乐教育与德育融合的实践探索方面，一些文献分享了成功的案例和经验。例如，有文献介绍了通过音乐教育培养学生的团队协作精神、自律意识和责任感等道德品质的实践方法；还有文献探讨了如何将德育元素融入音乐课堂教学和课外活动中，以实现音乐教育与德育的有机融合。

在当前的教育背景下，随着素质教育的不断推进和课程改革的深入实施，音乐教育与德育的融合已经成为教育发展的必然趋势。笔者认为，音乐教育与德育的融合符合当前教育改革的要求。教育改革强调培养学生的综合素质和创新能力，注重学生的全面发展。而音乐教育与德育的融合正是以培养学生的审美情趣、艺术修养、道德品质和社会责任感为目标，符合教育改革的方向和要求。另外，音乐教育与德育的融合也有利于提高学生的综合素质。在现代社会中，人才竞争日益激烈，对学生的综合素质要求也越来越高。而音乐教育与德育的融合可以培养学生的多方面能力和素质，使他们在知识、能力、情感等方面得到全面发展，提高他们的综合竞争力。需要强调的是，音乐教育与德育的融合还有利于促进教育公平。在当前教育资源不均衡的情况下，一些地区的音乐教育条件相对较差。而通过将音乐教育与德育进行融合，可以充分利用现有的教育资源，让更多的学生享受到优质的音乐教育，从而促进教育公平的实现。

（一）音乐教育与德育具有内在的联系和互补性，二者融合能够促进学生的全面发展

1. 音乐教育与德育的内在联系

音乐教育与德育作为教育的两个重要方面，它们之间存在着紧密的内在联系。音乐教育不仅仅是艺术教育的一部分，更是人文教育的重要组成部分。它通过音乐的独特形式，如旋律、节奏、和声等，来传达情感、思想和价值观，从而对学生的心灵产生深远影响。德育则注重培养学生的道德品质、行为习惯和社会责任感。它旨在引导学生形成正确的世界观、人生观和价值观，成为有道德、有修养、有责任感的社会公民。德育不仅仅是通过说教来实现的，更需要通过实践活动、情感体验等多种方式来内化于心并外化于行。音乐教育与德育的内在联系体现在以下 3 个方面。

（1）情感共鸣

音乐是一种情感的艺术，它能够直接触动学生的心灵，引起情感共鸣。通过音乐教育，学生可以更加深入地体验和理解各种情感，从而培养丰富的情感世界和健全的人格。而德育正是通过引导学生体验和理解道德情感，来培养他们的道德品质和行为习惯。

（2）价值观引导

音乐作品往往蕴含着丰富的价值观，如爱国主义、集体主义、环保主义等。通过音乐教育，可以引导学生深入体验和感受这些价值观，从而激发他们的道德情感和向上心向善的动力。德育则通过明确的价值导向和行为规范，来引导学生形成正确的价值观和行为习惯。

（3）社会责任感培养

音乐教育不仅仅是个人的艺术修养教育，更是社会责任感的培养过程。通过参与合唱、合奏等集体活动，学生可以体验到团队协作的重要性，从而培养强烈的社会责任感和集体荣誉感。德育则通过引导学生关注社会问题、参与社会实践活动等方式，来培养他们的社会责任感和奉献精神。

2. 音乐教育与德育的互补性

音乐教育与德育作为两个不同的教育领域，各自拥有独特的教育功能和价值。但同时，它们之间也存在着互补性，相互支持、相互促进。

（1）内容互补

音乐教育注重培养学生的审美情趣和艺术修养，通过音乐作品的欣赏、演唱、演奏等实践活动来提高学生的艺术素养和创造力。而德育则注重培养学生的道德品质和行为习惯，通过引导学生形成正确的价值观和道德观来规范他们的行为。两者在内容上相互补充，共同构成学生全面发展的教育体系。

（2）方法互补

音乐教育注重情感体验和实践活动，通过音乐作品的情感体验和表演实践来培养学生的艺术表现力和创造力。而德育则注重说理引导和行为规范，通过明确的价值导向和行为规范来引导学生的道德发展。两者在方法上相互借鉴、相互融合，可以形成更加有效的教育手段。

（3）目标互补

音乐教育的目标是培养学生的审美情趣、艺术修养和创造力，使他们成为有艺术素养的人。而德育的目标是培养学生的道德品质、行为习惯和社会责任感，使他们成为有道德、有修养、有责任感的社会公民。两者的目标相互补充、相互促进，共同实现学生的全面发展。

3. 音乐教育与德育融合促进学生的全面发展

音乐教育与德育的融合，可以充分发挥两者的教育优势，促进学生的全面发展。具体体现在以下 4 个方面。

（1）提升综合素质

音乐教育与德育的融合，可以全面提升学生的综合素质。通过音乐教育，学生可以培养审美情趣、艺术修养和创造力；通过德育，学生可以培养道德品质、行为习惯和社会责任感。这种综合素质的提升，使学生在知识、能力、情感等方面得到全面发展。

（2）增强情感体验

音乐教育与德育的融合，可以增强学生的情感体验。通过音乐教育中的情感体验和德育中的道德情感引导，学生可以更加深入地体验和理解各种情感，从而培养丰富的情感世界和健全的人格。这种情感体验的增强，有助于提高学生的情感素养和人际交往能力。

（3）培养创新精神

音乐教育与德育的融合，可以培养学生的创新精神。通过音乐教育中的创作和表演实践，以及德育中的社会责任感和奉献精神培养，学生可以激发创新思维和创新能力，为未来的社会发展和个人成长奠定坚实基础。

（4）促进社会适应

音乐教育与德育的融合，可以促进学生的社会适应。通过音乐教育中的集体活动和德育中的社会实践活动，学生可以培养团队协作能力和社会交往能力，从而更好地适应未来社会的发展需求。

综上所述，音乐教育与德育具有内在的联系和互补性，融合能够促进学生的全面发展。在教育实践中，我们应该注重音乐教育与德育的有机融合，充分发挥两者的教育优势，为学生的全面发展创造更加良好的教育环境。

（二）当前教育背景下，音乐教育与德育的融合是教育发展的必然趋势

在当前教育背景下，音乐教育与德育的融合不仅是教育创新的一种尝试，更是教育发展的必然趋势。以下将从教育理念的转变、社会需求的变革、学生发展的需求、教育实践的探索、文化传承与创新、心理健康与情感发展、教育公平与多元化七个方面，详细阐述这一趋势的必然性和深远影响。

1. 教育理念的转变

随着教育理念的不断更新，越来越多的教育者开始意识到，单一的知识传授已经不能满足当代学生的成长需求。全面发展的教育理念逐渐深入人心，它强调学生在知识、能力、情感、态度和价值观等各方面的均衡发展。音乐教育与德育的融合，正是这种全面发展教育理念的具体体现。音乐教育通过艺术的形式培养学生的审美情趣和创造力，而德育则注重培养学生的道德品质和社会责任感。两者的融合，使学生在接受艺术熏陶的同时，也能形成正确的道德观念和行为习惯，从而实现真正的全面发展。

2. 社会需求的变革

随着社会的快速发展，对人才的需求也在发生深刻的变化。现代社会更加注重人才的综合素质和创新能力，单一的专业技能已经不再是衡量人才的唯一标准。音乐教育与德育的融合，正是为了适应这种社会需求的变化。通过音乐教育，学生可以培养自己的艺术素养和审美情趣，提升自己的综合素质；而通过德育，学生可以培养自己的道德品质和社会责任感，增强自己的社会适应能力。这种融合不仅有助于学生更好地适应社会的需求，也有助于学生在未来的社会竞争中取得更大的优势。

3. 学生发展的需求

学生是教育的主体，他们的发展需求是教育改革的根本动力。在当代社会，学生更加注重自我价值的实现和个性的发展。他们渴望在教育过程中得到更多的情感体验和人文关怀。音乐教育与德育的融合，正是为了满足学生的这种发展需求。通过音乐教育，学生可以表达自己的情感和思想，培养自己的个性和创造力；而通过德育，学生可以理解社会的道德规范和价值观念，形成自己的道德判断和行为准则。这种融合不仅有助于学生的自我实现和个性发展，也有助于学生形成健全的人格和良好的品德。

4. 教育实践的探索

在教育实践中，越来越多的学校和教育者开始尝试将音乐教育与德育进行融合。他们通过开设音乐与德育相结合的课程、组织音乐与德育相关的活动等方式，积极探索音乐教育与德育融合的有效途径。这些实践不仅取得了良好的教育效果，也为音乐教育与德育的融合提供了宝贵的经验。通过这些实践，我们可以看到音乐教育与德育融合的巨大潜力和广阔前景。

5. 文化传承与创新

音乐教育作为艺术教育的重要组成部分，承载着文化传承与创新的使命。通过音乐教育，学生可以接触到丰富多样的音乐作品和音乐文化，了解不同民族和时代的音乐特色和艺术风格。这种跨文化的体验不仅有助于培养学生的文化意识和跨文化交流能力，还能够激发他们的创新思维和创造力。

与此同时，德育也注重引导学生理解和践行社会的道德规范和价值观念，促进他们形成良好的品德和行为习惯。在音乐教育与德育的融合中，学生可以通过音乐创作和表演来传递和弘扬优秀的文化传统，同时也能够通过道德实践来体现自己的道德观念和社会责任感。这种融合不仅有助于文化的传承和创新，还能够培养学生的文化自信和民族自豪感。

6. 心理健康与情感发展

在当前社会，学生的心理健康和情感发展越来越受到关注。音乐教育作为一种情感的艺术形式，能够直接触及学生的心灵深处，帮助他们表达自己的情感和思想。通过音乐教育，学生可以学会用音乐来调节自己的情绪，培养积极乐观的生活态度。

德育则注重培养学生的道德情感和道德行为，引导他们形成正确的道德观念和行为准则。在音乐教育与德育的融合中，学生可以通过音乐作品的欣赏和表演来体验和理解各种道德情感，如爱国主义、集体主义、友善互助等。这种情感体验不仅有助于学生的情感发展，还能够促进他们的心理健康和人格完善。

7. 教育公平与多元化

当前教育背景下，教育公平和多元化成为教育改革的重要目标。音乐教育与德育的融合有助于实现教育公平和多元化。通过音乐教育，无论学生的家庭经济条件如何，都能够享受到艺术教育的熏陶和乐趣。同时，音乐教育还能够为学生提供多样化的学习方式和表现平台，满足他们个性化的学习需求。

德育则注重培养学生的道德品质和社会责任感，引导他们形成正确的价值观和世界观。在音乐教育与德育的融合中，教育者可以根据学生的实际情况和需求，设计多样化的教育活动和课程内容，使每个学生都能够得到全面而均衡的发展。这种融合不仅有助于实现教育公平和多元化，还能够提高学生的综合素质和社会适应能力。

当前教育背景下音乐教育与德育的融合不仅是教育发展的必然趋势，也是促进学生全面发展、文化传承与创新、心理健康与情感发展以及教育公平与多元化的重要途径。我们应该积极推进这种融合实践，为学生的全面发展创造更加良好的教育环境。同时，我们还应该不断总结经验教训，完善音乐教育与德育融合的理论体系和实践模式，以更好地适应未来社会的发展需求和学生的成长需求。

第二节　中小学音乐教育与德育的融合探索的目的与意义

一、音乐教育与德育的融合实践

音乐教育与德育的融合实践是当前教育领域中的一个重要课题。许多哲学家和教育家，如柏拉图和亚里士多德，都曾在他们的著作中探讨过音乐与道德之间的联系。他们认为，音乐可以调和人的灵魂和情感，进而促进道德行为。一些学者强调，在音乐教育中，教师可以通过教授音乐历史、音乐作品背后的故事等方式，向学生传达道德观念和价值观。许多国外学校和教育机构在音乐教育中实施德育。例如，通过合唱、乐团等活动培养学生的团队合作精神和纪律性。一些音乐教育项目将音乐与社会问题相结合，如环保、人权等，让学生通过音乐创作和表演表达对社会问题的关注和思考。

在国外，一些实证研究也探讨了音乐教育对学生道德发展的影响。这些研究通常通过比较参与音乐教育和未参与音乐教育的学生群体，来评估音乐教育对学生道德认知和行为的影响。近年来，社会情感学习（Social-Emotional Learning，SEL）逐渐成为教育领域的研究热点。一些研究表明，音乐教育可以提高学生的社会情感能力，如同理心、自我管理等，这些能力对学生的道德发展至关重要。

在音乐教育与德育的融合实践方面，一些教育者尝试通过艺术手段，如音乐剧、舞蹈等，将德育元素融入音乐教育中，让学生在艺术实践中体验和思考道德问题。同时，随着技术的发展，如虚拟现实、增强现实等，一些新的教学方法被应用于音乐教育与德育的融合中。这些技术可以为学生提供沉浸式的学习体验，帮助他们更深入地理解道德观念。

总的来说，国内外关于音乐教育与德育融合的研究呈现出多元化和深入化的特点。这些研究不仅关注理论层面的探讨，也注重实践层面的探索和创新。通过比较不同文化背景下的实践经验和方法，以及利用现代技术手段推动教育创新，相关研究为我们提供了宝贵的启示和借鉴。

笔者认为，音乐教育与德育的融合实践具有重要的意义和价值。通过探索中小学音乐教育与德育的内在联系、寻找两者融合的有效方法和途径、促进音乐教育与德育的深度融合以及提高学生的综合素质等方面的工作，可以更好地实现教育目标，培养出更多优秀的人才。

（一）探索中小学音乐教育与德育的内在联系

古希腊哲学家柏拉图在其著作《理想国》中提出了音乐教育与德育的紧密联系。他认为音乐教育可以陶冶人的性情，培养人的美德，是实现理想国的重要手段之一。这一观点为后来的音乐教育理论奠定了基础。现代音乐教育学家贝内特·雷默在其著作《音乐教育的哲学》中进一步阐述了音乐教育与德育的内在联系。他认为音乐教育不仅仅是技能的传授，更是情感、态度和价值观的培养过程。他强调音乐教育应该追求全面的人生发展，包括智力、情感、身体、社会和道德等各个方面。这一观点为我们理解音乐教育与德育的关系提供了重要的理论支持。国内学者也在这一领域进行了深入研究。例如，曹理探讨了音乐与德育的关系，认为音乐教育能够培养学生的审美情感、道德情操和意志品质，从而促进学生的全面发展。这些研究成果为我们提供了宝贵的理论资源和实践经验。本书致力于深入探索这一重要课题，为读者提供全面而深入的阐述。

1. 探索音乐教育与德育目标的内在联系

音乐教育和德育在教育目标上有着紧密的联系。音乐教育的目标不仅仅是培养学生的音乐素养和审美能力，更重要的是通过音乐教育引导学生形成正确的世界观、人生观和价值观。而德育的目标则是培养学生的道德素质，使他们成为有道德、有文化、有纪律的社会主义新人。可以看出，音乐教育和德育在教育目标上是一致的，都是为了培养学生的全面素质，使他们成为德、智、体、美全面发展的人才。

2. 探索音乐教育与德育内容的内在联系

音乐教育和德育在教育内容上也有着紧密的联系。音乐教育的内容包括音乐知识、音乐技能和音乐文化等方面，而这些内容都与德育有着密切的关系。例如，在音乐教育中，教师可以通过教授爱国歌曲来激发学生的爱国情感和民族自豪感，这与德育中的爱国主义教育是一致的。此外，音乐教育中的合唱、合奏等集体活动也可以培养学生的团队合作精神和集体荣誉感，这与德育中的集体主义教育也是相通的。

3. 探索音乐教育与德育方法的内在联系

音乐教育和德育在教育方法上也有着紧密的联系。音乐教育注重学生的情感体验和审美活动，通过音乐的情感体验和审美活动来引导学生形成正确的价值观和道德观念。而德育也注重学生的情感体验和实践活动，通过情感体验和实践活动来培养学生的道德素质。可以看出，音乐教育和德育在教育方法上都是注重学生的情感体验和实践活动，强调学生的主体性和参与性。

4. 探索音乐教育与德育效果的内在联系

音乐教育和德育在教育效果上也有着紧密的联系。音乐教育能够培养学生的审美情感、创造力和表现力，这些素质不仅能够提高学生的音乐素养，还能够促进学生的全面发展。而德育则能够培养学生的道德素质，使学生成为有道德、有文化、有纪律的社会主义新人。可以看出，音乐教育和德育在教育效果上都是为了促进学生的全面发展，提高他们的综合素质。

（二）寻找两者融合的有效方法和途径

音乐教育和德育的融合，不仅可以解决传统教育中的问题，还能解决教育片面性、音乐教育表面化、德育僵化、社会价值观多元化以及个人发展全面性的问题，实现更深层次的教育目标。一方面，传统的教育模式往往过分强调学生的知识学习，而忽视了学生的德育发展，传统的德育方式也往往过于刻板和教条，难以引起学生的共鸣。音乐作为一种富有情感和思想的艺术形式，可以通过其独特的表达方式，使德育更加生动有趣，提高学生的学习兴趣和参与度。另一方面，在音乐教育中，部分教师只注重学生的技能训练，而忽略了音乐本身的审美体验和人文内涵。德育的融入可以使音乐教育更加深入人心，帮助学生理解音乐的深层含义。此外，随着社会的发展，价值观的多元化已经成为一种趋势。音乐教育和德育的融合可以帮助学生树立正确的价值观，培养他们的道德判断力和审美鉴赏能力，以应对多元化的社会环境。

随着近年来教育研究的不断深入，越来越多的学者开始探讨音乐教育与德育之间的内在联系。本书认为，音乐教育不仅仅是对学生音乐技能的培养，更是对学生情感、审美和道德品质的熏陶。德育则注重培养学生的道德观念和行为习惯。两者在教育目标上存在一定的契合点，因此，探索音乐教育与德育融合的有效方法，对于促进学生的全面发展具有重要意义。

1. 开设综合性音乐课程

开设综合性音乐课程是实现音乐教育与德育融合的有效途径之一。综合性音乐课程注重音乐知识、技能和文化的整合，通过音乐欣赏、演唱、演奏、创作等多种活动形式，培养学生的音乐素养和审美能力。同时，综合性音乐课程还将德育内容融入其中，通过音乐作品传递思想、情感和文化等信息来引导学生的道德发展。例如，在欣赏古典音乐时，可以引导学生感受其中的崇高精神和深邃思想，培养他们的审美情趣和文化素养；在演唱爱国歌曲时，可以激发学生的爱国情感和民族自豪感，培养他们的爱国主义精神和民族精神。

2. 组织联合性音乐活动

组织联合性音乐活动也是实现音乐教育与德育融合的有效途径之一。联合性音乐活动包括音乐比赛、音乐节、音乐社团等，旨在为学生提供展示自己才艺的平台和机会。在这些活动中，学生不仅可以锻炼自己的音乐技能和表演能力，还可以培养自己的团队合作精神、创新能力和自信心等德育素质。同时，这些活动也成为学校德育工作的重要组成部分，为学校的德育工作注入了新的活力和内涵。例如，在音乐比赛中，学生可以通过互相学习、互相交流来提高自己的音乐水平和表演能力；在音乐节中，学生可以通过参与各种音乐活动来感受音乐的魅力和力量；在音乐社团中，学生可以通过共同的兴趣爱好来建立友谊和合作关系。这些活动不仅有助于学生的全面发展，还有助于培养学生的社会责任感和公民意识。

3. 以音乐欣赏为德育载体

音乐欣赏是音乐教育中的重要组成部分，也是实现音乐教育与德育融合的有效途径之一。通过音乐欣赏，学生可以感受到音乐作品中的思想、情感和文化内涵，从而培养自己的审美情趣和文化素养。同时，音乐欣赏还可以成为德育的载体，通过引导学生欣赏具有积极向上、健康向善的音乐作品来培养他们的道德观念和行为习惯。例如，在欣赏《义勇军进行曲》时，教师可以引导学生感受其中的爱国主义精神和民族精神，激发他们的爱国情感和民族自豪感；在欣赏《二泉映月》时，教师可以引导学生感受其中的悲悯情怀和人文关怀，培养他们的同情心和责任感。通过这种以音乐欣赏为德育载体的方式，可以实现音乐教育与德育的有机融合。

4. 以音乐创作为德育手段

音乐创作是音乐教育中的高级阶段，也是实现音乐教育与德育融合的重要手段之一。通过音乐创作，学生可以将自己的思想、情感和文化内涵转化为音乐作品，从而表达自己的内心世界和审美追求。同时，音乐创作还可以成为德育的手段，通过引导学生创作具有积极向上、健康向善的音乐作品来培养他们的道德观念和行为习惯。例如，在创作校园歌曲时，教师可以引导学生关注校园生活、同学情谊等积极向上的主题，培养他们的集体主义精神和团队合作精神；在创作环保歌曲时，教师可以引导学生关注环境保护、生态文明等社会热点问题，培养他们的环保意识和公民意识。通过这种以音乐创作为德育手段的方式，可以实现音乐教育与德育的深度融合。

（三）促进音乐教育与德育的深度融合，提高教育质量

学生在学习音乐的同时，教师培养其良好的道德品质和审美素养，促进学生的全面发展。同时，在音乐教育中，也要求教师注重德育的融入，充分挖掘音乐作品中的德育价值，引导学生深入感受和理解音乐的内涵。

1. 音乐课堂中的德育渗透

音乐课堂中的德育渗透是一种富有成效的教育方式，它能够通过音乐的独特魅力，让学生在欣赏和学习音乐的同时，引导学生感受音乐所表达的情感和思想，从而培养学生的道德观念和审美意识。

在音乐课堂上，教师可以选择一些具有德育内涵的歌曲或乐曲作为教学内容。这些歌曲或乐曲应该能够传递正能量，表达积极向上的情感和思想。例如，可以选择一些爱国主义歌曲，激发学生的爱国热情；选择一些歌颂友谊、亲情、师生情的歌曲，引导学生珍惜人际关系，学会感恩；选择一些描绘自然美景的乐曲，培养学生对大自然的热爱和环保意识。

教学过程中，音乐教师要注重情感引导，帮助学生感受音乐所表达的情感。可以通过讲解歌曲或乐曲的创作背景、作者生平等方式，引导学生深入理解音乐作品背后的情感内涵。同时，教师还可以通过自己的示范演唱或演奏，将音乐作品中的情感表达出来，感染学生，激发学生的情感共鸣。在引导学生感受音乐情感的基础上，教师还要进一步引导学生思考音乐作品所表达的思想。可以通过组织讨论、提问等方式，引导学生分析歌曲或乐曲的歌词、旋律、节奏等元素，探究其中的思想内涵。例如，在欣赏一首爱国主义歌曲时，可以引导学生思考歌曲如何表达对祖国的热爱和对民族的自豪感，从而培养学生的爱国情操。

通过音乐课堂中的德育渗透，教师可以有效地培养学生的道德观念。在选择歌曲或乐曲时，教师可以有意识地挑选一些具有道德教育意义的作品，如诚信、尊重、责任、公正等主题。在教学过程中，通过引导学生感受和理解这些作品，教师可以帮助学生树立正确的道德观念，形成良好的道德品质。音乐课堂中的德育渗透还有助于提升学生的审美意识。通过欣赏和学习具有德育内涵的歌曲或乐曲，学生可以逐渐提高对音乐的鉴赏能力和审美水平。同时，音乐作品中所蕴含的美的元素也会潜移默化地影响学生的审美观念和审美情趣，使学生更加热爱生活，追求美好。

2. 音乐活动中的德育体验

音乐活动中的德育体验是一种通过实践参与来提升学生德育素质的有效方式。通过组织各种音乐活动，如合唱团、乐队、音乐节等，学生不仅能够在音乐领域得到锻炼和提升，更能够在参与过程中深刻体验到团队合作、尊重他人、遵守规则等德育要素的重要性。

第一，音乐活动通常需要多人协作完成，无论是合唱团中的声部配合，还是乐队中的乐器搭配，都需要每个成员发挥自己的作用，同时与其他成员紧密合作。在参与这些活动的过程中，学生能够深刻体会到团队合作的重要性，学会倾听他人的意见和建议，学会在集体中寻求共识和妥协，从而培养团队协作能力和集体荣誉感。第二，在音乐活动中，每个成员都有自己的角色和任务，无论是主唱、伴奏还是指挥，都是不可或缺的。这就要求每个参与者都要尊重他人的努力和付出，不妄自菲薄也不骄傲自大。通过参与音乐活动，学生能够学会尊重他人的劳动成果和个性差异，学会在集体中平等相待、互相支持，从而培养尊重他人的良好品质。第三，音乐活动通常都有一定的规则和纪律要求，如排练时间、演出纪律、音乐处理等。这些规则的制定和执行都是为了保证活动的顺利进行和最终效果的呈现。在参与音乐活动的过程中，学生能够深刻体会到遵守规则的重要性，学会自我约束和管理，从而培养遵纪守法和自觉遵守社会规范的良好习惯。

音乐活动中的德育体验是一种寓教于乐、实践育人的教育方式。通过参与各种音乐活动，学生能够在亲身体验中深刻感受到团队合作、尊重他人、遵守规则等德育要素的重要性，从而在潜移默化中提升自己的德育素质。这种教育方式不仅能够丰富学生的课余生活，更能够为其未来的社会生活和职业发展奠定坚实的道德基础。

3. 音乐欣赏中的德育引导

音乐欣赏中的德育引导是音乐教育的重要组成部分，它不仅能够提升学生对音乐艺术的认知和感受能力，更能在潜移默化中对学生进行道德教育。在音乐欣赏课上，教师要引导学生深入感受音乐的内涵。这包括对音乐作品的旋律、节奏、和声等基本要素的感知，以及对音乐作品所表达的情感、意境和思想的理解。通过聆听音乐，学生能够逐渐感受到音乐中所蕴含的美和力量，从而被音乐所感染，产生共鸣。为了帮助学生更好地理解音乐作品，教师需要讲解音乐作品的历史背景、创作意图和艺术价值等。通过了解作品的创作背景，学生能够更加深入地理解作品所表达的思想和情感。对作品艺术价值的分析，也能够提升学生的审美水平，使其对音乐艺术有更加全面和深入的认识。

在音乐欣赏中，教师还要注重引导学生理解音乐中所蕴含的道德观念和审美标准。这可以通过对音乐作品的分析和解读来实现。例如，在欣赏一些具有爱国主义情怀的音乐作品时，教师可以引导学生思考作品如何表达对祖国的热爱和对民族的自豪感，从而培养学生的爱国情操。在欣赏一些具有深刻社会意义的音乐作品时，教师可以引导学生思考作品所反映的社会问题和价值观念，从而提升学生的社会责任感和道德意识。教师还要引导学生理解音乐作品中的审美标准。这包括对音乐作品的旋律、节奏、和声等音乐要素的审美判断，以及对音乐作品所表达的情感、意境和思想的审美评价。通过理解和把握这些审美标准，学生能够更加准确地把握音乐作品的风格和特点，从而提升自己的音乐鉴赏能力。

通过音乐欣赏中的德育引导，教师可以有效地培养学生的道德情操和审美情趣。在感受和理解音乐作品的过程中，学生能够逐渐形成正确的道德观念和审美观念，从而提升自己的道德素质和审美水平。同时，音乐作品中所蕴含的美的元素也会潜移默化地影响学生的心灵和行为，使其更加热爱生活、追求美好。

音乐欣赏中的德育引导是一种重要的教育方式。通过深入感受音乐内涵、讲解音乐作品背景、理解道德观念和审美标准以及培养道德情操和审美情趣等环节的有机结合，教师能够有效地在音乐欣赏课中对学生进行道德教育，为学生的全面发展奠定坚实基础。

4. 音乐创作中的德育表达

音乐创作中的德育表达是一种富有创造性和个性化的教育方式，它鼓励学生积极参与音乐创作，将自己的道德观念和价值观融入音乐作品中，通过音乐这一艺术形式来表达自己的思想和情感。

音乐创作是一种艺术活动，它要求创作者具备一定的音乐知识和技能，同时还需要具备丰富的情感体验和道德观念。在音乐创作中，学生可以将自己的道德观念和价值观融入作品中，通过音乐的旋律、节奏、和声等元素来表达自己的思想和情感。因此，音乐创作与德育之间存在着密切的联系，二者相互促进、相辅相成。

在音乐创作过程中，教师需要注重德育的渗透。首先，教师可以引导学生思考自己的道德观念和价值观，明确自己想要通过音乐作品表达什么样的思想和情感。其次，教师可以教授学生一些音乐创作技巧和方法，帮助他们将自己的道德观念和价值观有效地融入作品中。例如，可以通过选择合适的音乐风格、运用特定的音乐元素等方式来表达自己的道德观念和价值观。最后，教师还可以组织学生对自己的作品进行展示和分享，引导他们相互欣赏、相互评价，从而进一步加深对德育的理解和体验。

音乐创作中的德育表达具有重要的意义。首先，它有利于培养学生的道德观念和价值观。通过将自己的道德观念和价值观融入音乐作品中，学生能够更加深入地理解和体验这些观念和价值的内涵和意义，从而形成正确的道德观念和价值观。其次，它有利于提升学生的音乐素养和审美能力。通过参与音乐创作，学生能够更加深入地了解音乐的构成和表现方式，提升自己的音乐素养和审美能力。最后，它有利于促进学生的全面发展。音乐创作是一种综合性的艺术活动，它需要学生具备多方面的能力和素质，如创新思维、情感表达、团队合作等。通过参与音乐创作，学生能够全面提升自己的能力和素质，为未来的学习和生活奠定坚实的基础。

5. 音乐教育中的德育评价

音乐教育中的德育评价是全面评估学生在音乐学习过程中道德发展和德育成果的重要环节。通过建立科学、系统的德育评价体系，教师能够对学生的道德表现进行跟踪和反馈，激励学生更加注重自身的德育发展。

（1）德育评价体系的建立

在音乐教育中，德育评价体系的建立需要综合考虑多个方面，包括评价目标、评价内容、评价方法和评价标准等。首先，评价目标要明确，旨在促进学生的道德发展和德育成果的提升。其次，评价内容要全面，涵盖学生在音乐学习中的道德表现、团队合作、尊重他人、遵守规则等方面。评价方法要多样化，结合学生的自评、互评和教师评价等多种方式，确保评价结果的客观性和准确性。最后，评价标准要科学，根据学生的年龄特点和音乐教育的德育目标来制定。

（2）道德表现的评估

在德育评价中，学生的道德表现是评估的重点之一。教师可以通过观察学生在音乐课堂上的行为表现、参与活动的积极性以及与他人交往的态度等方面来评估学生的道德表现。例如，学生是否能够遵守课堂纪律、尊重他人意见、积极参与集体活动等都可以作为评估的依据。同时，教师还可以结合学生的自我评价和互评结果，更全面地了解学生的道德表现。

（3）德育成果的反馈

德育评价的目的是激励学生更加注重自身的德育发展。因此，教师需要及时将评价结果反馈给学生，让学生了解自己在道德发展和德育成果方面的优点和不足。通过正面的鼓励和建设性的建议，教师可以引导学生明确努力方向，提升自身的道德素质。同时，教师还要与家长保持沟通，共同关注学生的德育发展，形成家校共育的良好氛围。

（4）德育评价的持续性与发展性

德育评价是一个持续性和发展性的过程。在音乐教育中，教师需要定期对学生的道德表现和德育成果进行评估，以便及时了解学生的进步和变化。同时，教师还要根据评估结果调整教学策略和方法，为学生提供更加针对性的德育指导。此外，教师还要关注学生的个体差异和发展需求，为每个学生制定个性化的德育发展计划，促进学生的全面发展。

二、学生的全面发展

（一）通过音乐教育与德育的融合，促进学生的情感发展

音乐是一种能够直接触动人心的艺术形式。通过音乐教育，学生可以更好地表达和调控自己的情感，培养积极向上的情感态度。德育的融入可以帮助学生理解情感的真挚和美好，培养他们积极的人生态度和价值观。一方面，音乐以其独特的语言，如旋律、节奏、和声等，直接作用于人的听觉和情感。它能够唤起人们的喜怒哀乐，使人们在音乐的海洋中体验各种情感的起伏和变化。音乐教育正是利用音乐的这一特性，引导学生深入感受和理解音乐所表达的情感，从而培养他们的情感感知和表达能力。另一方面，在音乐教育中，学生不仅学习音乐知识和技能，更重要的是学习如何通过音乐来表达和调控自己的情感。例如，在演唱或演奏过程中，学生需要深入理解作品的情感内涵，然后通过自己的演唱或演奏将其准确地表达出来。这一过程不仅锻炼了学生的音乐技能，也培养了他们的情感表达能力。同时，音乐教育还教会学生如何调控自己的情感。在音乐的创作、表演和欣赏过程中，学生需要学会控制自己的情绪，保持冷静和专注。这种情感的自我调控能力对学生未来的生活和学习都具有重要意义。

将德育融入音乐教育，可以使学生在感受音乐之美的同时，更好地理解情感的真挚和美好。通过学习和欣赏具有积极情感的音乐作品，学生可以感受到生活中的阳光和温暖，从而培养积极向上的情感态度。此外，德育的融入还有助于学生形成正确的人生观和价值观。在音乐教育中，教师可以通过讲解音乐作品的历史背景、文化内涵和社会价值等，引导学生思考人生的意义和价值。例如，通过欣赏爱国主义音乐作品，学生可以激发爱国热情，增强民族自豪感；通过欣赏描绘人与自然和谐相处的音乐作品，学生可以培养环保意识和可持续发展观念。

（二）通过音乐教育与德育的融合，培养学生的创造力

在音乐教育中，培养学生的创造力是一项重要任务。音乐创作本身就是一个充满想象力和创造力的过程，它要求学生能够发挥自己的思维潜能，创造出独特而富有表现力的音乐作品。德育的融入则可以为这一过程增添更多的内涵和意义，引导学生将道德观念和价值观融入音乐创作中。

音乐创作是一种高度创造性的活动，它要求学生能够运用所学的音乐知识和技能，通过想象和构思，创作出具有个性和表现力的音乐作品。在这个过程中，学生需要发挥自己的创造力，不断尝试新的音乐元素和表现方式，以创造出独特的音乐效果。音乐教育为学生提供了广阔的创作空间。在课堂上，教师可以鼓励学生进行

即兴创作，让他们根据自己的情感和想象来创造音乐。此外，教师还可以引导学生通过创作歌曲、编配乐曲等方式来培养创造力。这些活动不仅可以锻炼学生的音乐技能，还可以激发他们的创造潜能，培养他们的创新思维。

在音乐教育中，德育的融入可以为学生的创造力培养提供有力的支持。通过将道德观念和价值观融入音乐创作中，学生可以创作出更加有内涵和意义的作品。首先，德育的融入可以引导学生关注社会现实和人生百态。在音乐创作中，学生可以通过歌曲来表达对社会现象和人生问题的思考和感悟。例如，他们可以创作关于环保、和平、友爱等主题的歌曲，传达积极向上的价值观和道德观念。其次，德育的融入可以帮助学生塑造良好的品格和道德风貌。在音乐创作中，学生可以将自己的道德观念和价值观融入作品中，通过音乐来表达对真善美的追求和对假恶丑的批判。这样的作品不仅可以给人以美的享受，还可以传递正能量，引导人们树立正确的道德观念。最后，德育的融入还可以提升学生的审美能力和审美情趣。在音乐创作中，学生需要不断追求美的境界和表现方式，使作品更加完美和动人。通过对美的追求和创造，学生可以提升自己的审美能力和审美情趣，形成正确的审美观。

音乐教育中培养学生的创造力具有重要意义。通过音乐创作活动，学生可以锻炼自己的创造力和创新思维，培养出独特的个性和表现力。而德育的融入则可以为这一过程增添更多的内涵和意义，引导学生将道德观念和价值观融入音乐创作中，使作品更具社会价值和教育意义。

（三）通过音乐教育与德育的融合，提高学生的文化素养

音乐是一种文化现象，它反映了一个民族、一个时代的精神风貌和文化底蕴。通过音乐教育，学生可以接触到世界各地的音乐作品，了解不同国家和民族的文化传统。这些音乐作品以其独特的旋律、节奏和音色，展现了各种文化的魅力和特色。学生在欣赏和学习这些音乐作品的过程中，可以逐渐拓宽自己的文化视野，增强对不同文化的理解和尊重。

在音乐教育中，教师不仅要教授学生音乐知识和技能，还要注重音乐作品的文化内涵和背景。通过讲解音乐作品的历史背景、创作过程和文化意义，教师可以帮助学生深入理解作品的内涵和精神实质。同时，教师还可以组织学生欣赏不同风格和流派的音乐作品，引导他们比较和分析其中的异同，从而培养他们的音乐鉴赏能力和文化批判思维。

德育的融入可以为音乐教育中的文化素养提升提供有力的支持。通过将道德观念和人文精神融入音乐教育中，教师可以引导学生思考音乐作品中所蕴含的道德观念和人文精神。例如，在欣赏一部具有爱国主义情怀的音乐作品时，教师可以引导

学生思考其中所体现的爱国精神、民族自豪感和社会责任感等道德观念。这样的教学方式不仅可以提升学生的文化素养，还可以培养他们的道德情操和人文精神。

音乐教育在提高学生文化素养方面发挥着重要作用。通过欣赏和学习世界各地的音乐作品，学生可以了解不同国家和民族的文化传统，拓宽自己的文化视野。德育的融入则引导学生思考音乐作品中所蕴含的道德观念和人文精神，提升他们的文化素养和道德情操。教师应该不断提高自己的专业素养和教育能力，为学生提供更加优质的音乐教育服务。同时，学校和社会也应该为音乐教育提供更多的支持和资源，共同推动音乐教育事业的发展和文化素养的提升。

三、教育工作者的视角与方法

（一）为教育工作者提供新的视角和方法，推动音乐教育与德育的深度融合

在传统的教育模式中，音乐教育和德育往往被视为两个独立的领域，它们之间的联系并不紧密。然而，通过深度融合，教育工作者开始意识到音乐教育与德育之间的内在联系和互补性。

1. 新视角的考量

（1）整体教育观的转变

随着教育理念的不断更新，教育者们越来越倾向于一个更加全面、整体的教育观。在这种观念下，学生的每一个发展方面——无论是智力、情感、道德还是艺术——都是相互关联、相互影响的。音乐教育和德育作为其中两个重要方面，它们的融合有助于学生在各个层面实现更加和谐、统一的发展。

整体教育观强调学生的全面发展，这种发展不是孤立的、片面的，而是整体的、综合的。它要求教育者关注学生的各个方面发展，包括智力、情感、道德、艺术等，并认识到这些方面是相互联系、相互影响的。在这种观念下，教育不再是单向的知识传授和技能培养，而是学生综合素质和能力的全面提升。整体教育观还具有以下四个显著特点，一是强调学生的主体性，认为学生是学习的主体，教育者应尊重学生的个性差异和多元需求；二是注重跨学科整合，打破传统学科界限，促进不同学科之间的融合与渗透；三是关注知识的实践与应用，强调知识在解决实际问题中的价值；四是重视教育评价的改革，倡导多元评价方式，全面、客观地评价学生的学习成果和发展情况。

音乐教育与德育的深度融合正是整体教育观转变的生动体现。这种融合不仅促进了两者在教育内容和方法上的相互渗透，还为学生的全面发展提供了有力支持。

一是智力与情感的和谐发展。音乐教育和德育在智力与情感培养方面具有天然

的优势。音乐教育通过音乐作品的欣赏、分析、创作等活动，可以锻炼学生的逻辑思维、创造性思维和批判性思维，促进智力的发展。同时，音乐以其独特的艺术魅力，可以激发学生的情感表达和交流，帮助他们学会感知、理解和处理自己的情感。德育则注重培养学生的道德认知和价值观，引导他们形成正确的世界观、人生观和价值观。在德育过程中，学生也会体验到各种道德情感，如责任感、荣誉感、同情心等。因此，音乐教育与德育的深度融合有助于学生在智力与情感方面实现和谐发展。

二是道德与艺术的相互提升。道德和艺术是人类文明的两大支柱，它们相互依存、相互影响。音乐教育作为艺术教育的重要组成部分，具有独特的审美价值和艺术魅力。通过音乐教育，学生可以提升自己的审美情趣和艺术素养，学会发现美、欣赏美和创造美。同时，音乐教育中的德育元素也可以潜移默化地影响学生的道德认知和行为选择。例如，通过学习和演唱具有积极价值观的歌曲，学生可以感受到爱国情感、社会责任感和集体荣誉感等德育内容。反过来，德育也可以为音乐教育提供道德支撑和价值引领。一个具备良好道德品质的学生更容易理解和表现音乐作品中的积极情感和美好意境。因此，音乐教育与德育的深度融合有助于学生在道德与艺术方面相互提升。

三是跨学科整合与实践应用。整体教育观强调跨学科整合和实践应用。音乐教育与德育的深度融合正是跨学科整合的生动案例。在这种融合中，音乐教育不再仅仅关注音乐技能的培养，而是将德育元素融入其中；同样地，德育也可以通过音乐教育的形式进行呈现和拓展。这种跨学科整合不仅丰富了教育内容和手段，还为学生提供了更广阔的学习视野和实践机会。同时，这种融合也强调知识的实践与应用。通过音乐活动和实践项目的设计与实施，学生可以将在音乐教育和德育中学到的知识和技能应用于实际生活中解决问题或服务社会。这种实践性教学不仅有助于提升学生的实践能力和解决问题的能力还有利于培养他们的社会责任感和团队合作精神。

（2）学生全面发展的需求

现代学生面临着日益复杂多变的社会环境，他们需要更加全面、均衡的发展来应对未来的挑战。音乐教育与德育的深度融合，正是为了满足学生在艺术修养和道德品质上的双重提升，帮助他们构建更加丰富、立体的个人素质。

第一，以音乐为载体，提升学生的艺术修养与审美能力。音乐教育不仅教授学生音乐知识和技能，更重要的是通过音乐作品的欣赏、分析和创作，培养学生的审美情趣和艺术素养。在音乐教育中，教育者可以选择具有积极价值观和高尚情操的音乐作品，引导学生感受音乐中的美，理解音乐所表达的思想和情感，从而提升学生的艺术修养。

第二，以德育为导向，塑造学生的良好道德品质与行为习惯。德育是塑造学生良好道德品质和行为习惯的重要途径。在音乐教育中融入德育元素，可以使学生在接受艺术熏陶的同时，受到道德教育的引导。德育还可以通过音乐课堂中的行为规范、音乐活动中的礼仪要求等方式，引导学生养成良好的行为习惯和道德品质。这些规范和要求不仅有助于维护音乐教育的秩序和效果，还可以在日常生活中得到延伸和应用。

第三，跨学科整合与实践应用，促进学生的综合素质发展。音乐教育与德育的深度融合还需要通过跨学科整合和实践应用来促进学生的综合素质发展。跨学科整合可以打破传统学科之间的界限，将音乐教育与德育、其他学科相结合，形成更加综合、全面的教育内容和方法。例如，可以将音乐与历史、文学相结合，通过音乐作品的学习来了解历史背景和文化内涵；将音乐与心理学相结合，通过音乐疗法来帮助学生调节情绪、缓解压力等。实践应用则是将音乐教育与德育的理论知识转化为实际行动的重要途径。教育者可以组织学生参与各种音乐实践活动，如音乐会、音乐节、音乐比赛等，让学生在亲身体验中学习和成长。这些实践活动不仅可以提升学生的音乐技能和表演能力，还可以培养他们的组织能力、沟通能力和创新能力等非技术性能力。

第四，个性化教育与多元评价，关注学生的个体差异与多元需求。每个学生都是独一无二的个体，具有不同的兴趣、特长和发展需求。因此，音乐教育与德育的深度融合还需要关注学生的个性化教育和多元评价。教育者应根据学生的个体差异和多元需求，采用个性化的教学策略和方法，以满足不同学生的发展需求。同时，教育者还应采用多元评价方式，全面、客观地评价学生的学习成果和发展情况。除了传统的考试和表演评价方式外，还可以采用表现性评价、过程性评价、差异性评价等方式来评价学生的音乐技能、艺术素养和道德品质等方面的发展情况。这样的评价方式不仅可以更加全面、客观地反映学生的真实水平和发展需求，还可以为学生提供更加及时、有效的反馈和指导。

（3）德育的创新路径

传统的德育方式在某些情况下可能显得过于刻板、单调，难以引起学生的共鸣。音乐教育以其独特的艺术魅力和情感表达方式，为德育提供了一条新的、更加生动有趣的路径。通过音乐，德育内容可以更加深入人心，达到更好的教育效果。

音乐教育是情感与道德的桥梁。音乐是一种极具感染力的艺术形式，它能够触动人的内心，引起情感的共鸣，在德育过程中融入音乐教育，可以使学生更加深入地理解和感受道德的内涵，例如，通过欣赏和演唱具有积极向上主题的歌曲，学生可以更加直观地理解团结、友爱、奉献等道德观念，从而将这些观念内化为自己的行为准则。

音乐教育是创新德育形式的有效手段。音乐教育为德育提供了多样化的教育形式，使德育过程更加生动有趣。例如，通过音乐剧、音乐故事等形式，可以将抽象的道德观念具象化，让学生在观看和参与的过程中受到潜移默化的影响。此外，音乐教育还可以与德育课程相结合，形成跨学科的教学模式，使学生在学习音乐的同时接受道德教育。

音乐教育是实践德育理念的重要平台。音乐教育强调实践性，为学生提供了丰富的实践机会。在音乐活动中，学生不仅可以提升自己的音乐技能，还可以在团队合作、沟通交流等方面得到锻炼。这些实践经历有助于学生更好地理解和践行德育理念，形成积极向上的道德品质。

音乐教育是个性化德育的实现途径。每个学生都有自己的兴趣爱好和特长，音乐教育可以为学生提供个性化的德育体验。通过选择适合自己的音乐课程和活动，学生可以在自己感兴趣的领域中接受道德教育，从而提高德育的针对性和有效性。同时，音乐教育还可以根据学生的年龄、心理等特点，采用不同的教学方法和手段，使德育更加贴近学生的实际生活。

音乐教育是深化德育内涵的重要载体。音乐教育具有丰富的文化内涵，可以深化德育的内涵。通过学习和欣赏不同风格、不同流派的音乐作品，学生可以了解不同文化背景下的道德观念和行为规范，从而拓宽自己的视野，增强跨文化交流的能力。这种深化的德育内涵有助于培养学生的全球意识和国际竞争力。

2. 新方法的探索

（1）跨学科的教学方法

音乐教育与德育的深度融合，鼓励教育者采用跨学科的教学方法。这种方法不仅可以打破学科之间的界限，促进知识的整合与贯通，还可以激发学生的学习兴趣和创造力，培养他们更加全面、综合的思维方式。

打破学科界限，促进知识整合。在传统的教学模式中，各个学科往往被孤立地教授，知识之间缺乏有机的联系。然而，在现实生活中，问题往往是复杂而多元的，需要跨学科的知识和技能来解决。音乐教育与德育的深度融合正是基于这样的认识，鼓励教育者采用跨学科的教学方法。例如，在音乐课堂上，除了教授音乐知识和技能，教育者还可以融入历史、文化、社会等多个学科的内容。通过分析音乐作品的历史背景、文化内涵和社会价值，学生可以更加深入地理解音乐的本质和意义。同时，这种跨学科的教学方法也有助于学生将音乐知识与其他学科知识进行有机整合，形成更加完整、系统的知识体系。

激发学习兴趣，培养创造力。跨学科的教学方法往往更加生动有趣，能够激发学生的学习兴趣和好奇心。在音乐教育中，通过引入其他学科的内容和元素，教育者可以设计出更加丰富多样的教学活动和课程项目。这些活动和项目不仅可以让学生在轻松愉快的氛围中学习音乐知识和技能，还可以激发他们的创造力和想象力。例如，教育者可以组织学生根据某个历史事件或文化主题创作音乐作品，或者将音乐与舞蹈、戏剧等其他艺术形式相结合，进行综合性的艺术表演。这些活动不仅可以培养学生的音乐创作能力和艺术表现能力，还可以激发他们的创新思维和解决问题的能力。

培养全面、综合的思维方式。跨学科的教学方法强调知识的综合性和整体性，有助于培养学生的全面、综合的思维方式。在音乐教育与德育的深度融合中，学生通过学习和实践不仅可以掌握音乐知识和技能还可以培养自己的道德认知和行为习惯以及跨学科的知识整合能力和创新思维。这种全面、综合的思维方式不仅有助于学生在学术上取得更好的成绩和发展，还可以帮助他们更好地适应未来社会的需求和挑战。因为未来的社会需要的是具备综合素质和能力的复合型人才，而跨学科的教学方法正是培养这类人才的有效途径。

（2）实践性与体验性的增强

音乐教育本身就是一种高度实践性和体验性的学科。通过与德育的深度融合，教育者可以设计更多具有实践性和体验性的教育活动。这些活动不仅可以让学生在亲身体验中学习和成长，还可以增强他们对德育内容的理解和认同。

音乐教育的实践性体现在学生的唱、奏、听、创等多个方面。学生需要通过亲自演唱、演奏、聆听和创作音乐作品来感受音乐的魅力，理解音乐的内涵。这种实践性学习不仅可以提高学生的音乐技能，还可以培养他们的音乐审美能力和创造力。同时，音乐教育也是一种体验性极强的学科。每一首音乐作品都蕴含着作者的情感和思想，学生在学习和欣赏音乐作品的过程中，需要通过自己的情感体验来理解作品的意境和情感。这种体验性学习可以帮助学生更好地理解音乐作品，同时也可以培养他们的情感表达能力和共情能力。

音乐教育与德育的深度融合，是指将音乐教育的实践性和体验性与德育的理念和内容相结合，让学生在音乐学习的过程中同时接受道德教育。这种融合不仅可以提高德育的实效性，还可以增强学生对德育内容的理解和认同。例如，教育者可以通过组织合唱、合奏等集体性音乐活动，培养学生的团队合作精神和集体荣誉感。在这些活动中，学生需要相互配合、相互支持，共同完成音乐作品的演唱或演奏。这种亲身体验的合作过程可以让学生更加深刻地理解团队合作的重要性，从而培养他们的团队意识和协作精神。此外，教育者还可以通过音乐作品的欣赏和创作，引导学生思考人生、价值和社会等问题。例如，通过欣赏具有积极向上主题的歌曲，学生可以感受到歌曲中传递的正能量和积极态度，从而激发他们对生活的热爱和对未来的向往。通过创作音乐作品，学生可以将自己的情感和思想表达出来，同时也可以借此机会反思自己的行为和价值观。

音乐教育的实践性和体验性在德育中具有重要的价值。首先，实践性学习可以让学生通过亲身参与来体验道德的力量，从而更加自觉地践行道德规范。其次，体验性学习可以让学生深入感受道德情感和价值观念，从而增强他们对德育内容的理解和认同。这种理解和认同不仅可以提高德育的实效性，还可以为学生的全面发展奠定坚实的基础。

（3）个性化与多元化的教学策略

每个学生都有其独特的个性和需求。音乐教育与德育的深度融合，为教育者提供了更多个性化、多元化的教学策略。通过这些策略，教育者可以更加精准地满足学生的需求，帮助他们实现更加个性化、全面的发展。

每个学生都有其独特的个性、兴趣和学习方式。在音乐教育与德育的深度融合中，教育者可以通过观察学生的表现、了解他们的喜好和特长，制定个性化的教学策略。例如，针对喜欢流行音乐的学生，教育者可以引入流行歌曲作为教学素材，引导他们分析和欣赏其中的音乐元素和道德内涵；对于擅长乐器演奏的学生，教育者可以为他们提供展示才华的舞台，同时引导他们思考如何通过音乐表达自己的情感和态度。个性化教学策略的实施，不仅可以激发学生的学习兴趣和积极性，还可以帮助他们更好地发挥自己的优势和特长。通过在自己的兴趣领域中深入学习和实践，学生可以更加自信地面对挑战，实现自我价值的最大化。

除了个性化教学策略外，音乐教育与德育的深度融合还鼓励教育者探索多元化的教学策略。多元化教学策略包括教学方法的多样化、教学资源的丰富化以及教学评价的多元化等方面。在教学方法上，教育者可以采用讲授、示范、讨论、合作等多种方式进行教学。例如，在音乐欣赏课上，教育者可以先进行讲授，引导学生了解作品的背景和风格；然后通过示范演唱或演奏，让学生感受作品的魅力；接着组织学生进行讨论和交流，分享自己的感受和理解；最后通过合作表演或创作，让学生将所学知识应用到实践中。在教学资源上，教育者可以积极利用校内外各种资源，如音乐图书馆、音乐厅、民间艺人等，为学生提供更加广阔的学习空间和实践机会。同时，教育者还可以借助现代信息技术手段，如网络教学资源、多媒体教学设备等，丰富教学内容和形式，提高教学效果。在教学评价上，教育者应该注重过程性评价和表现性评价的结合。过程性评价关注学生在学习过程中的表现和努力程度，表现性评价则关注学生在特定任务或项目中的表现成果。通过多元化的评价方式，教育者可以更加全面地了解学生的学习情况和进步程度，为他们提供有针对性的指导和帮助。

（二）提供理论支撑和实践指导，帮助教育工作者更好地开展教育工作

1. 音乐教育与德育的深度融合有着坚实的理论基础

随着教育理念的不断更新和发展，音乐教育与德育的深度融合逐渐成为教育工作者关注的热点问题。在过去的几十年里，许多学者和教育家对音乐教育与德育的关系进行了深入研究。其中，最具代表性的理论包括全面发展教育理论、多元智能理论和情感教育理论。

（1）全面发展教育理论

全面发展教育理论是一个深刻影响现代教育的理论体系，它主张学生在多个维度上——包括智力、道德、审美、身体等——都应该得到均衡和全面的发展。这一理论强调了教育的整体性和人的全面发展的必要性。在众多教育家中，苏联的苏霍姆林斯基是这一理论的杰出代表，他在其著作《全面发展的人的培养问题》中对全面发展教育理论进行了系统而深入的阐述。

苏霍姆林斯基认为，音乐教育在全面发展中占有举足轻重的地位。他提出，音乐不仅是一种艺术形式，更是一种能够触及人心灵深处、激发人内在情感的教育手段。通过音乐教育，学生可以培养起对美的感知和欣赏能力，这种能力不仅能够提升学生的审美水平，还有助于他们在生活中发现和创造美。在道德品质的培养方面，音乐教育同样发挥着不可替代的作用。音乐中蕴含的丰富情感和思想，能够潜移默化地影响学生的道德观念和行为习惯。例如，通过欣赏和演唱爱国主义歌曲，可以激发学生的爱国情感和民族自豪感；通过学习和演奏团队合作的音乐作品，可以培养学生的团结协作精神和集体荣誉感。此外，音乐教育还能够激发学生的创造力。在音乐的创作和表演过程中，学生需要发挥自己的想象力和创新思维，将内心的情感和想法转化为具体的音乐作品。这种创造性的活动不仅能够提升学生的音乐素养，还有助于培养他们的创新思维和解决问题的能力。

除了苏霍姆林斯基之外，还有许多教育家和学者对音乐教育与全面发展的关系进行了研究和阐述。例如，美国教育家布鲁纳在其认知发展理论中强调了音乐对学

生认知发展的促进作用；德国音乐教育家奥尔夫则通过其独创的音乐教育体系，将音乐教育与学生的身体运动、语言表达和创造力培养等多个方面紧密结合起来。全面发展教育理论强调了音乐在促进学生全面发展中的重要作用。通过音乐教育，学生不仅可以提升审美水平和道德品质，还可以激发创造力和培养多方面的能力。因此，在现代教育中，我们应该充分重视音乐教育的地位和作用，将其与德育、智育等其他教育形式有机结合起来，共同促进学生的全面发展。

（2）多元智能理论

多元智能理论由美国心理学家霍华德·加德纳在其经典著作《心智的架构》中首次提出，彻底颠覆了传统的一元智能观念。该理论强调，每个人都至少具备八种智能，这些智能以不同的方式和程度组合，从而形成了每个人独特的智能结构。其中，音乐智能是重要的一部分，它涵盖了对于节奏、音调、音色和旋律的敏感性和理解力。

在音乐教育中，多元智能理论为教育者提供了一个全新的视角。传统的音乐教育往往只注重音乐技能和知识的传授，而多元智能理论则强调通过音乐教育来激发学生的多种智能。首先，音乐创作和表演是激发学生音乐智能的有效途径。在这个过程中，学生不仅可以提升自己的音乐技能和表演能力，还可以培养语言智能和身体运动智能。例如，创作歌曲需要学生运用语言智能来表达自己的思想和情感，而演唱和演奏则需要学生运用身体运动智能来协调自己的动作和表情。其次，音乐欣赏也是培养学生多种智能的重要方式。通过欣赏不同类型的音乐作品，学生可以提升自己的音乐审美能力和鉴赏水平，同时还可以培养逻辑数学智能和自然观察智能。例如，分析音乐作品的曲式结构和和声进行需要学生运用逻辑数学智能来理解音乐的内在逻辑，而观察音乐作品中的自然元素和情感表达则需要学生运用自然观察智能来感受音乐与自然的联系。

除了加德纳的多元智能理论外，其他学者和研究者也为音乐教育与多元智能的关系提供了丰富的理论支持和实践指导。例如，美国音乐教育家贝内特·雷默在其著作《音乐教育的哲学》中强调了音乐教育在培养学生多元智能方面的重要性；德国音乐教育家卡尔·奥尔夫则通过其独创的音乐教育体系将多元智能理论与音乐教育实践紧密结合，为教育者提供了宝贵的经验和启示。

（3）情感教育理论

情感教育理论作为现代心理学和教育学的重要分支，强调情感在个体发展中的核心作用。该理论认为，情感不仅影响个体的认知过程和社会行为，还是个体道德发展的重要驱动力。音乐教育，作为一种富有情感的艺术形式，以其独特的艺术魅力在情感教育中占有举足轻重的地位。美国心理学家布鲁姆在其著名的情感教育理论中，提出了情感目标分类学，为音乐教育与德育的深度融合提供了坚实的理论支撑。布鲁姆认为，教育目标应该包括认知、情感和动作技能三个领域，其中情感领域是至关重要的一部分。在情感领域中，他强调了情感认知、情感表达和情感调节能力的培养。音乐教育在培养学生的情感能力方面具有得天独厚的优势。首先，音乐是一种极富表现力的艺术形式，能够直接触动学生的情感。通过欣赏音乐作品，学生可以感受到作曲家所要表达的情感，从而培养自己的情感认知能力。其次，音乐创作和表演为学生提供了情感表达的平台。在演唱、演奏和创作过程中，学生可以将自己的情感融入其中，通过音乐来表达自己的内心世界。最后，音乐教育还能够培养学生的情感调节能力。在学习和表演过程中，学生需要学会控制自己的情绪和情感，以达到更好的艺术效果。这种情感调节能力不仅有助于学生的音乐学习，还能够迁移到日常生活中，帮助学生更好地应对各种情感挑战。

美国音乐教育家查尔斯·罗森在其著作《音乐与情感》中详细阐述了音乐如何激发学生的情感以及情感在音乐学习中的重要性。他认为，音乐教育应该注重学生的情感体验和情感表达，以培养学生的情感素养和审美能力。

2. 理论支撑与实践指导的结合

（1）全面发展教育理论与教学目标设定

在全面发展教育理论的指导下，音乐教育的目标不仅限于音乐技能和知识的传授，更包括培养学生的道德品质、审美能力和创新精神。因此，在教学目标设定上，教育者应明确将德育目标融入音乐教学中。例如，在音乐欣赏课程中，除了让学生欣赏音乐作品的美妙旋律外，还应引导学生思考音乐作品背后的道德内涵和人生哲理。

（2）多元智能理论与教学内容选择

根据多元智能理论，教育者应选择具有多元智能培养价值的音乐作品和教学活动。例如，在教学内容选择上，可以包括不同风格、不同文化背景的音乐作品，让学生感受音乐的多样性和包容性；同时，通过创作歌曲、乐队合奏等教学活动培养学生的多种智能和创造力。

（3）情感教育理论与教学方法运用

情感教育理论强调情感在个体发展中的重要作用。在音乐教育中，教育者应注重情感教育的渗透和体验。例如，通过情境导入、情感体验、情感表达等环节让学生在音乐学习中感受和理解道德情感；同时，通过角色扮演、音乐游戏等方式让学生在轻松愉快的氛围中接受道德教育。此外，教育者还可以通过音乐作品中的道德议题探讨引导学生形成正确的道德认知和行为习惯。

（4）教学评价设计的综合体现

在教学评价设计上，过程性评价和表现性评价的结合充分体现了上述理论的综合应用。过程性评价关注学生在学习过程中的表现和努力程度，与全面发展教育理论相契合；表现性评价则关注学生在特定任务或项目中的表现成果，与多元智能理论和情感教育理论相呼应。通过综合评价学生在音乐学习过程中的表现、参与程度、合作精神以及音乐作品创作和表演等方面的成果，教育者可以全面了解学生的学习情况和进步程度，为他们提供有针对性的指导和帮助。同时，这种评价方式也有助于培养学生的自信心和自主学习能力。

第三节 关键概念界定

一、品格教育与审美意识

品格教育，作为德育的基石，旨在通过系统的教育过程来塑造和提升学生的道德品质与行为习惯。它注重培养学生的道德认知、道德情感和道德行为，引导学生形成正确的价值观和人生观，从而成为具有高尚品格和良好行为习惯的公民。音乐教育在培养学生审美意识方面发挥着不可替代的作用。音乐作品以其独特的艺术魅力，如美的旋律、和谐的和声、深刻的情感等，深深地吸引着学生，使他们在欣赏和演唱的过程中感受到音乐的美。这种对美的感知和体验，逐渐培养学生的审美意识和审美能力，使他们能够更加敏锐地发现美、欣赏美，并积极地追求美。

品格教育和审美意识在个体成长过程中，尤其是青少年时期，扮演着至关重要的角色。它们之间的关系不仅仅是单向的，而是相互渗透、相互影响的，共同塑造着学生的内心世界和外在行为。

从品格教育的角度来看，它不仅仅是道德规范的简单传授，更重要的是引导学生形成内在的道德自觉。这种道德自觉不仅影响着学生的行为选择，也深刻地影响着他们的审美偏好和审美判断。一个具有良好品格的学生，在面对美与丑、善与恶时，会有更加明确和坚定的立场，这种立场会自然而然地体现在他们的审美选择上。他们更倾向于欣赏那些积极向上、充满正能量的艺术作品，因为这些作品与他们的道德观念相契合，能够给予他们正面的情感体验和审美享受。

审美意识的培养对于品格教育也有着积极的促进作用。音乐教育、美术教育等审美教育活动，不仅可以提升学生的审美素养，还能够通过艺术作品的情感熏陶和价值传递，潜移默化地影响学生的道德观念和行为习惯。例如，一首充满爱国主义情怀的歌曲，可以激发学生的爱国热情和社会责任感；一幅描绘自然美景的画作，可以引导学生更加热爱自然、珍惜环境。这些审美体验在无形中强化了学生的道德认知，使他们在日常生活中更加自觉地践行道德规范。

品格教育和审美意识在培养学生的创新精神和创造力方面也表现出高度的契合性。品格教育鼓励学生勇于探索、敢于创新，而审美意识则为学生提供了广阔的想象空间和创造平台。在艺术创作中，学生需要调动自己的道德情感和审美经验，通过创新性的表达方式来传递自己的思想和情感。这种创作过程不仅锻炼了学生的创新能力，也使他们的道德观念和审美意识得到了进一步的升华。

二、情感共鸣与创造力

音乐作为人类最古老、最纯粹的艺术形式之一，以其深邃的情感、悠扬的旋律和无限的创意，跨越时空，沟通心灵。在音乐教育的过程中，情感共鸣与创造力的培养不仅是音乐学习的核心，更是与德育相辅相成的关键要素，共同塑造着学生的内心世界和未来人生。

情感共鸣是音乐教育的灵魂。音乐之所以能够打动人心，正是因为它能够唤起人们内心深处的情感。在演唱、演奏或聆听音乐时，学生们往往会被其中的旋律、和声、节奏等元素所触动，感受到喜怒哀乐、悲欢离合等多样化的情感。这种情感共鸣不仅让学生更加深入地理解音乐的内涵，还为他们提供了一种表达自我、宣泄情感的方式。在音乐的世界里，他们可以暂时忘却现实的烦恼，沉浸于音乐带来的愉悦和安宁之中。更为重要的是，这种情感共鸣为学生提供了德育所需的情感基础和动力。音乐教育通过激发学生的情感共鸣，培养他们的同理心和善良品质。当学生们感受到音乐中的美好情感时，他们也会更加珍惜和追求生活中的美好事物，更加关注他人的感受和需要，从而形成积极向上的价值观和人生观。想象一下，当一个学生深情地演唱一首表达爱国情感的歌曲时，他不仅仅是在传达歌词的意思，更是在用自己的声音和情感去诠释对祖国的热爱。这种情感的流露和传递，无疑会增强学生的民族自豪感和社会责任感，为他们的德育发展打下坚实的基础。

创造力则是音乐教育的另一大魅力所在。音乐创作是一种极具挑战性的活动，它需要学生们发挥自己的想象力和创新精神，将内心的情感和思想转化为独特的音乐语言。在音乐教育中，学生们不仅可以学习和欣赏经典的音乐作品，还可以尝试自己创作歌曲、编排舞蹈等。这种创作过程不仅锻炼了学生的创造力和艺术才能，还激发了他们的探索精神和求知欲望。与德育相结合，创造力的培养更加具有现实意义。在德育中，我们注重培养学生的独立思考能力、创新精神和实践能力，使他们能够适应未来社会的发展需求。而音乐教育中的创造力培养正是对这些德育目标的有力补充。通过音乐创作，学生们不仅可以提升自己的艺术修养和审美能力，还可以培养解决问题、团队合作等综合能力。这些能力不仅有助于学生在音乐领域取得更好的成绩和发展，更为他们在未来的人生道路上奠定了坚实的基础。

情感共鸣与创造力的培养在音乐教育中相互促进、相得益彰。情感共鸣为学生提供了丰富的情感体验和表达需求，为创造力的发挥提供了源泉和动力；而创造力的发挥则进一步丰富了学生的情感体验和表达方式，使他们的情感更加深刻、真挚。这种良性循环不仅提升了学生的音乐素养和综合能力，更为他们的全面发展注入了源源不断的活力。情感共鸣与创造力在音乐教育中具有举足轻重的地位。它们与德育紧密相连，共同促进学生的全面发展。通过音乐教育，我们可以培养学生的情感体验和表达能力，激发他们的创造力和创新精神。而这些能力的培养，不仅有助于学生在音乐领域取得更好的成绩，更为他们在未来的人生道路上奠定了坚实的基础。

三、教学策略与课程整合

在探讨音乐教育与德育的融合时，我们不得不关注教学策略与课程整合这两个核心要素。它们是实现音乐与道德内在联系的桥梁，也是推动学生全面发展的关键。

教学策略在音乐教育与德育融合中起着至关重要的作用。音乐，作为一种情感的艺术，需要通过恰当的教学策略来引导学生深入感受和理解。例如，音乐欣赏课就是一种非常有效的教学策略。在这样的课堂上，教师可以选取具有深厚道德内涵的音乐作品，引导学生通过聆听、分析、讨论等方式，深入感受音乐中的情感与道德力量。在欣赏过程中，学生不仅可以提升自己的音乐素养，还能在潜移默化中受到道德的熏陶。合唱排练也是一种极具德育价值的教学策略。在合唱中，学生需要学会与他人合作，共同追求和谐的声音效果。这种合作不仅锻炼了学生的团队协作能力，还培养了他们的集体荣誉感和责任感。通过合唱排练，学生可以在音乐的海洋中感受到道德的力量，从而更加自觉地践行道德规范。

音乐创作也是一种极具创造力的教学策略。在创作过程中，学生需要将自己的情感和思想转化为音乐语言，这需要他们发挥想象力和创新精神。而这种创造力的发挥，正是德育所追求的目标之一。通过音乐创作，学生不仅可以提升自己的艺术才能，还能在创作过程中思考人生、反思自我，从而达到德育的目的。

仅有教学策略还不足以实现音乐教育与德育的深度融合。我们还需要关注课程整合这一重要途径。课程整合是将音乐教育与德育内容有机结合的关键环节。通过设计跨学科的综合性课程，我们可以打破传统学科之间的界限，让学生在多元化的学习环境中感受音乐与道德的内在联系。例如，我们可以设计一门以“音乐与道德”为主题的跨学科课程。在这门课程中，我们可以将音乐史、音乐理论、音乐欣赏等与道德教育相关的内容有机结合起来，让学生在学习音乐的同时思考道德问题。这样的课程设计不仅可以提升学生的学习兴趣和积极性，还能使他们在学习过程中更加深入地理解音乐与道德的关系。

课程整合还可以为学生提供更多的实践机会。通过组织音乐比赛、音乐节等实践活动，学生可以将在课堂上学到的知识应用到实际中，从而更加深刻地体验音乐与道德的内在联系。这种体验不仅可以增强学生的实践能力，还可以使他们在实践中不断反思和提升自己的道德境界。

学策略与课程整合是实现音乐教育与德育深度融合的重要途径。通过采用恰当的教学策略和设计跨学科的综合性课程，我们可以让学生在音乐的海洋中感受到道德的力量，从而达到德育的目的。在未来的教育实践中，我们应该更加注重教学策略与课程整合的探索与实践，为培养全面发展的学生贡献自己的力量。

四、评价体系与教育环境

在探讨音乐教育与德育融合的过程中，评价体系和教育环境是两个不可或缺的要素。它们对于确保音乐与道德教育的有效结合、促进学生的全面发展具有至关重要的作用。

建立科学、全面的评价体系是评估音乐教育与德育融合效果的关键。这一体系需要涵盖多个层面，以确保对学生、教师和课程实施情况等进行全面、客观地评估。对于学生学习效果的评估，评价体系应关注学生在音乐知识、技能和情感态度等方面的发展。除了传统的笔试和表演考试外，还可以采用更加灵活多样的评价方式，如学生音乐作品集、音乐实践活动记录等。这些评价方式能够更真实地反映学生的音乐学习成果和德育成长情况。对于教师教学水平的评估，评价体系应注重教师的教学理念、教学方法和教学效果等方面。教师可以通过教学反思、同行评议和学生评价等方式，不断提升自己的音乐教学水平和德育能力。同时，学校和教育管理部门也应定期对教师进行培训和考核，以确保教师具备音乐与德育融合的教学能力。对于课程实施情况的评估，评价体系应关注课程目标的达成度、课程内容的适切性和课程实施的有效性等方面。通过定期的课程评估，可以及时发现和解决课程实施中存在的问题，不断完善和优化音乐与德育融合的课程设计。

教育环境对音乐教育与德育融合产生着深远的影响。学校、家庭和社会等层面应共同努力，为学生创造一个良好的音乐教育与德育环境。在学校层面，学校应提供充足的音乐教育资源，包括优秀的音乐教师、专业的音乐教室和丰富的音乐器材等。同时，学校还应注重校园音乐文化的建设，通过组织各种音乐比赛、音乐节等活动，营造浓厚的音乐氛围，激发学生的音乐兴趣和热情。此外，学校还应将德育理念渗透到音乐教育中，引导学生在音乐学习中培养道德情感和道德行为。在家庭层面，家长应关注孩子的音乐教育和德育发展，鼓励孩子参加各种音乐活动，培养孩子的音乐素养和审美情趣。同时，家长还应以身作则，通过自己的言行影响孩子的道德观念和行为习惯。在社会层面，社会各界应支持音乐教育与德育融合的发展，为学校和家庭提供必要的资源和支持。例如，音乐机构可以与学校合作，为学生提供专业的音乐培训和表演机会；社区可以组织各种音乐文化活动，丰富学生的课余生活；媒体可以宣传音乐与德育融合的理念和成果，引导社会形成正确的教育价值观。

评价体系与教育环境是音乐教育与德育融合的关键支撑。通过建立科学、全面的评价体系和营造良好的教育环境，我们可以更好地推动音乐与道德教育的有效结合，促进学生的全面发展。

第二章　音乐教育与德育的理论支撑

音乐教育与德育是中小学教育中的两大支柱，它们在培养学生全面发展中起着不可或缺的作用。音乐教育作为美育的重要途径，能够提升学生的审美情趣和创新精神，而德育则关注学生的道德品质和行为习惯的培养，两者相互渗透、相互促进，共同促进学生全面发展。

音乐教育与德育的理论支撑来源于多个学科领域，包括教育学、心理学、社会学等。全面发展理论强调教育的目的是促进学生的全面发展，包括知识、技能、情感、道德等方面的提升。情感教育理论则认为情感是学生认知和行为的重要驱动力，音乐教育和德育的融合可以满足学生的情感需求，促进学生的情感教育。认知心理学理论和人本主义心理学理论也分别从认知过程和人的自我实现角度为音乐教育和德育提供了理论支撑。在社会学领域，社会化理论和文化传承理论则为音乐教育和德育在培养学生的社会责任感和团队协作精神方面提供了重要的理论支持。

在实践中，音乐教育与德育的融合具有深远的意义。音乐作品中所表达的道德观念和价值观念能够影响听众的道德观念和行为，通过音乐培养学生的道德意识和行为习惯，有助于形成健全的人格。同时，音乐教育可以激发学生的积极情感，培养他们的积极情感和品格，与德育相互补充，共同促进学生的情感教育。此外，音乐教育和德育的融合还可以满足学生的自我实现需求，帮助学生形成积极的人生观和价值观，促进学生的心理健康和个性发展。

第一节　音乐教育在中小学教育中的地位与作用

在中小学教育体系中，音乐教育始终占据着重要的地位。近年来，随着教育理念的不断更新和教学方法的持续创新，音乐教育的功能和价值得到了更加全面和深入的挖掘，其在培养学生全面发展、提升智力与非智力因素、传承民族文化以及促进国际交流等方面所发挥的作用日益凸显。

一、全面发展教育的重要组成部分

全面发展理论建立在马克思主义关于人的全面发展的学说之上。这一学说认为，人的全面发展不仅仅是单一方面的发展，而是人在体力、智力、情感、道德、审美等各个方面的全面发展。这种发展不是孤立的，而是相互关联、相互促进的。马克思主义强调，人的全面发展是社会发展的最终目标，也是实现共产主义的必要条件。

从哲学角度来看，全面发展理论体现了对人的全面发展的追求和对人的本质的深刻认识。它认为，人是一种具有无限可能性的存在，只有通过全面发展，人才能真正实现自己的潜能和价值。同时，全面发展也是符合人的自然属性和社会属性的，是人的自我实现和社会进步的必然要求。在教育实践中，全面发展理论强调教育应该注重学生的全面发展需求，提供多样化的教育资源和教育方式。这不仅包括知识的传授，更包括能力的培养、素质的提升和个性的发展。教育应该关注学生的个体差异，尊重学生的个性发展，提供个性化的教育方案，使每个学生都能得到全面的发展。

全面发展的内涵非常丰富，包括德、智、体、美、劳等多个方面。这些方面不是孤立的，而是相互关联、相互促进的。例如，德育可以培养学生的道德品质和道德素养，为其他各方面的发展提供坚实的道德基础；智育可以培养学生的认知能力和思维能力，为其他各方面的发展提供智力支持；体育可以培养学生的身体素质和运动能力，为其他各方面的发展提供身体保障；美育可以培养学生的审美情趣和艺术修养，为其他各方面的发展提供美的享受和创造美的能力；劳动教育可以培养学生的劳动精神和实践能力，为其他各方面的发展提供实践基础。

（一）音乐教育是中小学阶段实施美育的重要途径，对于培养学生德、智、体、美、劳全面发展具有不可替代的作用

全面发展的内涵非常丰富，包括德、智、体、美、劳等多个方面。这些方面不是孤立的，而是相互关联、相互促进的。例如，德育可以培养学生的道德品质和道德素养，为其他各方面的发展提供坚实的道德基础；智育可以培养学生的认知能力和思维能力，为其他各方面的发展提供智力支持；体育可以培养学生的身体素质和运动能力，为其他各方面的发展提供身体保障；美育可以培养学生的审美情趣和艺术修养，为其他各方面的发展提供美的享受和创造美的能力；劳动教育可以培养学生的劳动精神和实践能力，为其他各方面的发展提供实践基础。然而，在实现全面发展的过程中，我们也面临着一些挑战。例如，教育资源的不均衡分配、教育方式的单一化、应试教育的倾向等都可能影响学生的全面发展。因此，我们需要不断探索和创新教育方式和手段，为学生的全面发展创造更好的条件和环境。其中，音乐教育在促进学生全面发展方面具有深远的影响和独特的作用。

1. 德育——培养品格与情操

音乐教育通过教授音乐作品背后的历史故事、文化内涵和社会价值，引导学生形成正确的道德观念和价值观。例如，学习国歌可以激发学生的爱国情感，而欣赏古典音乐则可以培养学生的高雅情操。此外，音乐教育中的集体活动要求学生遵守规则、尊重他人、团结协作，这些过程无形中培养了学生的自律性和社会责任感。

2. 智育——提升认知与创造力

音乐教育对智力的促进作用主要体现在认知能力和创造力的提升上。音乐学习需要学生运用多种感官去感知和理解音乐的旋律、节奏、和声等复杂元素，这种训练有助于提高学生的感知能力、注意力和记忆力。同时，音乐创作和表演过程需要学生发挥想象力和创造力，将抽象的音乐符号转化为具体的音乐形象和情感表达，从而培养了学生的创新思维和解决问题的能力。

3. 体育——促进身心协调与健康

虽然音乐教育不直接等同于体育教育，但音乐活动对于身体的协调性和灵活性的要求，使得它在促进学生身体发展方面也有一定贡献。例如，演奏乐器需要精细的手指动作和身体的协调性，舞蹈则需要全身的灵活性和节奏感。这些音乐活动不仅锻炼了学生的身体机能，还有助于提高他们的空间感知能力和身体控制能力。此外，音乐表演和比赛等活动也能够增强学生的自信心和心理素质，促进他们的身心健康。

4. 美育——培养审美与情感

音乐教育作为美育的重要组成部分，对于培养学生的审美情趣和情感表达具有独特作用。通过音乐教育，学生能够接触到各种类型的音乐作品和风格，从而拓宽了他们的审美视野。在欣赏和表演音乐作品的过程中，学生不仅能够感受到音乐的美感和魅力，还能够学会如何表达自己的情感和思想。这种对美的追求和情感的表达有助于培养学生的艺术修养和人文素养。

5. 劳动教育——培养劳动精神与实践能力

音乐教育在劳动教育方面的作用主要体现在培养学生的劳动精神和实践能力上。音乐学习需要学生付出大量的时间和精力进行练习和排练，这种持之以恒的努力培养了学生的劳动精神和毅力。同时，音乐教育中的创作、表演和组织活动等也要求学生具备一定的实践能力和组织能力。例如，学生需要学会如何与他人合作创作音乐作品、如何组织音乐会或音乐比赛等。这些实践经历不仅提高了学生的劳动技能，还有助于培养他们的团队合作精神和领导能力。

音乐教育通过作用于学生的德育、智育、体育、美育和劳动教育等各个方面，促进了学生的全面发展。这种全面的教育不仅有助于提高学生的综合素质和能力水平，还能够为他们的未来发展和终身学习奠定坚实的基础。

（二）通过音乐教育，学生能够在艺术的熏陶中提升审美情趣，培养创新精神和实践能力

音乐教育作为一种独特的教育形式，以其特有的艺术性和实践性，在促进学生全面发展方面发挥着不可替代的作用。它不仅能够让学生在艺术的熏陶中提升审美情趣，更能够培养创新精神和实践能力，进而促进学生的全面发展。

从最基础的学习过程来说，音乐教育通过丰富的音乐作品和音乐活动，为学生提供了广阔的艺术熏陶空间。在音乐的海洋中，学生可以接触到不同风格、不同流派的音乐作品，从而拓宽艺术视野，提升审美情趣。这种对美的追求和欣赏能力，会潜移默化地影响学生的生活方式和人生价值观，使他们更加热爱生活，追求美好。

音乐教育在培养创新精神方面具有得天独厚的优势。音乐创作本身就是一种极具创新性的活动，它要求学生打破常规，发挥想象力，创造出新的音乐元素和音乐作品。在这个过程中，学生的创新思维得到了充分的锻炼和提升。这种创新精神不仅有助于学生在音乐领域取得更好的成绩，也会迁移到其他领域，使学生在未来的学习和工作中更具创造力和竞争力。音乐教育还能够培养学生的实践能力。音乐学习不仅仅是理论知识的掌握，更包括大量的实践操作。无论是乐器的演奏、歌曲的演唱还是音乐作品的创作，都需要学生亲自动手，实践操作。这种实践过程不仅锻炼了学生的动手能力，更培养了他们的实践精神和解决问题的能力。这种实践能力是学生未来走向社会、适应社会的重要基础。

需要强调的是，音乐教育在促进学生全面发展方面的作用并不是孤立的。它与德育、智育、体育等其他教育形式相互补充、相互促进，共同为学生的全面发展服务。通过音乐教育，学生可以在艺术的熏陶中提升审美情趣，培养创新精神和实践能力，进而在德、智、体、美、劳等各个方面都取得更好的发展。因此，我们应该高度重视音乐教育在促进学生全面发展方面的重要作用，积极推动音乐教育的改革和发展。

二、促进学生智力与非智力因素的发展

（一）音乐教育有助于开发学生的智力，尤其是右脑的开发，提高学生的逻辑思维与形象思维能力

音乐教育，作为一种富有情感和创造性的艺术形式，对学生的全面发展具有深

远的影响。从促进学生智力与非智力因素的发展的角度来看，音乐教育的作用尤为显著。它不仅有助于开发学生的智力，尤其是对右脑的开发，还能提高学生的逻辑思维与形象思维能力。

1. 音乐教育与学生智力的开发

智力是指人的认知能力和解决问题的能力。音乐教育通过多种方式刺激学生的大脑发展，从而提高他们的智力水平。

音乐教育有助于开发学生的右脑。科学研究已经证实，音乐活动能够刺激大脑的多个区域，尤其是右脑。右脑在空间感知、音乐旋律的处理以及创新思维等方面发挥着重要作用。音乐教育中的乐器演奏、歌曲演唱和音乐创作等活动，要求学生运用双手进行协调操作，这种对双手的训练能够刺激右脑的发展。同时，音乐学习还需要学生记忆乐谱、理解音乐结构等，这些认知活动也能够锻炼学生的右脑功能。相关研究表明，长期接受音乐教育的学生在空间感知能力、创新思维能力等方面表现出更高的水平。

音乐教育通过培养学生的音乐感知和音乐理解能力，间接地提高了他们的逻辑思维能力。音乐作品具有严谨的结构和逻辑，学生在欣赏、分析和演奏音乐作品的过程中，需要运用逻辑思维能力去理解和把握音乐的内在规律。这种对音乐作品的深入分析和理解，不仅提高了学生的音乐素养，也锻炼了他们的逻辑思维能力。相关研究表明，音乐教育能够提高学生的数学成绩和阅读理解能力，这也间接证明了音乐教育对逻辑思维能力的提升作用。

2. 音乐教育与学生形象思维能力的提升

形象思维能力是指人们通过具体的形象来把握和理解事物的能力。音乐教育在培养学生的形象思维能力方面有着独特的优势。

在音乐教育中，学生通过听觉感知音乐，再通过想象和联想将音乐转化为具体的形象。这种将抽象的音乐转化为具体形象的过程，就是对学生形象思维能力的锻炼和提升。同时，音乐教育中的表演和创作活动也要求学生具备丰富的想象力和创造力。这些活动不仅有助于提高学生的音乐表演水平，还能培养他们的创新思维和形象思维能力。相关研究表明，音乐教育能够提高学生的创造力和想象力，这也证明了音乐教育对形象思维能力的提升作用。

音乐教育还能通过培养学生的审美情感来提升他们的形象思维能力。音乐是一种情感的艺术，它通过旋律、节奏、和声等要素来表达和传递情感。在音乐教育中，学生通过欣赏和表演音乐作品来体验和理解各种情感。这种对情感的深入体验和理解不仅有助于培养学生的审美情感，还能提升他们的形象思维能力。因为情感往往与具体的形象紧密相连，对情感的深入体验和理解有助于学生更好地把握和理解事物的形象特征。相关研究也表明，音乐教育能够提高学生的审美能力和情感表达能力。

3. 音乐教育与学生非智力因素的发展

除了对智力和形象思维能力的提升外，音乐教育还能促进学生的非智力因素的发展。非智力因素包括情感、意志、性格等方面，它们对于学生的全面发展同样重要。

在音乐教育中，学生通过参与各种音乐活动来体验成功的喜悦和失败的挫折。这种对成功与失败的体验有助于培养学生的意志品质和自我调节能力。同时，音乐教育中的集体活动和合作表演还能培养学生的团队合作精神和社交能力。这些非智力因素的发展不仅有助于提高学生的综合素质，还能为他们的未来发展奠定坚实的基础。相关研究也表明，音乐教育能够提高学生的自尊心和自信心，增强他们的社交能力和合作精神。音乐教育还能通过培养学生的审美情感来提升他们的非智力因素。音乐作为一种情感的艺术形式，能够激发和培养学生的情感表达能力。通过欣赏和表演音乐作品，学生能够更好地理解和处理自己的情感，从而培养出更加积极、健康的情感态度。这种积极的情感态度不仅有助于提高学生的心理健康水平，还能促进他们的全面发展。

4. 音乐教育的独特价值

音乐教育的独特价值在于它能够通过多种方式促进学生的全面发展。关于音乐教育对智力发展的相关研究表明，长期接受音乐教育的学生在空间感知能力、创新思维能力和数学成绩等方面表现出更高的水平。这证明了音乐教育对智力发展的促进作用。在关于音乐教育对形象思维能力的研究中也发现，音乐教育能够提高学生的创造力和想象力，这也证明了音乐教育对形象思维能力的提升作用。在研究关注音乐教育对非智力因素发展的影响方面，发现音乐教育能够提高学生的自尊心和自信心，增强他们的社交能力和合作精神。这证明了音乐教育在非智力因素发展方面的积极作用。

音乐教育在促进学生智力与非智力因素的发展方面具有独特价值。它通过多种方式刺激学生的大脑发展，提高他们的智力水平和形象思维能力。同时，音乐教育还能培养学生的非智力因素，如情感、意志和性格等。这些能力的提升不仅有助于学生的全面发展，还能为他们的未来发展奠定坚实的基础。因此，学校和教育者应该充分重视音乐教育在教育体系中的地位和作用，为学生的全面发展创造更多的机会和条件。

（二）音乐教育可以激发和培育学生的非智力因素，如情感、意志、性格等，有助于形成健全的人格

章姚姚在《音乐教育心理学》一书中提到：“音乐教育能够培养学生的情感、意志和性格等非智力因素，有助于形成健全的人格。”于雪的《浅谈音乐教育与学生发展》一文也指出：“音乐教育通过激发学生的情感体验和表达、锻炼学生的意志品质和塑造学生的性格特质等途径，促进学生的全面发展。”可见，在教育的广阔领域中，音乐教育以其独特的艺术形式和深刻的教育内涵，对学生的全面发展产生了深远的影响。特别是从促进学生智力与非智力因素的发展的角度来看，音乐教育在非智力因素的培育上展现出了独特的魅力和价值。

1. 音乐教育与学生情感的激发与培育

情感作为人类精神生活的核心组成部分，对于个体的认知、行为和人际关系等方面都起着至关重要的作用。音乐教育以其独特的艺术形式，能够深入学生的内心世界，激发他们的情感体验和表达。音乐是一种情感的艺术，它通过旋律、节奏、和声等音乐元素，以无形的力量穿透听者的心灵，唤起内心深处的共鸣。在音乐教育中，学生通过欣赏音乐作品，能够直接感受到音乐所传递的情感，这种情感的体验和共鸣不仅有助于学生更好地理解音乐作品，还能够激发他们的情感表达能力，使他们更加善于表达自己的内心感受。正如著名音乐家贝多芬所说：“音乐是比一切智慧、一切哲学更高的启示。”它以其独特的方式，打开了学生情感世界的大门。音乐教育中的演唱、演奏等表演活动，也要求学生投入自己的情感。在演唱或演奏过程中，学生需要将自己对音乐作品的理解和感受融入其中，通过声音或动作表达出来。这种情感的投入和表达不仅有助于提高学生的音乐表演水平，还能够培养他们的情感表达能力和自我认知能力。相关研究也表明，音乐教育能够显著提高学生的情感表达能力和自我认知水平，使他们在人际交往和自我发展中更加自信和从容。

2. 音乐教育与学生意志的锻炼与培育

意志是个体在实现目标过程中克服困难、保持坚定信念的能力。音乐教育通过各种音乐活动和挑战，能够锻炼学生的意志品质，培养他们的坚韧性、自制力和抗挫折能力。音乐学习是一种需要长期坚持和不断努力的过程。无论是学习乐器演奏还是歌曲演唱，都需要学生付出大量的时间和精力进行练习和反复。在这个过程中，学生需要克服各种困难和挑战，如技巧的掌握、曲目的理解等。这种对困难和挑战的克服过程就是对学生意志品质的锻炼和培育。相关研究也表明，长期接受音乐教育的学生在意志品质方面表现出更高的水平，他们更加坚韧、自制和有毅力。

音乐教育中的集体活动和比赛等也能够培养学生的意志品质。在集体活动中，学生需要与其他同学合作完成音乐表演或创作任务，这要求他们具备团队精神和协作能力。在比赛中，学生需要面对竞争和压力，保持冷静和自信，这要求他们具备良好的心理素质和抗压能力。这些经历和体验都有助于培养学生的意志品质和自我调节能力。相关研究也证实了音乐教育在培养学生意志品质方面的积极作用。

3. 音乐教育与学生性格的塑造与培育

性格是个体在行为、情感和认知等方面表现出的稳定特征。音乐教育通过多样化的音乐活动和互动方式，能够塑造和培育学生的性格特质。比如，音乐教育中的表演和创作活动要求学生具备自信和开朗的性格特质。在表演过程中，学生需要敢于展示自己的才能和风采；在创作过程中，学生需要敢于表达自己的思想和情感。这些活动都有助于培养学生的自信心和开朗性格。相关研究也表明，音乐教育能够显著提高学生的自信心和开朗程度，使他们在日常生活中更加积极向上和乐观开朗。音乐教育中的合作学习和集体活动也要求学生具备合作的性格特质。在合作学习中，学生需要与其他同学共同探讨音乐问题、分享学习经验；在集体活动中，学生需要与其他同学协同完成音乐表演或创作任务。这些活动都有助于培养学生的团队合作精神和社交能力。相关研究也证实了音乐教育在培养学生合作精神和社交能力方面的积极作用。

音乐教育在激发学生和培育学生非智力因素方面发挥着重要作用。它通过深入学生的内心世界、激发他们的情感体验和表达；通过各种音乐活动和挑战锻炼学生的意志品质；通过多样化的音乐活动和互动方式塑造和培育学生的性格特质。这些非智力因素的激发和培育不仅有助于提高学生的综合素质和能力水平，还能够促进他们形成健全的人格和健康的心理状态。

三、传承与弘扬民族文化

民族文化是一个民族在长期的历史发展过程中所积累的物质财富和精神财富的总和，它反映了一个民族特有的思维方式、价值观念、审美情趣、道德情操和宗教信仰等。在全球化的背景下，各民族文化的交流与融合日益频繁，但与此同时，保持和传承本民族的优秀传统文化也显得尤为重要。因此，“传承与弘扬民族文化”成了一个重要的理论和实践课题。教育是传承和弘扬民族文化的重要途径。通过学校教育、社会教育和家庭教育等多种形式，可以将民族文化的知识和技能传授给年轻一代。

（一）音乐教育是传承民族音乐文化的重要载体，通过学习民族音乐，学生能够了解并热爱自己民族的传统文化

在探讨“传承与弘扬民族文化”的课题时，我们不得不提及音乐教育在其中的核心地位。特别是当我们将焦点对准民族音乐时，音乐教育所扮演的角色更为凸显。民族音乐不仅仅是音乐，它是一个民族灵魂的体现，是其历史、文化、风俗和哲学的音乐化呈现。因此，通过学习民族音乐，学生不仅能够掌握音乐技能，更能够深入了解并热爱自己民族的传统文化。

1. 音乐教育与民族音乐的深度结合

音乐教育不仅仅是教授学生如何唱歌或如何演奏乐器，更重要的是它提供了一种文化的沉浸式体验。当学生在课堂上学习民族音乐的旋律、节奏和和声时，他们实际上也在接触这个音乐背后的历史、文化和社会背景。例如，学习蒙古族长调时，学生不仅能够掌握其独特的演唱技巧，还能够了解到蒙古族人民的生活方式、草原文化和他们对自然的敬畏之情。

这一观点得到了许多学者的支持，杜亚雄在其著作《民族音乐学概论》中，深入探讨了民族音乐与民族文化、社会、历史之间的内在联系，通过丰富的案例和深入的研究，揭示了民族音乐作为民族文化重要组成部分的独特价值和深远影响。洛秦在《民族音乐与文化研究》一书中，以民族音乐为研究对象，从文化学的角度深入探讨了民族音乐与文化之间的内在联系。作者通过对不同民族音乐文化的比较研究，揭示了民族音乐在文化传承、文化交流和文化认同中的重要作用。赵宋光在《民族音乐文化论》一书中详细论述了民族音乐与民族文化的关系，指出民族音乐是民族文化的重要载体和表现形式，通过民族音乐可以深入了解一个民族的历史、文化和社会生活。

2. 培养对民族文化的兴趣和热爱

民族音乐具有一种独特的魅力，它能够触动人心，唤起人们对家乡的思念和对民族的归属感。通过音乐教育，特别是民族音乐教育，学生可以更加深入地感受到这种魅力。当他们在音乐中体验到自己民族的文化特色和精神风貌时，对民族文化的兴趣和热爱也会油然而生。

（1）民族音乐与日常生活的结合

民族音乐往往与人们的日常生活紧密相连。在重要的节日、庆典或特定的生活事件中，民族音乐都是不可或缺的元素。例如，在婚礼、葬礼、丰收节庆等场合，人们会演奏或歌唱特定的民族音乐，以表达喜悦、哀思或感恩之情。通过学习和体验这些音乐，学生可以更加深入地了解民族文化的多样性和丰富性。

（2）民族音乐与舞蹈和戏剧的结合

在许多文化中，民族音乐与舞蹈、戏剧等艺术形式紧密相连。民族音乐为舞蹈和戏剧提供了节奏和旋律，使得这些艺术形式更加生动和富有感染力。通过学习和欣赏这些综合艺术形式，学生可以更加全面地了解民族文化的艺术魅力和表现力。

（3）民族音乐与历史和民俗的结合

民族音乐往往承载着丰富的历史和民俗信息。通过学习和研究民族音乐，学生可以了解民族的历史发展脉络、社会变迁、民俗风情等。这种了解不仅可以增强学生对民族文化的兴趣和热爱，还可以培养他们的历史意识和文化自觉。

（4）民族音乐教育的实践性

民族音乐教育不仅仅是理论知识的传授，更是一种实践性很强的教育活动。通过演唱、演奏、创作民族音乐，学生可以亲身感受和体验民族音乐的魅力。这种实践性教育不仅可以提高学生的音乐技能和艺术素养，还可以增强他们对民族文化的认同感和归属感。

（5）民族音乐的跨文化传播

随着全球化的发展，民族音乐也逐渐走向世界舞台。通过学习和欣赏其他民族的音乐文化，学生可以更加全面地了解世界文化的多样性和丰富性。同时，他们也可以将自己的民族音乐介绍给更多的人，促进文化交流和理解。

3. 音乐教育在民族文化传承中的作用

民族音乐作为非物质文化遗产的一部分，其传承对于保护民族文化至关重要。音乐教育在这方面发挥着不可替代的作用。赵塔里木在《论民族音乐文化的传承》一文中指出，民族音乐作为中华民族传统文化的重要组成部分，承载着深厚的历史文化底蕴和民族精神，是民族认同和文化自信的重要源泉。管建华在《学校音乐教育与民族音乐传承》中强调了学校音乐教育的重要性，指出其不仅是培养学生音乐素养和技能的主要途径，更是传承和发展民族音乐文化的重要阵地。管建华教授认为，学校音乐教育应该注重民族音乐的教学，通过教授民族音乐的历史背景、文化内涵和艺术特点，引导学生深入了解和热爱民族音乐，增强对民族文化的认同感和自豪感。张学旗在《民族音乐文化传承与学校音乐教育》一文中也深入探讨了民族音乐文化传承与学校音乐教育之间的紧密关系。樊祖荫教授指出，民族音乐作为中华民族传统文化的重要组成部分，蕴含着丰富的历史、文化和艺术价值。然而，在现代社会的快速发展中，民族音乐文化面临着传承危机。因此，樊祖荫教授强调了学校音乐教育在传承民族音乐文化中的关键作用。

结合多位学者的研究和观点以及具体的文献材料，我们可以更加确信音乐教育作为传承与弘扬民族音乐文化的重要载体，具有不可替代的价值。通过音乐教育，我们可以将民族音乐的文化精髓和艺术魅力传递给年轻一代，培养他们对民族文化的兴趣和热爱，促进民族文化的传承和发展。因此，我们应该更加重视和推广民族音乐教育，让更多的人能够通过音乐了解和热爱自己的民族文化。

（二）音乐教育有助于培养学生的民族自豪感和认同感，增强民族凝聚力和向心力

王耀华教授在《民族音乐教育与文化传承》中强调，民族音乐教育不仅仅是音乐技能的传授，更是一种文化的传承。他强调了民族音乐教育中应该注重的四个方面，包括民族音乐的历史背景、文化内涵、艺术特点以及其在社会生活中的实际应用等。通过这些方面的教育，可以培养学生对民族音乐的兴趣和热爱，进而增强他们对民族文化的认同感和自豪感。

音乐教育在培养学生民族自豪感和认同感以及增强民族凝聚力和向心力方面具有多层次、多维度的作用机制。这些机制相互作用、相互影响，共同构成了音乐教育在民族文化传承和发展中的重要地位和作用。身份建构理论认为，个体在社会化过程中通过不断与他人和社会的交互作用来建构自我身份。音乐教育作为一种社会文化活动，为学生提供了一个重要的身份建构场所。在音乐教育中，学生通过学习和实践民族音乐，不仅掌握了音乐技能和知识，更重要的是在这个过程中，他们逐渐建构起自己作为民族一员的身份认同。这种身份认同进而转化为对民族的自豪感和归属感。情感教育理论强调情感在个体发展和社会适应中的重要性。共情能力则是指个体能够理解和分享他人情感的能力。音乐教育中的民族音乐往往蕴含着深厚的民族情感。通过学习和体验这些音乐，学生的情感得到了熏陶和升华，他们的共情能力也得到了提高。这种共情能力使学生能够更加深入地理解和感受民族文化的魅力，从而增强对民族的自豪感和认同感。群体动力理论关注群体内部个体之间的相互作用及其对群体行为的影响。集体效能则是指群体成员对群体能力的共同信念。音乐教育中的集体活动和表演为学生提供了一个展示和交流的平台。在这个平台上，学生之间的互动和合作促进了群体动力的形成和集体效能的提高。这种群体动力和集体效能进而转化为对民族的凝聚力和向心力。文化传承是指文化在代际之间的传递和延续。代际沟通则是指不同代际之间的交流和理解。音乐教育作为文化传承的重要途径之一，通过教授民族音乐将民族文化和精神传递给下一代。这种传承不仅增强了学生对民族文化的认同感和自豪感，还促进了代际之间的沟通和理解。这种沟通和理解进一步巩固了民族的凝聚力和向心力。

音乐教育通过教授民族音乐，让学生深入了解本民族的文化传统和历史背景。

民族音乐作为一种独特的文化符号，承载着民族的历史记忆、情感表达和价值观念。通过学习民族音乐，学生能够接触到丰富的民族文化遗产，了解民族的发展历程和民族精神，从而增强对民族的认同感和自豪感。音乐教育为学生提供了参与和体验民族音乐的机会。通过演唱、演奏、创作和欣赏民族音乐，学生能够亲身感受音乐所带来的情感共鸣和力量。这种参与和体验的过程不仅能够培养学生对音乐的兴趣和热爱，还能够加深他们对民族文化的认同和归属感。当学生在音乐中感受到民族的魅力和力量时，他们自然会对自己所属的民族产生更强烈的自豪感和认同感。音乐教育还通过比较和介绍不同民族的音乐文化，拓宽学生的文化视野。在多元化的音乐教育中，学生有机会接触到其他民族的音乐，了解不同民族的文化特色和艺术风格。这种跨文化的交流和理解有助于学生形成开放的心态和包容性，同时也能够加深他们对自己民族的认同感和自豪感。通过对比不同民族音乐的特点和风格，学生能够更加清晰地认识到本民族音乐的独特性和价值，从而增强对民族的认同感和自豪感。通过组织各种音乐活动和演出，音乐教育为学生提供展示和交流的平台。在这些活动中，学生能够与同伴一起合作、表演和分享音乐，共同体验和感受民族音乐的魅力。这种集体参与和合作的过程不仅能够增强学生的团队协作能力，还能够加深他们对民族文化的情感联系和认同感。当学生在一起演唱民族歌曲、演奏民族乐器时，他们能够感受到一种强烈的集体归属感和民族凝聚力，这种力量能够增强民族的向心力和团结精神。

四、促进国际交流与合作

音乐教育在促进国际交流与合作中具有举足轻重的地位，发挥着至关重要的作用。作为一种全球性的文化艺术形式，音乐以其独特的魅力和力量，跨越语言和文化的障碍，成为各国人民相互沟通、理解和友谊的纽带。音乐教育不仅为学生提供了学习和欣赏世界各地音乐的机会，更培养了他们的国际视野和跨文化交流能力。通过音乐教育，各国之间的音乐文化得以相互传播、交流与融合，促进了文化多样性的发展和繁荣。同时，音乐教育还通过组织国际音乐节、音乐研讨会等活动，为各国音乐家和音乐教育者搭建了展示才华、分享经验和互相学习的平台，推动了音乐教育领域的国际合作与交流。这种合作与交流不仅有助于提升音乐教育水平，更有助于培养具有国际情怀和责任感的新一代青年，他们将成为促进世界和平与发展的重要力量。因此，我们可以说，音乐教育在促进国际交流与合作中扮演着不可或缺的角色，是推动世界文化交流与发展的重要力量。

（一）音乐教育具有世界性，通过学习世界各国的音乐文化，能够增进学生对不同文化的理解和尊重

音乐教育具有世界性，其意义远超出音乐技能和知识的传授。通过学习世界各国的音乐文化，音乐教育为学生打开了一扇通向多元文化的大门，使他们有机会接触到丰富多样的音乐传统和表达方式。这种跨文化的音乐学习不仅让学生领略到不同音乐风格的魅力，更重要的是，它培养了学生的跨文化理解能力。学生开始学会欣赏和理解那些与自己文化背景迥异的音乐，从而逐渐消除对其他文化的陌生感和偏见。同时，音乐教育也强调对各种音乐文化的尊重。通过学习，学生认识到每一种音乐文化都是独特而宝贵的，都有其深厚的历史和社会背景。这种认识有助于培养学生的文化包容性和尊重多样性的态度。

音乐教育的世界性还体现在其对于全球音乐遗产的传承与保护上。世界各地的音乐传统和表达方式蕴含着丰富的人类智慧和情感，是宝贵的文化遗产。音乐教育通过教授和演绎这些音乐作品，不仅让学生领略到人类音乐艺术的瑰丽多彩，更激发了他们对于保护和传承这些音乐遗产的使命感和责任感。值得一提的是，音乐教育的世界性也有助于推动全球音乐艺术的创新与发展。当不同音乐文化相互交融时，往往会激发出新的音乐创作灵感和风格。音乐教育鼓励学生们在掌握传统音乐技能的基础上，勇于探索和创新，为全球音乐艺术的繁荣与发展贡献自己的力量。

（二）音乐教育为学生提供了国际交流与合作的平台，有助于培养具有国际视野和跨文化交际能力的人才

音乐教育作为一种独特的艺术形式和教育领域，不仅教授音乐技巧和知识，更重要的是它为学生提供了国际交流与合作的宝贵平台。通过这一平台，学生们能够跨越国界，与来自不同文化背景的音乐家、教育者和同龄人进行深入的互动与合作。

第一，音乐教育中的国际交流活动，如音乐节、音乐研讨会和工作坊等，为学生提供了与世界各地音乐家面对面交流的机会。这些活动不仅让学生们亲耳聆听不同音乐风格的演奏，还能让他们与演奏者直接对话，深入了解其背后的文化内涵和艺术创作过程。这种直接的交流极大地拓宽了学生们的国际视野，使他们能够更加全面和深入地理解世界各地音乐的多样性和独特性。

第二，音乐教育中的合作项目，如跨国音乐创作、联合演出和学术研究等，要求学生们与来自不同国家的合作伙伴共同协作，完成共同的目标。在这一过程中，学生们不仅提升了自己的音乐技能和艺术修养，更重要的是他们学会了如何在跨文化环境中有效沟通、协商和解决问题。这种跨文化交际能力的培养对于学生们未来在国际舞台上工作和生活具有极其重要的意义。

第三，音乐教育还通过引入世界各国的音乐教材、教学方法和评价体系，帮助学生们建立对全球音乐文化的认识和尊重。这种全球化的教育方法鼓励学生们以开放的心态去接纳和理解不同的音乐传统和表达方式，从而培养出具有国际视野和跨文化包容性的人才。

第二节　德育的重要性及其在中小学教育中的地位

德育在中小学教育中具有至关重要的地位，它是学生全面发展不可或缺的一部分。根据柯尔伯格的道德认知发展理论，儿童道德发展是一个逐步构建和内化的过程，中小学阶段正是学生道德观念形成和行为习惯养成的关键时期。此外，布鲁姆的认知领域教育目标分类也将道德情感和价值观的培养视为教育的重要目标之一。因此，中小学教育必须注重德育的渗透和融入，通过课堂教学、校园活动和社会实践等多种渠道，引导学生树立正确的道德观念，形成良好的行为习惯，培养其社会责任感和公民意识，从而实现学生全面而均衡的发展。在这个过程中，德育不仅为学生提供了内在的道德支撑，也为其未来的社会参与和人生发展奠定了坚实的基础。

一、德育在中小学教育中的地位

德育在中小学教育中的地位是基础性的、先导性的和全面性的。《中共中央 国务院关于深化教育改革全面推进素质教育的决定》明确指出，德育是素质教育的重要组成部分，必须将其放在首要位置。这一决策体现了德育在中小学教育体系中的基础性和先导性地位。根据《中小学德育工作指南》等文件，中小学德育工作的目标是培养学生的道德素质、法治意识、心理健康和社会责任感等，任务是通过课程育人、文化育人、活动育人、实践育人、管理育人、协同育人等途径，实现全员育人、全程育人、全方位育人。这些目标和任务的设定，进一步凸显了德育在中小学教育中的重要地位。

（一）德育是中小学教育的重要组成部分——德育是中小学教育的核心内容之一，与智育、体育、美育等相互渗透、相互促进，共同促进学生全面发展

德育作为中小学教育的核心内容之一，不仅关乎学生的道德品质培养，更是学生全面发展的重要基石。在现代社会中，随着科技的迅猛发展和信息的爆炸式增长，人们面临着前所未有的道德挑战。因此，加强德育工作，培养学生的道德素质和社会责任感，显得尤为重要和紧迫。在中小学教育中，德育与智育、体育、美育等相互渗透、相互促进，共同构成了学生全面发展的教育体系。

从理论层面来看，德育的重要性源于其对学生道德品质和人格形成的关键作用。根据道德认知发展理论，学生在成长过程中逐渐构建起自己的道德观念和行为准则。德育通过引导学生接触和理解社会道德规范，培养他们的道德思维和判断能力，促使他们将之内化为自己的行为标准。这种内化过程不仅有助于学生形成健全的人格，还对他们未来的社会参与和公民意识产生深远影响。同时，德育与智育、体育、美育等方面的相互渗透和促进作用也得到了理论支持。在多元智能理论中，道德智能被视为一种重要的智能类型，它与其他智能相互关联，共同促进学生的全面发展。体育和美育则通过身体锻炼和审美体验，培养学生的意志品质、团队协作能力和创造力等，这些素质与道德品质相互促进，共同塑造学生的完整人格。

从文献角度来看，国家教育相关文件明确强调德育在中小学教育中的地位和作用。《中共中央 国务院关于深化教育改革全面推进素质教育的决定》指出，德育是素质教育的灵魂和核心，必须将其贯穿于教育教学的全过程。这一决策体现了国家对德育工作的高度重视和期望。同时，《中小学德育工作指南》等文件也详细阐述了德育的目标、任务和实施途径，为中小学德育工作提供了具体指导。在教育实践中，许多中小学积极贯彻落实国家教育政策，将德育工作融入日常教育教学活动中。通过开设德育课程、组织德育实践活动、加强师德师风建设等措施，努力培养学生的道德素质和社会责任感。这些实践探索不仅丰富了德育的内涵和形式，也提升了德育工作的效果和影响力。

从教育心理学的角度来看，德育对于学生的心理健康和人格形成具有至关重要的作用。在中小学阶段，学生的自我意识和价值观正在形成和发展，他们面临着身份认同、人际关系、情绪管理等方面的挑战。德育工作可以通过引导学生正确认识自我、处理人际关系、培养积极情绪等途径，促进学生的心理健康发展，塑造他们积极向上、自信自强的人格特质。

德育也是培养学生社会责任感和公民意识的重要途径。在中小学阶段，学生开始接触社会，了解社会规范和价值观。通过德育工作，可以引导学生关注社会热点问题，参与社会实践活动，培养他们的社会责任感和公民意识。这不仅有助于学生成长为有担当、有责任心的社会成员，也为社会的和谐稳定和文明进步做出了积极贡献。

此外，德育与其他教育方面的相互渗透和促进作用也不容忽视。在中小学教育中，德育与智育、体育、美育等相互交织、相互支撑，共同构成了完整的教育体系。智育为学生提供了知识和技能的基础，而德育则引导学生如何正确运用这些知识和技能；体育通过锻炼身体培养学生的意志品质和团队协作能力，这与德育中强调的自律和集体精神相呼应；美育则通过培养学生的审美能力和创造力，进一步丰富学生的精神世界。这种全方位、多维度的教育模式，有助于学生在知识、能力、情感等各个方面得到全面发展。

（二）德育对学生成长的影响——德育对学生的思想、行为、情感等方面产生深远影响，有助于培养学生的道德意识、自律能力和社会责任感

德育对学生成长的影响深远且全面，它触及学生思想、行为、情感等多个层面，是塑造学生道德品质、自律能力和社会责任感的关键力量。这一观点得到了教育理论和文献的广泛支持。

道德认知发展理论为我们提供了深入理解德育影响的框架。根据科尔伯格的道德认知发展理论，学生的道德发展经历多个阶段，每个阶段都有其特定的道德观念和判断标准。德育正是通过引导学生参与道德讨论、解决道德困境等方式，促进他们道德认知的发展，从而使学生能够在不同情境中做出符合道德规范的决策。行为主义学习理论也强调了德育对学生行为塑造的重要性。该理论认为，学生的行为是通过学习和模仿获得的，而德育正是通过提供正面的行为榜样和规范的行为准则，来引导学生形成良好的行为习惯。这些习惯不仅有助于学生在学校中建立良好的人际关系，更能够迁移到未来的社会生活和职业领域中。

国家颁布的一系列教育政策文件明确了德育在中小学教育中的重要地位。《中小学德育工作指南》指出，德育工作的目标是培养学生的道德素质、法治意识、心理健康和社会责任感等，这些素质的培养对于学生的全面发展和社会适应至关重要。同时，该文件还提出了德育工作的实施途径和方法，包括课程育人、文化育人、活动育人等，这些途径共同构成了德育影响学生成长的综合体系。

具体来说，德育对学生思想的影响主要体现在道德观念和价值观的塑造上。通过德育课程的学习和道德实践活动的参与，学生能够更加深入地理解社会道德规范，形成积极向上的道德观念和价值观。这不仅有助于学生在当前的学习和生活中做出正确的道德判断和行为选择，更能够为他们未来的成长和发展奠定坚实的思想基础。德育对学生成长的影响是多层次、全方位的。它不仅塑造学生的道德观念和行为习惯，更培养他们的情感品质和社会责任感。因此，我们必须高度重视中小学阶段的德育工作，通过创新德育理念和方法、丰富德育内容和形式等措施，切实提升学生的道德素质和社会责任感。这样，我们才能够培养出既有知识技能又有高尚品德的时代新人，为社会的和谐稳定和文明进步做出积极贡献。

二、当前教育背景下德育的重要性

当前教育背景主要受到全球化、科技进步和社会变革等多重因素的影响，呈现出四个显著特点。

一是多元化和包容性。随着全球化的推进，教育越来越注重多元文化的融合和包容。学生接触到的信息、观念和文化日益丰富多样，教育目标也转向培养具有全球视野、跨文化沟通能力的人才。

二是科技驱动的创新。科技进步为教育带来了前所未有的变革。在线教育、人工智能、虚拟现实等技术的应用，使得教学方式更加灵活多样，学习体验更加个性化。同时，科技也推动了教育内容的更新，注重培养学生的创新能力和科技素养。

三是终身学习和全面发展。在当前社会，知识更新速度加快，终身学习成为每个人的必备能力。教育背景强调培养学生的自主学习能力和终身学习习惯。此外，教育还注重学生的全面发展，包括知识、技能、情感、态度和价值观等方面。

四是关注教育公平和质量。教育公平是当前教育背景下的重要议题。各国政府和教育机构致力于提供平等的教育机会，消除教育差距。同时，教育质量也受到广泛关注，强调提高学生的综合素质和竞争力。

可见，当前的教育背景强调“以人为本”和“全面发展”的教育理念，注重学生的主体性、创新性和实践性。在这样的教育背景下，德育的重要性愈发凸显。它不仅关乎学生个体的道德品质塑造，更是培养学生社会责任感、公民意识以及综合素质的关键所在。正如科尔伯格的道德认知发展理论所指出的，道德发展具有阶段性特征，而德育正是推动学生道德认知发展的重要力量。同时，当前教育背景也强调德育与其他教育方面的相互融合和渗透。德育与智育、体育、美育等方面相互关联、相互促进，共同构成了学生全面发展的教育体系。在这一体系中，德育发挥着引领和统合的作用，为学生提供了正确的价值导向和成长方向。此外，当前教育背景还注重德育的实践性和创新性。通过开展各种形式的德育实践活动，让学生在实践中体验、感受和领悟道德的真谛，从而培养他们的道德情感和道德实践能力。同时，也鼓励学生在德育实践中发挥自己的创新性和创造性，以更好地适应未来社会的发展需求。

（一）社会发展的需要——随着社会的发展和进步，对公民的道德素质要求越来越高，德育的重要性也日益凸显

在当前教育背景下，德育的重要性愈发显现，这与社会发展的需要密不可分。随着社会的不断发展和进步，社会公民的道德素质对社会发展的影响日益凸显。因此，德育在培养符合社会发展需要的人才方面扮演着至关重要的角色。

从社会发展的角度看，一个健康、稳定、持续进步的社会，离不开公民高尚的道德品质作为基石。德育正是培养这些品质的关键环节。随着全球化和信息化的加速推进，社会变得日益复杂多元，对公民的道德素质提出了更高要求。德育不仅要引导学生树立正确的世界观、人生观和价值观，还要培养他们独立思考、明辨是非、承担社会责任的能力。

从理论层面来看，德育的重要性得到了众多教育理论和学者的支持。首先，杜威的实用主义教育理论强调德育与实践的结合。他认为，德育应该贯穿于学生的日常生活中，通过实践活动来培养学生的道德品质和社会责任感。这种理论强调了德育的实践性，使我们更加认识到德育对学生个人成长和社会发展的重要作用。其次，科尔伯格的道德认知发展理论也为我们提供了对德育重要性的深入认识。他通过研究发现，道德发展具有阶段性特征，需要教育者根据学生的认知发展阶段进行有针对性的德育引导。这一理论强调了德育的针对性和阶段性，为我们开展德育工作提供了科学的依据。

在实践方面，德育的重要性也得到了广泛的验证。首先，从社会发展的角度来看，一个稳定、和谐、进步的社会需要具备良好的公民道德基础。通过德育的引导，学生能够形成正确的世界观、人生观和价值观，从而成为具有高尚道德品质的公民。这些公民将积极参与社会建设，为社会的和谐稳定和文明进步做出贡献。其次，在学校教育中，德育的实践活动也取得了显著的成效。许多学校通过开展各种形式的德育实践活动，如志愿服务、公益活动等，让学生在实践中体验、感受和领悟道德的真谛。这些实践活动不仅有助于培养学生的道德情感和道德实践能力，还能够增强他们的社会责任感和公民意识。

此外，一些前沿的教育实践也在不断探索德育的新途径和新方法。例如，一些学校利用信息技术手段开展网络德育教育，通过在线教育平台、社交媒体等渠道传播德育内容，扩大德育的覆盖面和影响力。还有一些学校注重德育与学科教学的融合，将德育渗透到各个学科中，让学生在学习知识的同时接受德育的熏陶。这些创新性的实践探索为我们开展德育工作提供了有益的启示和借鉴。

（二）学生全面发展的需要——学生不仅需要具备知识技能，还需要具备良好的道德品质和行为习惯，才能真正成为有用之才

除了知识技能的培养，德育在促进学生全面发展中扮演着至关重要的角色。这种发展不再仅仅局限于知识技能的提升，而是更加注重学生道德品质和行为习惯的培养。德育作为学生全面发展的重要组成部分，其重要性不言而喻。古代教育家的思想为我们提供了深刻的启示。例如，孔子在《论语》中强调“德行，乃人之本也”，认为道德品质是人的根本。他提出“仁爱”“礼义”等道德观念，为后世德育思想的发展奠定了基础。古希腊哲学家柏拉图也在其著作《理想国》中阐述了德育的重要性，他认为通过德育可以培养公民的正义感和道德责任感，从而维护社会的和谐稳定。古希腊哲学家亚里士多德在其《尼各马可伦理学》中也阐述了德育的重要性，他认为通过德育可以培养人的美德和善良品质，从而实现个人的幸福和社会的和谐。

在理论方面，多元智能理论为我们提供了全新的视角。该理论由美国心理学家霍华德·加德纳提出，他认为每个人都拥有多种智能，包括语言智能、逻辑数学智能、空间智能、身体运动智能、音乐智能、人际交往智能、自我认知智能等。在这些智能中，人际交往智能和自我认知智能与德育密切相关。通过德育，学生可以培养自己的人际交往能力，学会与他人和谐相处；同时，也能够提升自我认知能力，形成正确的道德观念和行为习惯。另一重要理论是品格教育理论。这一理论主张教育应该注重培养学生的内在品质，如诚实、尊重、公正、勇气等。这些品质是构成良好道德品质的基石，也是学生全面发展的重要标志。品格教育理论强调德育应该贯穿于学生的日常生活中，通过实践活动和情感体验来培养学生的道德品质。

从人本主义心理学的角度来看，德育关注学生的内在需求和情感体验，强调培养学生的自主性、创造性和责任感。人本主义心理学家卡尔·罗杰斯提出，教育应该以学生为中心，注重学生的自我实现和自我成长。德育正是通过培养学生的道德品质和行为习惯，帮助他们建立正确的自我认同和价值观，从而实现自我成长和自我实现。存在主义教育理论也为德育的重要性提供了有力支持。存在主义教育家认为，教育应该关注学生的存在和意义，帮助学生认识自己、理解世界并承担责任。德育通过引导学生思考道德问题、参与道德实践，帮助他们认识自己的存在价值和社会责任，从而成为有意义的社会成员。

三、德育实践中的问题与挑战

（一）德育理论与实践脱节的研究

有学者指出，德育理论往往停留在学术层面，未能很好地转化为实践中的操作指南。同时，实践者可能因缺乏理论支撑而难以系统地开展德育活动。

这意味着，尽管学术界和教育专家已经提出了一系列德育理论，但这些理论往往没有得到充分的实践应用。教育者在实际开展德育活动时，可能并不清楚如何将这些理论转化为具体的实践策略和方法。这导致德育实践缺乏系统性和针对性，难以达到预期的效果。同时，实践者也可能因为缺乏理论支撑而难以系统地开展德育活动。没有理论指导的实践往往是盲目和零散的，难以形成有效的教育合力。实践者可能凭借个人经验或直觉来开展德育活动，但这种做法缺乏科学性和可持续性，难以满足不同学生的需求。

研究表明，德育理论与实践脱节的原因之一是教育者对德育理论的掌握不足。这可能是由于教育者缺乏必要的培训和学习机会，或者对德育理论的重视程度不够。此外，理论更新滞后于实践需求的变化也是导致脱节的重要原因。随着社会的不断发展和学生特点的变化，德育实践需要不断更新和改进。然而，德育理论的更新往往滞后于实践需求的变化，导致理论与实践之间的脱节。

（二）德育方法单一与陈旧的研究

一些学者通过实证研究发现，德育方法的单一与陈旧不仅影响了学生的参与积极性，还直接导致了德育效果不佳。学生可能表面上接受了德育的内容，但实际上并没有真正内化为自己的价值观和行为准则。因此，他们在实际生活中可能无法将这些德育内容付诸实践，甚至可能出现知行分离的情况。

结合实际问题来看，德育方法单一与陈旧的研究揭示了当前德育实践中一个亟待解决的问题。传统的德育方法，如说教和灌输，虽然曾在一定历史时期发挥了积极作用，但在现代社会和教育环境中，这些方法已经难以适应学生的需求，甚至可能引发学生的反感和抵触。

一方面，现代学生生活在一个信息丰富、多元开放的社会环境中，他们接触到的信息和价值观比以往任何时候都要复杂多样。因此，他们更加渴望在德育过程中获得真实的体验、感受和互动，而不仅仅是被动接受知识和道德的灌输。传统的德育方法往往忽视了学生的主体性和参与性，导致学生缺乏主动性和创造性。

另一方面，学生在面对单一、陈旧的德育方法时，往往缺乏参与的积极性。这可能是因为这些方法无法引起学生的兴趣，或者与他们的生活经验相脱节。例如，一些学校的德育课程仍然采用陈旧的教材和教学方式，缺乏时代感和创新性，导致学生对此类课程产生厌倦和抵触情绪。

（三）德育资源利用不足的研究

研究表明，许多学校在德育实践中未能充分利用校内外资源，如社区资源、家长资源、企业文化资源等，导致德育活动缺乏多样性和实效性。

社区资源是德育实践中经常被忽视的一部分。社区作为学生生活的重要环境，蕴含着丰富的教育资源，如社区文化活动、志愿服务机会等。然而，许多学校未能与社区建立紧密的合作关系，将这些资源有效纳入德育体系之中。这不仅限制了学生接触社会的机会，也削弱了德育活动的多样性和实效性。

家长资源在德育实践中的利用也不足。家长作为学生成长过程中的重要陪伴者和教育者，他们的参与和支持对于德育工作的顺利开展至关重要。然而，一些学校未能与家长建立良好的沟通机制，未能充分发挥家长在德育中的作用。这导致德育活动缺乏家长的参与和支持，难以形成家校共育的良好氛围。

企业文化资源在德育实践中的利用也值得关注。企业文化中蕴含的职业道德、团队协作精神等对于学生未来的职业发展具有重要意义。然而，许多学校未能与企业建立合作关系，将这些资源引入德育实践之中。这使学生缺乏对未来职业环境的了解和准备，也影响了德育活动的针对性和实效性。

（四）德育评价体系不完善的研究

有学者指出，当前德育评价体系过于注重形式化的指标，而忽视了学生的内在变化和行为表现，导致评价结果与实际德育效果脱节。

德育评价体系不完善的研究确实揭示了当前教育领域中的一个重要问题。在德育评价过程中，过于注重形式化的指标而忽视了学生的内在变化和行为表现，导致评价结果与实际德育效果之间存在明显的脱节。

一方面，当前的德育评价体系往往过于强调可量化的指标，如学生的出勤率、德育课程成绩等。这些指标虽然易于衡量和比较，但却无法全面反映学生的道德发展水平和行为表现。因此，仅仅依赖这些指标来评价学生的德育效果是片面和不准确的。

另一方面，德育评价过程中忽视了学生的内在变化。德育工作的目标是培养学生的道德品质和行为习惯，这是一个长期而复杂的过程。然而，当前的德育评价体系往往只关注短期的表现，忽视了学生的成长和进步。这种评价方式无法真实地反映学生的道德发展轨迹，也无法为学生提供有针对性的指导和帮助。

此外，德育评价体系还缺乏对学生行为表现的关注。学生的行为表现是评价德育效果的重要依据之一。然而，在实际评价过程中，往往只注重学生的言语表达或书面作业，而忽视了对学生在实际生活中行为表现的观察和评价。这导致评价结果与学生的实际行为之间存在较大的差距，无法准确地反映学生的道德水平。

（五）德育教师专业素养不足的研究

研究发现，一些德育教师在专业素养方面存在不足，如缺乏德育理论知识、实践经验不足、教育方法陈旧等，这直接影响了德育实践的质量和效果。德育教师专业素养不足的研究确实揭示了当前教育领域中的一个关键问题。德育教师的专业素养直接关系到德育实践的质量和效果，因此其不足会对学生道德品质的培养产生直接而深远的影响。

一些德育教师缺乏德育理论知识。德育是一门涉及伦理学、心理学、教育学等多学科的综合性学科，要求教师具备扎实的理论基础。然而，一些德育教师在这些方面知识储备不足，导致他们在德育实践中难以对学生进行科学、系统的道德引导。

实践经验不足也是德育教师专业素养不足的重要表现。德育实践需要教师具备丰富的实践经验，以便能够灵活应对各种教育情境和问题。然而，一些德育教师由于实践经验不足，难以有效地处理德育实践中遇到的各种问题，导致德育效果不佳。

教育方法陈旧也是影响德育教师专业素养的一个重要因素。随着社会的不断发展和学生特点的变化，德育方法也需要不断更新和改进。然而，一些德育教师仍然沿用传统的、陈旧的教育方法，难以激发学生的学习兴趣和积极性，导致德育效果大打折扣。

（六）德育与心理健康教育结合不足的研究

有学者提出，德育与心理健康教育在目标、内容和方法上存在交叉和互补，但实践中二者往往未能有效结合，导致德育缺乏针对性和深入性。德育和心理健康教育都是学校教育的重要组成部分，它们在目标、内容和方法上存在一定的交叉和互补性。然而，在实际教育实践中，德育与心理健康教育的结合往往不够紧密，甚至存在相互脱节的情况。

在目标上，德育旨在培养学生的道德品质和行为习惯，而心理健康教育则注重提高学生的心理素质和心理健康水平。尽管两者的目标有所侧重，但它们之间存在密切的联系。道德品质和心理健康是相互促进、相辅相成的，良好的道德品质有助于形成健康的心理状态，而健康的心理状态也有利于培养良好的道德品质。然而，在实践中，由于缺乏有效的整合和协调，德育与心理健康教育的目标往往未能实现有效的融合。

在内容上，德育和心理健康教育的内容也存在交叉和互补。例如，德育中的诚信教育与心理健康教育中的自尊自信教育可以相互补充，共同促进学生的全面发展。然而，在实际教学中，由于课程设置、教材编写等方面的原因，德育与心理健康教育的内容往往未能实现有效的衔接和融合。

在方法上，德育与心理健康教育也存在相互借鉴的可能性。例如，德育可以借鉴心理健康教育中的心理辅导、角色扮演等教学方法，提高德育的针对性和实效性；而心理健康教育也可以借鉴德育中的榜样示范、道德实践等教学方法，增强学生的情感体验和道德认知。然而，在实际操作中，由于缺乏有效的沟通和合作机制，德育与心理健康教育的方法往往未能实现有效的整合和创新。

四、德育在中小学教育中的实施策略与建议

（一）加强德育理论与实践的结合——在德育实践中，应注重理论与实际的结合，提高德育效果

德育理论是德育实践的指导思想和行动纲领，它为德育实践提供了科学的道德教育理念和方法。德育实践则是德育理论的检验场和应用平台，通过实践可以检验理论的正确性和有效性，并推动理论的不断发展和完善。二者相辅相成，共同构成了德育工作的完整体系。然而，在当前的德育实践中，理论与实践往往存在脱节的现象。一方面，教育者对德育理论的理解和应用不够深入，导致德育活动缺乏系统性和针对性；另一方面，德育实践过于注重形式而忽视内容，导致德育活动流于形式，难以真正起到培养学生道德品质的作用。为了加强德育理论与实践的结合，提高德育效果，可以尝试以下实施策略。

1. 构建德育理论与实践相结合的课程体系

开发德育校本课程，将德育理论融入日常教学之中；设计跨学科德育项目，让学生在解决实际问题中体验德育价值；增设德育实践课程，如道德讲堂、模拟法庭、社区服务等，让学生在实践中深化对德育理论的理解。

2. 加强德育师资培训与专业发展

定期组织德育教师参加德育理论与实践的培训，提升教师的专业素养；鼓励德育教师开展德育研究，将研究成果应用于德育实践；设立德育教师交流平台，促进教师之间的经验分享和合作。

3. 创新德育实践活动形式

开展形式多样的德育实践活动，如德育主题班会、道德实践活动周、志愿服务等；利用信息技术手段，如德育 APP、VR 德育体验等，增强德育实践活动的趣味性和互动性；鼓励学生自主策划和组织德育实践活动，培养学生的道德自主性和创造性。

4. 完善德育评价体系与激励机制

建立多元化、过程性的德育评价体系，注重对学生道德认知、情感态度和行为习惯的全面评价；引入第三方评价机构或家长评价，增加评价的客观性和公正性；设立德育奖学金、道德风尚奖等激励机制，表彰在德育方面表现突出的学生和教师。

5. 加强家校社协同育人机制建设

开展家长德育培训，提升家长的德育意识和能力；定期组织家校德育交流活动，增进家长对学校德育工作的理解和支持；整合社会资源，如企业、社区等，共同开展德育实践活动，拓展德育实践平台。

（二）创新德育方法与手段——应积极探索新的德育方法与手段，增强德育的趣味性和实效性，激发学生的兴趣和参与度

随着时代的发展和科技的进步，传统的德育方法和手段已经不能完全满足现代学生的需求。因此，创新德育方法与手段，增强德育的趣味性和实效性，激发学生的兴趣和参与度，成为当前德育工作的重要任务。

1. 情境模拟与角色扮演

情境模拟和角色扮演是两种非常有效的德育方法。通过设定特定的情境，让学生扮演不同的角色，身临其境地体验道德冲突和选择，可以帮助学生更好地理解道德规范，培养道德情感和道德判断能力。例如，在模拟法庭活动中，学生可以扮演法官、律师、被告等角色，通过亲身体验法律程序和道德抉择，增强法治意识和道德责任感。

2. 互动式与讨论式教学

互动式与讨论式教学可以鼓励学生积极参与，充分发表观点，通过讨论和交流来深化对道德问题的认识。这种教学方式可以培养学生的独立思考能力、批判性思维和团队协作精神。例如，教师可以组织学生对社会热点问题进行讨论，引导学生在辩论中明辨是非，树立正确的价值观。

3. 信息技术手段的运用

随着信息技术的发展，我们可以利用多媒体、网络等现代化教学手段来创新德育方法。例如，通过制作德育主题的动画、视频等多媒体资源，以更加生动直观的方式呈现道德故事和道德规范；利用网络社交平台，建立德育互动社区，让学生在网络空间中分享道德感悟、交流德育经验。

4. 实践活动的丰富多样

除了课堂教学外，还应注重实践活动的丰富多样性。可以组织学生参加志愿服务、社区服务、环保活动等社会实践活动，让学生在亲身实践中体验道德的力量，培养社会责任感和公民意识。同时，还可以开展形式多样的德育主题活动，如道德讲堂、文明礼仪比赛等，激发学生的参与热情和道德追求。

5. 个性化与差异化教学策略

每个学生都是独特的个体，具有不同的性格特点和道德发展水平。因此，在德育工作中应注重个性化与差异化教学策略的运用。针对不同学生的特点和需求，采用不同的德育方法和手段，做到因材施教、因人施教。例如，对于性格内向的学生可以采用鼓励、引导的方式培养其自信心和道德勇气；对于性格外向的学生可以给予更多的表现机会和挑战性任务来激发其道德潜能。

创新德育方法与手段需要教育者具备开放的心态和创新的思维，不断探索和尝试新的教育方式和方法。同时，也需要根据学生的年龄特点和兴趣爱好来选择合适的德育方法和手段，确保德育工作的针对性和实效性。

第三节　音乐教育与德育的内在联系

一、音乐与道德的内在联系

理论研究与实证分析共同揭示了音乐与道德之间深刻的内在联系。从理论层面来看，音乐作为一种艺术形式，其本质属性决定了它与道德之间的紧密关系。音乐作品蕴含着丰富的道德内涵，能够影响听众的道德观念和行为；而音乐在道德教育中则发挥着重要的作用，具有独特的地位和价值。这些理论研究成果为我们进一步推动音乐与道德的深度融合和协同发展提供了有力的理论支撑和指导。

（一）音乐作品的道德内涵

音乐作品本身就是一种文化和社会现象的反映，它不可避免地蕴含着一定的道德观念和价值观念。这些观念通过音乐的旋律、节奏、和声以及歌词等元素得以表达，使音乐作品成为传播道德理念的重要载体。同时，音乐作品的创作和演绎过程也往往受到社会道德规范的制约和影响，从而进一步强化了音乐与道德之间的内在联系。

音乐作品中的道德内涵具有多样性和包容性。不同风格、不同流派的音乐作品可以表达不同的道德观念和价值追求，从而满足不同听众的审美需求和道德期待。这种多样性和包容性使得音乐在道德教育中具有更加广泛的应用空间和更加丰富的教育资源。

（二）音乐对听众道德观念和行为的影响

从理论角度来看，音乐对听众道德观念和行为的影响主要体现在两个方面，一是音乐的情感共鸣作用，二是音乐的认知引导作用。音乐的情感共鸣作用是指音乐作品能够激发听众内心的情感体验，使他们在情感上与音乐作品产生共鸣。这种共鸣不仅有助于增强听众对音乐作品的理解和接受，还能够激发他们内心的道德情感和道德追求，从而引导他们形成正确的道德观念和行为准则。音乐的认知引导作用则是指音乐作品通过其艺术形象和音乐故事为听众提供道德认知的引导。音乐作品往往以生动的艺术形象来反映社会生活和人性百态，通过听众的欣赏和理解来引导他们认识社会、认识自我、认识道德。这种认知引导作用有助于听众形成更加全面、深刻的道德认知，从而指导他们的道德行为。

（三）音乐在道德教育中的作用

音乐在道德教育中具有独特的作用和价值。首先，音乐教育是一种寓教于乐的教育方式，它能够通过生动的音乐形象和有趣的音乐活动来激发学生的学习兴趣和参与热情，使他们在轻松愉快的氛围中接受道德教育。其次，音乐教育是一种情感性教育，它能够通过音乐的情感共鸣作用来触动学生的内心世界，激发他们的道德情感和道德追求。这种情感性教育有助于培养学生的道德自觉和道德责任感，使他们在日常生活中能够自觉践行道德规范。最后，音乐教育还是一种审美性教育。它不仅能够培养学生的审美情趣和审美能力，还能够通过引导学生欣赏和评价音乐作品来培养他们的道德判断力和道德选择能力。这种审美性教育有助于学生在面对复杂多变的社会现象时能够保持清醒的头脑和正确的价值判断。

二、情感与品格的内在联系

情感与品格两者在个体的心理与社会化进程中占据至关重要的位置，且彼此之间存在着深厚且微妙的联系。为了更加深入地探讨这种内在联系，我们要对两者有更加细致的认识。

（一）情感对品格形成的影响

情感，作为人类内心世界的晴雨表，不仅是对外部环境刺激的直接反应，更是影响个体认知、决策和行为的关键因素。情感对品格形成的影响可以从正反两个方面来看。

1. 积极情感对品格形成的促进作用

积极情感，如爱、喜悦、同情等，具有正向的引导作用，他们在以下 3 个方面能够发挥积极作用。

（1）促进自我认同

积极情感可以使个体更加接纳和喜爱自己，从而形成自尊、自信等积极品格。

（2）激发亲社会行为

积极情感可以使个体更倾向于关心他人，乐于助人，形成良好的人际关系和社会责任感。

（3）培养乐观态度

积极情感可以使个体在面对困难和挑战时能够保持乐观和坚韧，有利于形成坚毅、不屈不挠的品质。

2. 消极情感对品格形成的阻碍作用

消极情感，如愤怒、恐惧、嫉妒等，则可能对品格形成产生负面影响。

（1）导致自我否定

消极情感可以使个体对自己产生不满和厌恶，进而形成自卑、自暴自弃等不良品格。

（2）抑制社会互动

消极情感可以使个体更加孤立和冷漠，不利于形成良好的人际关系和合作精神。

（3）滋生悲观态度

消极情感可以使个体在面对挫折时容易放弃和绝望，不利于形成坚韧不拔的品质。

（二）音乐如何激发学生的积极情感与品格

音乐作为一种跨越文化和语言的艺术形式，具有独特的魅力和感染力。它不仅能够唤起人们的情感体验，还能在潜移默化中塑造人们的品格。

1. 音乐作品中所表达的情感与意境

音乐作品往往蕴含着丰富的情感与意境，这些情感与意境通过旋律、节奏、和声等元素得以表达。学生在欣赏音乐作品时，不仅能够感受到作曲家所传达的情感，还能在音乐的引导下进入一种特定的心境和状态。这种情感体验有助于学生更好地理解自己和他人的情感世界，从而形成更加丰富和深刻的情感认知。

2. 音乐如何引发学生的共鸣并培养其积极情感与品格

音乐之所以能够引发学生的共鸣，关键在于它所表达的情感与学生的内心体验产生了契合。当学生在音乐中找到与自己相似的情感经历时，他们会产生强烈的共鸣和认同感，这种共鸣进而转化为积极的情感体验。同时，音乐还可以通过其独特的艺术形式来培养学生的积极情感与品格。例如，通过欣赏激昂的音乐作品，学生可以感受到激情和力量，从而激发自己的斗志和勇气；通过聆听柔美的旋律，学生可以感受到宁静和和谐，从而培养自己的耐心和宽容心；通过参与合唱、合奏等音乐活动，学生可以学会与他人协作和配合，从而培养自己的团队精神和合作意识。

三、相关理论与研究成果概述

（一）教育学理论对音乐与德育关系的探讨

1. 教育学理论中关于音乐与德育关系的论述

在教育学理论中，关于音乐与德育关系的论述源远流长，且随着教育理念的不断更新而发展。以下将详细整理并分析这一关系，以期更全面地理解音乐在德育中的重要地位以及德育在音乐教育中的导向作用。

音乐与德育在目标上具有一致性。德育旨在培养学生的道德品质、价值观念和行为习惯，而音乐教育则注重培养学生的审美情趣、艺术修养和创新能力。虽然侧重点不同，但两者的根本目标都是促进学生的全面发展。通过音乐教育，可以引导学生体验美、感受美、创造美，从而培养他们的道德情感和道德认知。这种情感体验和认知能力是德育所追求的目标之一。

音乐与德育在内容上具有相互渗透性。音乐作品往往蕴含着丰富的道德元素和价值观念，如爱国主义、集体主义、社会责任感等。这些元素和观念在音乐教育中得到体现和弘扬，成为德育的重要内容。同时，德育的内容也可以为音乐教育提供灵感和素材。例如，在德育中强调的团结协作精神、尊老爱幼传统美德等都可以在音乐教育中找到相应的表达方式。

音乐与德育在方法上具有相互借鉴性。音乐教育和德育都注重情感体验和实践教学。在情感体验方面，音乐教育通过音乐作品激发学生的情感共鸣，引导他们深入体验其中的道德情感；而德育则通过情境模拟、角色扮演等方式引导学生体验道德情境，培养他们的道德敏感性。在实践教学方面，音乐教育通过演唱、演奏等实践活动培养学生的音乐技能和表演能力；而德育则通过社会实践、志愿服务等活动培养学生的社会责任感和实践能力。两者在方法上的相互借鉴有助于提高教学效果，促进学生的全面发展。

2. 教育学理论对音乐教育和德育融合的指导意义

（1）促进学生全面发展

教育学理论认为，教育的最终目标是促进学生的全面发展，包括智力、情感、道德、艺术等多个方面。音乐教育和德育作为两个重要的教育领域，各自具有独特的教育价值。将两者融合起来，可以充分发挥它们在教育过程中的互补作用，从而更有效地促进学生的全面发展。

（2）深化道德教育

德育是培养学生道德品质、价值观念和行为习惯的重要途径。然而，传统的德育方式往往过于注重理论灌输和道德规范的传授，而忽视了学生情感的培养和内心世界的关注。音乐教育则是一种注重情感体验和内心感受的教育方式。通过音乐教育，可以引导学生深入体验音乐作品中蕴含的道德情感和价值观念，从而深化道德教育，使其更加贴近学生的内心世界。

（3）提升音乐教育质量

传统的音乐教育往往过于注重技能传授和表演能力的培养，而忽视了对音乐作品深层内涵的挖掘和学生情感体验的引导。将德育元素融入音乐教育中，可以丰富音乐教育的内容，提升音乐教育的质量。通过引导学生欣赏和演绎具有德育价值的音乐作品，可以培养他们的道德敏感性、审美能力和创新思维，使音乐教育更加全面、深入。

（4）创新教育方式方法

教育学理论强调教育方式的多样性和创新性。音乐教育与德育的融合为创新教育方式方法提供了新的思路。例如，可以通过组织合唱、合奏等音乐活动来培养学生的团队协作精神和集体荣誉感；通过音乐创作来引导学生表达自己的情感和思想，培养他们的创新能力和批判性思维；通过音乐作品的分析和讨论来引导学生思考道德问题和价值观念，提升他们的道德认知能力和判断力。

（5）增强教育实效性

教育学理论注重教育的实效性，即教育结果的实际效果和意义。音乐教育与德育的融合可以增强教育的实效性。通过将音乐作品中的道德元素与现实生活相结合，可以引导学生将所学的道德知识应用到实际生活中去，培养他们的道德实践能力和社会责任感。同时，通过音乐教育中的情感体验和内心感受，可以使学生更加深入地理解和认同所学的道德规范和价值观念，从而增强教育的实效性。

（二）心理学、社会学等领域的理论与研究成果

1. 心理学、社会学等学科对音乐与道德、情感与品格关系的探讨

音乐、道德、情感与品格是人类生活中紧密相连的几个方面，它们在心理学和社会学的研究中都占有重要的地位。这些学科从不同的角度对这些概念进行了深入的探讨，揭示了它们之间的内在联系和相互作用。

心理学研究表明，音乐对个体的道德发展具有积极的影响。音乐能够激发个体的情感反应，使其产生共鸣和认同感，从而促进道德情感的培养。此外，音乐教育中的合作和集体活动也有助于培养学生的团队协作精神和道德责任感。同时，心理学还关注音乐与道德认知之间的关系。研究表明，音乐训练能够提高个体的认知能力和抽象思维能力，这些能力在道德判断和决策中起着重要的作用。因此，音乐教

育不仅有助于培养学生的道德情感，还能够促进其道德认知的发展。

在社会学研究中，音乐被视为一种社会现象和文化实践，它承载着特定的社会价值观和规范。社会学认为，音乐在情感表达和品格塑造方面发挥着重要的作用。首先，音乐是一种情感表达的媒介。通过音乐，个体能够表达自己的情感状态和内心世界，从而获得情感上的满足和释放。这种情感表达不仅有助于个体的心理健康，还能够增进人与人之间的情感交流和理解。其次，音乐对品格塑造具有积极的影响。在社会化过程中，个体通过接触和学习音乐来了解和掌握社会规范和价值观。音乐教育中的德育元素能够引导个体形成正确的道德观念和良好的行为习惯，从而塑造其品格特征。

从跨学科的综合视角来看，音乐、道德、情感与品格之间存在着密切的联系和相互作用。音乐能够激发个体的情感反应和道德敏感性，促进其道德认知和道德行为的发展；同时，音乐还能够表达个体的情感状态和内心世界，塑造其品格特征和行为习惯。

2. 相关理论与研究成果对音乐教育与德育融合的启示和借鉴意义

（1）音乐教育对道德发展的影响研究

①音乐教育与道德情感培养。研究表明，音乐教育通过激发学生的情感反应，有助于培养他们的道德敏感性。例如，某些音乐作品能够唤起学生的共鸣和同情，从而增强他们的亲社会行为。

②音乐教育与道德认知提升。实验研究显示，接受音乐教育的学生在道德判断和推理能力上有所提高。音乐教育可能通过培养学生的抽象思维、创造力和批判性思维来提升其道德认知水平。

（2）音乐教育中的德育元素挖掘与实践

①音乐作品中的德育寓意。许多音乐作品蕴含着爱国主义、民族团结、环境保护等德育元素。通过分析和解读这些作品，教育者可以引导学生深入理解和体验其中的道德价值。

②音乐教育活动的德育实践。合唱、合奏等音乐活动被证明是有效的德育实践方式。这些活动能够培养学生的团队协作精神、集体荣誉感和责任感，同时提高他们的自我约束和自律能力。

（3）创新音乐教育与德育融合的方法与策略

①跨学科课程设计。研究者提出将音乐课程与其他学科（如历史、文学等）相结合，共同设计跨学科的德育课程。这种课程设计能够帮助学生从多个角度理解道德问题，提升他们的综合素养。

②音乐教育中的角色扮演与情景模拟。通过在音乐教育中引入角色扮演和情景模拟等教学方法，学生可以更加深入地体验和理解音乐作品中的道德情境和价值观念，从而提升他们的道德实践能力。

（4）音乐教育与德育融合的效果评估与实证研究

①教育实验与效果评估。一些教育实验通过对比接受音乐教育与未接受音乐教育的学生在道德发展方面的差异，证实了音乐教育对道德发展的积极影响。同时，这些研究还提供了关于如何有效实施音乐教育与德育融合的建议和策略。

②实证研究与案例分析。通过对实际音乐教育案例的深入分析和研究，研究者揭示了音乐教育与德育融合在实践中的成功经验和挑战。这些研究成果为其他教育者提供了宝贵的借鉴和启示。

第四节　相关理论与研究成果概述

一、教育学领域的理论支撑

（一）全面发展理论

前文也有提到过，全面发展教育理论是一种重要的教育理念，主张教育的根本目的在于促进学生在知识、技能、情感、道德等各个方面的全面提升和发展。这一理论强调教育的全面性和整体性，注重培养学生的综合素质和能力，以适应社会的多样化需求和个人的全面发展。

在全面发展教育理论中，音乐教育和德育被赋予了特殊的意义和价值。音乐教育不仅有助于提升学生的审美能力和创造力，更能够培养他们的情感表达和社交能力。通过音乐教育，学生可以学习音乐知识、提升音乐技能，同时在音乐的熏陶下培养丰富的精神世界。德育则注重培养学生的道德品质、行为习惯和社会责任感，帮助他们树立正确的价值观和世界观。德育强调知行合一，注重学生的道德实践和情感体验，有助于培养学生的自律性和社会适应性。

全面发展教育理论还强调各种教育活动的相互联系和渗透。在音乐教育中融入德育元素，或者在德育过程中借助音乐的力量，都可以使教育活动更加丰富和有效。这种融合不仅有助于提升教育的整体效果，更有助于实现教育的全面育人目标。

此外，全面发展教育理论也关注学生的个体差异和个性化发展。每个学生都有其独特的潜能和兴趣，教育应该根据学生的个体差异提供个性化的教学和支持，以促进学生的全面发展。

（二）情感教育理论

情感教育理论强调情感在学生认知和行为中的核心地位。它认为，情感不仅是学生学习的驱动力，还是他们与他人交往、理解世界的重要媒介。在这种理论背景下，音乐教育和德育都扮演了不可或缺的角色。

音乐教育，特别是其对学生情感的培养和激发，被视为情感教育的重要组成部分。音乐，作为一种直接触及心灵的艺术形式，能够迅速引发学生的情感共鸣。通过音乐教育，学生不仅可以学习音乐知识、提升音乐技能，更重要的是，他们可以在音乐的海洋中体验各种情感，从而培养自己的审美意识和创造力。这种对情感的深入体验和表达，有助于学生形成更加丰富、更加深刻的内心世界。

与此同时，德育在情感教育中也起到了关键作用。德育关注学生的道德品质和行为习惯的培养，这其中自然包括了对学生情感的教育和引导。德育旨在帮助学生建立正确的道德观念，形成良好的行为习惯，而这些都离不开对学生情感的培养和调控。通过德育，学生可以学会如何正确处理与他人之间的情感关系，如何表达自己的情感，以及如何理解和接纳他人的情感。

音乐教育和德育在情感教育中的关系是相辅相成的。音乐教育通过激发学生的情感共鸣，为德育提供了有力的情感基础；而德育则通过对学生道德品质和行为习惯的培养，进一步巩固和提升了音乐教育的情感效果。两者相互补充，共同促进学生的情感教育，使他们在情感、道德和审美等各个方面都得到全面的提升和发展。

二、心理学领域的理论支撑

（一）认知心理学理论

认知心理学理论是当代心理学领域的重要分支，它深入探究了人类如何获取、处理、存储和应用信息的过程。在这一理论框架下，学生发展被视为一个认知不断构建与重塑的过程，其中，音乐教育与德育扮演着不可或缺的角色。

音乐教育在培养学生的音乐感知和认知能力方面具有独特优势。音乐感知能力是指学生对音乐元素（如旋律、节奏、和声等）的敏感性和辨识能力。通过系统的音乐教育，学生可以学会如何聆听音乐、分析音乐结构，进而理解音乐所表达的情感和意境。这种音乐感知能力的培养不仅提升了学生的审美素养，还有助于他们在其他认知领域中更加敏锐地捕捉信息、理解问题。

同时，音乐教育也促进了学生认知能力的发展。音乐创作和演奏过程需要学生运用抽象思维、逻辑思维和创造性思维等多种认知技能。例如，在乐谱解读中，学生需要运用抽象思维将符号转化为声音；在音乐创作中，则需要运用逻辑思维来构建作品的结构和和声。这些认知技能的培养不仅提高了学生的音乐素养，也为他们在其他学科领域的学习提供了有力支持。

德育在学生的道德认知和行为习惯养成方面发挥着关键作用。道德认知是指学生对道德规范、价值观和社会责任的理解与判断能力。通过德育，学生可以学会如何区分善恶、明辨是非，进而形成正确的道德观念。这种道德认知的培养有助于学生在日常生活中做出符合道德规范的选择，成为有责任感、有担当的公民。

行为习惯是道德认知的外化表现，也是德育的重要目标之一。通过持续的德育实践，学生可以养成良好的行为习惯，如尊重他人、诚实守信、热爱劳动等。这些行为习惯的养成不仅提升了学生的道德素养，还有助于他们在社会中建立良好的人际关系、赢得他人的尊重和信任。

音乐教育与德育在认知心理学理论的指导下相互促进、共同发展。音乐教育培养了学生的音乐感知和认知能力，为德育提供了丰富的情感基础和认知资源；而德育则关注学生的道德认知和行为习惯的养成，为音乐教育提供了价值导向和行为规范。这种相互促进的关系有助于提高学生的整体认知水平，促进他们在知识、技能、情感、道德等各个方面的全面发展。

（二）人本主义心理学理论

人本主义心理学理论为现代教育提供了重要的指导思想，其核心在于强调每一个个体的自我实现和全面发展的重要性。在这一理论框架下，音乐教育和德育的融合显得尤为重要，因为它们共同为学生提供了一个实现自我价值、形成积极人生观和价值观的丰富土壤。

音乐教育，作为一种深入人心的艺术形式，为学生提供了一个表达自我、体验生活的平台。通过音乐，学生可以感受到不同的情感、文化和历史背景，从而加深对自己和世界的理解。这种深入的自我探索过程有助于学生形成独特的人生观和价值观，促进他们的心理健康和个性发展。与此同时，德育在学生的自我实现过程中也扮演着关键角色。德育不仅关注学生的道德行为表现，更注重培养学生的道德意识、道德情感和道德判断力。这些能力的培养有助于学生形成正确的道德观念，从而在日常生活中做出符合社会规范和伦理道德的行为选择。

音乐教育和德育的融合，正是基于两者在促进学生自我实现和全面发展方面的共同目标。通过音乐教育，学生可以体验到生活的多样性和丰富性；而通过德育，学生可以学会如何在社会中正确地行事、如何与他人和谐相处。这种融合不仅有助于学生的知识学习和技能培养，更重要的是，它有助于学生的心理健康、个性发展和积极人生观的形成。人本主义心理学理论为音乐教育和德育的融合提供了坚实的理论基础。在这种融合的教育模式下，学生可以更好地实现自我价值、形成积极的人生观和价值观，从而促进他们的全面发展和心理健康。

三、社会学领域的理论支撑

（一）社会化理论

社会化理论强调个体从自然人成长为社会人的过程，即个体如何逐渐适应并融入社会，成为一个合格的社会成员。在这一理论中，教育，特别是音乐教育和德育，被视为促进学生社会化进程的关键因素。

音乐教育在学生的社会化过程中扮演着独特的角色。音乐不仅是一种艺术形式，更是一种社会交流的工具。通过集体演唱、合奏等音乐活动，学生可以学习如何与他人合作、如何分工协作，从而培养他们的团队协作精神和社会责任感。此外，音乐教育还可以帮助学生了解和欣赏不同文化背景下的音乐，培养他们的跨文化交流能力和社会适应能力。

德育则直接关注学生的道德发展和行为规范。通过德育，学生可以学习社会公认的道德准则和行为规范，学会如何正确处理与他人的关系、如何履行自己的社会责任。德育还注重培养学生的自律性和自我管理能力，使他们在日常生活中能够自觉遵守社会规范，成为一个有道德、有责任感的社会成员。

音乐教育和德育的融合对于学生的社会化进程具有重要意义。音乐教育可以为德育提供情感基础和动力支持，使学生在音乐活动中体验道德情感、培养道德意识；而德育则可以为音乐教育提供价值导向和行为规范，引导学生在音乐学习中践行道德规范、提升社会责任感。这种融合不仅有助于学生的全面发展，更有助于他们更好地适应社会、融入社会。

因此，在培养学生的过程中，我们应该注重音乐教育和德育的有机融合，以促进学生的社会化进程。通过创设丰富多样的教育环境和活动，激发学生的社会情感和社会责任感，培养他们的团队协作精神和社会适应能力，使他们成为一个合格的社会成员。

（二）文化传承理论

文化传承理论着重于文化如何从一代传递到另一代，以及个体如何在这个过程中吸收、理解并再创造文化。这一理论不仅看到文化对社会的深远影响，还强调文化对个体身份构建、价值观形成等方面的重要作用。

在这一理论框架下，音乐教育和德育的融合显得尤为关键。音乐，作为一种普遍且深入人心的艺术形式，往往是文化传承的重要载体。通过音乐教育，学生可以接触到本民族丰富的音乐遗产，了解音乐背后的历史、社会和文化背景。这种接触不仅有助于学生对本民族文化传统的理解和认同，还能激发他们的文化自信心和自豪感。同时，德育在文化传承中也扮演着不可或缺的角色。德育不仅关注学生的道德行为培养，还注重引导学生对本民族文化的尊重和传承。通过德育，学生可以更加深入地了解本民族的道德规范、价值观念和行为方式，从而将这些文化要素内化为自己的行为准则。

音乐教育和德育的融合，为学生提供了一个全方位、多角度的文化传承体验。在音乐教育中，学生可以通过演唱、演奏、创作等方式亲身感受本民族音乐的魅力；在德育中，学生则可以通过学习、实践等方式深入理解本民族文化的精神内涵。这种融合不仅有助于学生的全面发展，更能促进文化的传承和创新。文化传承理论为音乐教育和德育的融合提供了有力的理论支撑。通过这种融合，学生可以更好地理解和传承本民族的文化传统，培养强烈的民族认同感和文化自信心。这不仅有助于学生的个体成长，更对社会的和谐稳定和文化的繁荣发展具有积极意义。

四、相关研究成果概述

（一）国内外研究现状

1. 国内研究现状

在国内，音乐教育与德育融合的研究主要集中在以下 3 个方面。

（1）音乐教育对德育的促进作用研究

众多学者探讨了音乐教育在德育中的独特作用。有学者指出音乐教育能够通过情感体验、审美教育等途径，培养学生的道德情感和社会责任感。也有学者进一步提出，音乐教育中的音乐欣赏、演唱和创作等活动，有助于引导学生形成正确的价值观和道德观。

（2）德育在音乐教育中的渗透研究

这些研究主要集中在以下三个方面，一是德育元素的分析，深入探讨音乐教育中的德育元素，如道德情感、审美价值、文化传承等。二是渗透方法与策略，研究如何将德育有效地渗透到音乐教育的各个环节中，包括教学内容的选择、教学方法的创新、教学评价的完善等。三是实践案例研究，通过分析具体的音乐教育实践案例，总结德育在音乐教育中的成功经验和教训。

德育在音乐教育中的渗透研究不仅具有理论价值，更具有实践意义。它有助于指导音乐教育工作者更好地将德育融入音乐教育中，从而提高学生的道德素养和综合素质。同时，这也为音乐教育的改革和创新提供了新的思路和方向。

（3）音乐教育与德育融合的实践路径研究

在实践层面，国内学者也积极探索了音乐教育与德育融合的具体路径。研究内容聚焦在教育理念融合、教学内容整合、教学方法创新、教师角色转变等方面。实践路径则聚焦在课堂教学实践、课外活动拓展、校园文化营造等

2. 国外研究现状

在国外，音乐教育与德育融合的研究同样取得了丰硕的成果。以下是对国外相关研究的简要梳理。

（1）音乐教育与心理发展研究

在国外，许多学者致力于研究音乐教育与心理发展的关系，并取得了丰硕的成果。例如，美国的音乐教育家和心理学家 Edwin E. Gordon 提出了“音乐学习理论”，强调了音乐听觉训练的重要性，并认为音乐能力可以通过系统的音乐教育来培养。此外，还有许多其他学者通过实证研究证实了音乐教育对学生心理发展的积极影响。例如 Patricia Shehan Campbell 的研究集中在音乐、文化和认知的交叉点上。她强调了音乐作为文化实践的重要性，并探索了不同文化背景下音乐教育的方法和意义。Robert J. Zatorre 是一位神经科学家，他的研究集中在音乐与大脑的关系上。通过使用先进的脑成像技术，他的团队已经揭示了音乐感知和表演与大脑结构和功能之间的联系。Glenn Schellenberg 的研究集中在音乐训练对认知和非认知技能的影响上。他的实验表明，音乐训练可以提高儿童的语言能力、空间处理能力和执行功能。

这些学者和其他研究人员通过实证研究，不断揭示了音乐教育对学生心理发展的多方面益处。他们的研究不仅影响了音乐教育理论的发展，还推动了教育实践的变革。在美国，许多学校和教育机构已经开始实施基于研究的音乐教育课程，旨在通过音乐培养学生的认知能力、情感表达能力以及社会交往能力。具体的研究焦点如下。

①认知发展。音乐教育被认为对学生的认知能力，特别是空间处理能力、记忆力和语言能力，有显著的促进作用。通过音乐训练，学生可以提升听觉辨别力、模式识别能力以及创造性思维能力。

②情感与社会性发展。音乐能够触发强烈的情感反应，因此音乐教育被视为培养学生情感表达、情绪管理以及同理心的重要途径。此外，合奏和集体音乐活动还能增强学生的团队合作能力和社会交往技巧。

③动机与自我概念。研究探讨了音乐教育如何激发学生的内在动机，以及音乐

成就如何影响学生的自我概念和自尊。

（2）音乐与道德的认知神经科学研究

近年来，随着认知神经科学的发展，越来越多的国外学者开始运用这一跨学科的方法研究音乐与道德之间的深层关系。这一领域的研究旨在揭示音乐如何影响我们的道德判断、情感反应以及社会行为，并探索其背后的神经机制。

Daniel J. Levitin（丹尼尔·J. 莱维廷）是一位加拿大的认知心理学家和神经科学家，在美国学术界有着广泛的影响。他的研究涉及音乐、情感和认知的交叉领域，特别是音乐如何影响大脑和情感的问题。莱维廷著有《这就是音乐》一书，深入浅出地介绍了音乐与大脑的关系。Aniruddh D. Patel（阿尼尔德·D. 帕特尔）是一位在美国从事音乐与神经科学研究的学者。他的研究集中在音乐、语言和认知的相互作用上，特别是音乐如何影响社会认知和道德判断。帕特尔的工作揭示了音乐在人类社会生活中的重要作用。Adam M. Krisberg（亚当·M. 克里斯伯格）是一位年轻的神经科学家，他的研究集中在音乐和道德认知的交叉点上。他利用先进的神经成像技术，探索音乐如何影响道德判断和情感反应，并试图揭示这些过程背后的神经机制。

这些学者的研究为我们理解音乐与道德之间的复杂关系提供了新的视角和依据。他们的工作不仅增进了我们对音乐在人类社会生活中作用的理解，还为音乐教育、道德教育和心理治疗等领域提供了有益的启示。以下列举一些研究内容。

①音乐与道德情感的神经关联。研究者利用功能性磁共振成像（fMRI）和脑电图（EEG）等技术，探索音乐引发道德情感（如同情、公正感）时大脑的活动模式。这些研究有助于理解音乐如何作为一种强大的情感触发器，影响我们的道德决策。

②音乐训练与道德发展的长期影响。长期的音乐训练被认为能够塑造大脑的结构和功能，进而影响个体的道德发展。研究者通过比较音乐家和非音乐家在道德判断任务中的表现，以及他们的大脑结构和功能差异，来探究这一问题。

③音乐与社会认知的交互。音乐不仅是个人的情感体验，还常常涉及社会互动。因此，研究者也在探讨音乐如何影响我们对他人意图、情感和社会规范的理解，以及这些过程如何与我们的道德判断相互作用。

（3）跨文化视角下的音乐与德育关系研究

在跨文化视角下，音乐与德育的关系呈现出多样性和复杂性。不同文化背景下的音乐传统、价值观和教育理念都为这一关系注入了独特的色彩。国外学者在探讨这一主题时，不仅关注了音乐与德育的普遍联系，还深入研究了特定文化语境下这两者的相互作用。在东方文化中，音乐往往与哲学、宗教和道德紧密相连。例如，在中国传统文化中，音乐被视为教化人心、调和性情的重要手段。儒家经典《礼记·乐记》就详细论述了音乐与道德的关系，强调了音乐在塑造个体和社会风气中的作用。在西方文化中，音乐更多地被视为一种艺术表达和情感释放的方式。然而，这并不意味着西方文化中的音乐与德育没有关联。事实上，在西方古典音乐传统中，音乐同样承载着道德教化的功能。文化视角下的音乐与德育关系研究为我们提供了丰富的洞见和启示。未来，随着全球化进程的加速和文化交流的日益频繁，这一领域的研究将更加深入和多元化。

①音乐作为文化传承的媒介。在许多文化中，音乐被视为传承历史、价值观和社会规范的重要手段。通过歌曲、舞蹈和仪式，音乐将一代人的智慧和经验传递给下一代，从而在潜移默化中影响个体的道德发展。

②音乐教育与道德教育的融合。在某些教育体系中，音乐教育与道德教育被紧密地结合在一起。例如，在一些欧洲国家的古典音乐教育中，强调通过音乐培养自律、合作和审美等品质。而在非洲和拉丁美洲的部分地区，音乐教育则更注重社区参与和文化认同的培养。

③跨文化比较研究。有学者通过比较不同文化背景下的音乐教育实践，揭示了音乐与德育关系的多样性。这些研究不仅有助于我们理解不同文化中的教育理念，还为跨文化音乐教育提供了宝贵的启示。

综上所述，国内外在音乐教育与德育融合方面的研究已经取得了一定的成果。然而，仍存在一些问题和挑战需要进一步探讨和解决。例如，如何更有效地在音乐教育中融入德育元素？如何评估音乐教育与德育融合的效果？未来研究可以围绕这些问题展开深入探究，以期为教育实践提供更多有益的启示和指导。

第三章　中小学音乐教育的现状与挑战

第一节　中小学音乐教育的主要内容与方法

在中小学阶段，音乐教育确实扮演着多重角色，并承载着深远的意义。它不仅是一个简单的传授音乐知识和技能的过程，更是一个培育学生审美情趣、文化素养和创新能力的重要途径。音乐，作为一种最常见的艺术形式，具有独特的魅力和感染力，能够触及人们的心灵深处，唤醒沉睡的情感，激发无限的想象。

对于中小学生而言，音乐教育正是他们接触和认识音乐世界的窗口。通过音乐教育，学生可以学习到音乐的基础知识，如音符、节奏、旋律等，掌握基本的音乐技能，如唱歌、演奏乐器等。这些知识和技能的学习，不仅能够提升学生的音乐素养，更能够培养他们的审美情趣和艺术修养。音乐教育也是一个培育学生文化素养的重要途径。音乐是人类文化的重要组成部分，不同的音乐风格、流派和传统都蕴含着丰富的文化内涵。通过学习和欣赏不同类型的音乐，学生可以了解到不同文化背景下的音乐创作和表达方式，从而拓宽自己的文化视野，增强跨文化交流的能力。音乐教育还能够培养学生的创新能力。音乐创作本身就是一种极具创造性的活动，它需要灵感、想象力和创新思维。通过引导学生进行音乐创作和即兴表演，音乐教育可以激发学生的创造力和创新意识，培养他们的创新思维和实践能力。

随着教育理念的不断更新和发展，音乐教育的内容和方法也在不断地丰富和完善。传统的音乐教育注重知识和技能的传授，而现代的音乐教育则更加注重学生的参与和体验。教师不再仅仅是知识的传授者，而是成了学生学习的引导者和合作者。教学方法也更加注重多样性和灵活性，以适应不同学生的学习需求和特点。同时，随着科技的发展，数字化音乐教学手段也被广泛应用于音乐教育中。这些现代化的教学手段为音乐教学带来了更多的可能性和创新空间，使得音乐教学更加生动、有趣和高效。

一、中小学音乐教育主要内容的分析与理论探讨

中小学音乐教育是培养学生综合素质和审美能力的重要途径。随着教育理念的

不断更新，音乐教育在中小学阶段的重要性日益凸显。中小学音乐教育的主要内容涵盖了音乐基础知识、音乐欣赏、歌唱教学、乐器教学和音乐创作等多个方面。这些内容的实施不仅有助于培养学生的音乐技能和审美能力，还能够通过情感教育、多元智能培养和认知结构构建等途径，促进学生的全面发展。可见，音乐教育不仅仅是音乐技能的传授，更是对学生情感、智力和创造力的全面培养。

（一）音乐基础知识

音乐基础知识在中小学音乐教育中占据着举足轻重的地位，它是学生开启音乐之门的钥匙，也是他们日后在音乐道路上不断前行的基石。这一部分内容的学习，旨在引导学生从最基本的音乐元素入手，逐步构建起对音乐的全面认知。

音乐基础知识涵盖了音符、节奏、音阶、和声等多个方面。其中，音符是音乐的基本单位，不同的音符代表着不同的音高和时值。学生学习音符，就如同学习语言中的字母和单词，只有掌握了这些基础，才能够进一步组合和创造出丰富多彩的音乐。节奏是音乐的骨架，它赋予了音乐动感和生命力。学生通过学习节奏，可以学会如何运用强弱拍来表现出音乐的韵律感，进而在演奏或演唱时更加准确地把握音乐的节奏变化。音阶则是音乐中的阶梯，它按照一定的顺序排列了一系列音符，构成了音乐的基本框架。学生学习音阶，可以了解不同音高之间的关系，掌握音乐中的音准和音调，为日后的演唱和演奏打下坚实的基础。和声是音乐中的纵向结构，它由多个音符同时发声而构成。和声的学习可以帮助学生理解音乐的层次感和立体感，培养他们的多声部听觉能力，为日后的合唱、合奏等音乐活动做好准备。

掌握音乐基础知识对于学生来说具有深远的意义。首先，这些知识是他们理解音乐、表达音乐和创造音乐的重要工具。只有掌握了这些基础知识，学生才能够更好地欣赏和分析音乐作品，感受音乐中的美妙和深意。其次，音乐基础知识的学习可以培养学生的音乐智能和多元智能。霍华德·加德纳的多元智能理论认为，音乐智能是人类智能的一种重要形式，通过音乐教育可以培养和发展学生的音乐智能。同时，音乐学习也可以促进其他智能的发展，如逻辑数学智能、语言智能等。学生在音乐学习中不断提升自己的音乐素养和审美能力，同时也可以锻炼自己的注意力、记忆力和逻辑思维能力等。此外，音乐基础知识的学习还可以帮助学生构建良好的认知结构。本杰明·布鲁姆的认知领域教育目标分类中强调了对知识的理解和应用、分析、综合和评价等高层次思维技能的培养。这些技能在音乐教育中同样可以得到锻炼和提升。通过音乐基础知识的学习，学生可以逐步建立起对音乐的全面认知结构，提升自己的学习能力和思维水平。音乐基础知识的学习还可以带给学生成功的喜悦和自信心的增强。成功教育理论指出，通过不断的学习和努力取得成功可以增强学生的自信心和学习动力。学生在学习音乐基础知识的过程中可以体验到成功的喜悦和成就感的提升，从而更加热爱音乐、热爱学习。

音乐基础知识在中小学音乐教育中具有不可替代的重要作用。它是学生学习音乐的基础和前提，也是他们理解音乐、表达音乐和创造音乐的重要工具。通过音乐基础知识的学习，学生可以培养自己的音乐智能和多元智能、构建良好的认知结构、提升学习能力和思维水平，并体验到成功的喜悦和自信心的增强。因此，在中小学音乐教育中应该重视和加强音乐基础知识的教学，为学生的全面发展打下坚实的基础。

（二）音乐欣赏

音乐欣赏是中小学音乐教育中至关重要的一环，其深远的意义远超表面所见。音乐欣赏旨在引导学生深入探索音乐的奥秘，通过欣赏不同类型的音乐，拓宽学生的音乐视野，提高他们的音乐审美能力和鉴赏力。这一过程不仅关乎音乐技能的提升，更在于对学生情感、心灵和文化的全面熏陶。

在音乐欣赏的过程中，学生将学会如何从不同的角度和层面去理解和感受音乐。他们不仅聆听旋律，更深入挖掘音乐背后的故事、情感和文化内涵。这种深度的理解让学生能够更加贴近音乐的本质，感受音乐所带来的独特魅力。例如，在欣赏古典音乐时，学生可以通过了解作曲家的生平、创作背景和音乐风格，更加深入地理解作品的情感和意境；在欣赏民族音乐时，学生可以感受到不同民族的文化特色和音乐传统，从而增强对多元文化的认识和尊重。

音乐欣赏不仅有助于提升学生的文化素养和审美情趣，更能够培养他们在面对丰富多样的音乐文化时保持开放和包容的心态。这种心态对于学生在日益全球化的社会中成长具有重要意义，它将帮助学生更好地理解和接纳不同的文化，促进跨文化交流和理解。

根据情感教育理论，音乐欣赏在激发学生情感共鸣、提升学生情感体验能力方面发挥着重要作用。音乐是一种情感的艺术，它能够触及人们内心最深处的情感。通过欣赏音乐，学生可以体验到喜悦、悲伤、思念等丰富的情感，从而更好地理解和处理自己的情感世界。这种情感体验能力的提升将有助于学生在日常生活中更加自信、积极地面对各种情感挑战。

同时，音乐欣赏还能够提高学生的注意力和记忆力。在欣赏音乐时，学生需要集中注意力去聆听、分析和感受音乐，这将有助于培养他们的专注力和耐心。而音乐中丰富的元素和结构也有助于提高学生的记忆力，使他们在学习和生活中更加游刃有余。

此外，音乐欣赏还对学生的心理健康和情绪调节具有积极的影响。研究发现，经常欣赏音乐的学生在情绪稳定性和自我控制能力方面表现更好。这可能是因为音乐能够引发学生的情感共鸣，帮助他们更好地理解和处理自己的情感。同时，音乐中的节奏和旋律也能够起到舒缓压力、放松心情的作用，有助于学生在紧张的学习生活中保持良好的心理状态。

音乐欣赏在中小学音乐教育中具有不可替代的重要地位。通过引导学生欣赏不同类型的音乐，可以拓宽他们的音乐视野、提高他们的音乐审美能力和鉴赏力、培养他们的文化素养和审美情趣、激发他们的情感共鸣、提升他们的注意力和记忆力以及促进他们的心理健康和情绪调节。因此，学校应该重视并加强音乐欣赏在中小学音乐教育中的地位和作用，让更多的学生受益于音乐的美好与力量。

（三）歌唱教学

歌唱教学，作为音乐教育中的核心实践性环节，承载着多重教育目标和意义。它不仅仅是教授学生如何发声、如何唱准音符那么简单，更深远的是通过这一过程，培养学生的音乐感受力、表现力和创造力，使他们在歌唱中找到自我，感受音乐的魅力，进而提升自我修养和审美情趣。

歌唱教学旨在教授学生正确的歌唱技巧。这包括呼吸方法、发声位置、共鸣运用、咬字吐字等基本技能的训练。只有掌握了这些技巧，学生才能够更好地驾驭自己的声音，唱出美妙动听的歌声。而这些技巧的掌握，并不是一蹴而就的，需要学生在长期的实践中不断摸索和体会。，歌唱教学注重培养学生的音乐表现力和演唱能力。音乐表现力是指学生能够准确地理解和表达音乐作品中的情感和意境，使歌声充满感染力和表现力。演唱能力则是指学生在舞台上的表演能力，包括台风、舞台形象、与观众互动等方面的技能。通过歌唱教学，学生可以逐渐提高自己的音乐技能和表演水平，为将来的艺术之路打下坚实的基础。歌唱不仅仅是一种技能的学习，更是一种情感的表达和释放。当学生站在舞台上，面对观众深情地演唱时，他们不仅是在展示自己的才华和魅力，更是在用歌声诉说着自己的故事和情感。这种情感的表达和释放，有助于增强学生的自信心和表现力，使他们在面对挑战时能够勇敢地迎难而上。

根据情感教育理论，歌唱在学生的情感表达和情绪调节方面发挥着重要作用。歌唱可以帮助学生更好地理解和处理自己的情感，使他们在歌声中找到情感的宣泄和慰藉。同时，歌唱还可以调节学生的情绪，使他们在紧张的学习生活中保持愉悦和放松的心态。这种情感的表达和调节，对学生的心理健康具有积极的影响。歌唱教学还能够培养学生的团队合作精神和集体荣誉感。在歌唱教学中，学生需要与他人合作来完成歌唱任务，这要求他们具备良好的团队合作精神和沟通能力。通过长期的合作和磨合，学生可以逐渐培养出默契和信任，形成紧密的团队关系。这种团队合作精神的培养，不仅有助于学生在音乐领域的发展，更能够对他们未来的生活和工作产生积极的影响。

歌唱教学对学生的语言能力和社交能力也有显著的促进作用。歌唱需要学生运用语言来表达情感和意境，这就要求他们具备良好的语言表达能力和理解能力。通过歌唱教学，学生的语言表达能力得到了提高，他们更愿意与他人交流和合作。同时，歌唱还为学生提供了一个展示自己的舞台，使他们在面对观众时能够自信地展示自己的才华和魅力。这种社交能力的提高，有助于学生在未来的生活中更好地与他人交流和合作。

（四）乐器教学

乐器教学，作为音乐教育的重要组成部分，不仅是技能传授的过程，更是全面培养学生音乐素养、实践能力、协作精神以及个人品质的重要途径。通过乐器的学习与演奏，学生能够在音乐的海洋中畅游，感受音乐的无穷魅力，同时也在潜移默化中提升自身的综合素质。

乐器教学旨在教授学生演奏各种乐器的技巧。无论是钢琴、小提琴、吉他还是其他乐器，每种乐器都有其独特的演奏方法和技巧。学生通过学习乐理知识、练习演奏技巧，逐渐掌握乐器的演奏要领，从而能够演奏出优美动听的乐曲。在这一过程中，学生的音乐实践能力得到了极大的提升，他们不仅学会了如何演奏乐器，更学会了如何通过音乐来表达自己的情感和思想。乐器教学非常注重学生之间的合作与配合。在乐队或合奏中，每个学生都扮演着不可或缺的角色，他们的演奏不仅关乎个人的表现，更关乎整体的效果。因此，学生需要学会倾听他人的演奏，与他人保持协调一致，共同创造出和谐美妙的音乐。这种合作与配合的训练，对于培养学生的团队精神和协作能力具有重要意义，使他们在未来的生活和工作中能够更好地与他人合作共事。

基于多元智能理论，乐器学习不仅能够提升学生的音乐智能，即通过音乐感知、创作和表现来提升对音乐的理解和欣赏能力；还能够通过手指运动和协调性的训练，提升学生的身体运动智能，即运用身体来表达思想、情感和解决问题的能力。这种跨智能的培养，使得乐器学习成了促进学生全面发展的有效途径。

乐器教学能够培养学生的耐心和毅力。学习乐器并非一蹴而就的事情，它需要学生长时间地练习和反复地揣摩。在这一过程中，学生需要克服种种困难和挑战，不断超越自己。这种经历将锻炼学生的意志品质，培养他们的耐心和毅力，帮助他们更好地应对学习中的挑战和未来的生活。乐器学习对学生的注意力和记忆力也有显著的促进作用。在学习乐器的过程中，学生需要保持高度的注意力集中，以便准确地演奏出每一个音符和节奏。同时，他们还需要记住大量的乐谱和演奏技巧，这对于提升他们的记忆力大有裨益。这种注意力和记忆力的训练，不仅有助于学生在音乐领域取得更好的成绩，还将对他们的学习和生活产生积极的影响。

（五）音乐创作

音乐创作作为音乐教育中的创新性环节，承载着培养学生创造力、音乐表达能力和创新思维等多重目标。它不仅是音乐教育的重要组成部分，更是激发学生想象力、提升他们解决问题能力的重要途径。

在音乐创作中，学生被引导去尝试简单的音乐创作，如旋律的编写、和弦的搭配、节奏的创造等。这些创作实践使学生学会如何运用音乐语言去表达自己的思想和情感。音乐，作为一种无需文字的语言，具有极强的表达力和感染力。学生通过音乐创作，可以更深入地理解音乐的本质和意义，体会到音乐所带来的喜悦和震撼。创作过程中的每一次尝试、每一次突破，都是对学生创造力的一次锻炼。面对问题和挑战，学生不再拘泥于传统的思维模式，而是能够运用创新思维去寻找解决之道。这种创新思维和解决问题的能力，不仅在音乐领域有着广泛的应用，更将伴随学生的一生，成为他们未来学习和工作的宝贵财富。

音乐创作能够极大地提升学生的自信心和成就感。当自己的作品被他人欣赏、认可时，那种由内而外的喜悦和自豪是无法用言语来形容的。这种成功的体验将激励学生在创作的道路上走得更远、更坚定。从认知心理学的角度来看，音乐创作过程实际上是学生认知结构的重构过程。在创作过程中，学生需要不断地试错、反思、调整，直至找到最满意的表达方式。这种认知结构的重构有助于提高学生的创新思维和解决问题的能力，使他们在面对复杂多变的环境时能够迅速适应并找到解决之道。音乐创作对学生的情感表达和情绪调节也具有积极的影响。音乐是一种情感的艺术，通过创作，学生可以更好地表达自己的情感和思想，释放内心的压力和困扰。同时，创作过程中的专注和投入也能够帮助学生调节自己的情绪，使他们在面对挫折和困难时能够保持积极乐观的态度。

丹尼尔·平克提出的未来社会所需的六大能力中，设计感、故事感、交响能力、共情能力、玩乐能力和探寻意义的能力都与音乐教育密切相关。而音乐创作作为音乐教育的重要组成部分，无疑是培养学生这些未来社会所需能力的重要途径之一。通过音乐创作，学生可以发挥自己的想象力和创造力，创作出具有个人特色的音乐作品；同时，他们也可以在创作过程中学会与他人合作、交流和共情；更重要的是，他们可以在创作中找到乐趣和意义，为自己的生活增添色彩和动力。

二、中小学音乐教育的方法

（一）传统教学法

传统教学法在中小学音乐教育中长期占据主导地位，其核心在于以教师为中心，注重音乐知识的系统传授与技能的规范性训练。在中小学音乐教育中，传统教学法以其结构清晰、知识系统性强等特点，为学生提供了扎实的音乐基础。然而，随着教育理念的不断更新，传统教学法也面临着一些新的挑战和思考。

1. 传统教学法的特点

传统教学法以教师为中心，教师的身影始终贯穿于整个音乐教育的过程。他们不仅是知识的传授者，更是学习的引导者和技能训练的监督者。教师在课堂上讲解音乐知识的同时，还进行技能操作的示范，确保学生能够清晰地理解每一个知识点和技巧要点。这种教学方法的核心在于教师的权威性和专业性，他们用自己的经验和知识来引导学生探索音乐的奥秘。

传统教学法非常注重知识的系统性。教师会按照音乐学科的内在逻辑和知识结构来组织教学内容，使学生能够逐步建立起完整、连贯的音乐知识体系。这种系统性的教学不仅有助于学生更好地理解音乐知识，还能够培养他们的逻辑思维能力和自主学习能力。

技能的规范性训练也是传统教学法的重要特点之一。教师会对学生进行严格的技能训练，要求他们按照标准的方法和步骤来掌握各种音乐技能。这种规范性训练不仅能够提高学生的技能水平，还能够培养他们的耐心和毅力，为他们在未来的音乐学习和表现中打下坚实的基础。总之，传统教学法以教师为中心，注重知识的系统性和技能的规范性训练，为中小学音乐教育提供了稳定且有效的教学模式。

2. 传统教学法的优势

传统教学法在音乐教育领域展现出了其独特的优势。它按照音乐知识的逻辑顺序展开教学，使得学生能够有条理地、清晰地了解音乐知识的整体结构和各个层次，这种明晰的知识体系不仅有助于学生的理解，还方便他们进行知识的整合与运用。同时，传统教学法注重因材施教，教师能够根据学生的实际情况，灵活调整教学内容和方法，进行有针对性的讲解和示范，从而显著提高了教学效率。这种关注个体差异的教学方式，确保了每位学生都能在课堂中获得成长与进步。此外，面对大规模班级的教学挑战，传统教学法展现出了其强大的课堂管理能力。它能够通过有效的组织和管理手段，维持课堂秩序，确保教学质量不受班级规模的影响。这使得传统教学法在大规模教育环境中依然能够保持其高效、稳定的教学品质，为培养更多具备扎实音乐素养的学生提供了有力保障。

3. 传统教学法面临的挑战与实施考虑

在传统教学法中，学生常常处于被动接受的角色，他们的参与度相对较低。教师主导的课堂模式往往限制了学生主动参与和探索的机会，学生更多的是作为知识的接收者而非积极的参与者。同时，由于传统教学法注重整体教学效果和一致性，它往往忽视了学生的个体差异和个性化需求。每个学生的学习风格、兴趣和能力都是独特的，但在这种教学模式下，学生往往被要求适应统一的教学方法和标准，这在一定程度上限制了学生个性的发展。

传统教学法在追求规范性和标准性的过程中，可能会抑制学生的创造力和想象力。音乐是一门极富创造性和想象力的艺术，但在过于强调技能训练和知识传授的环境下，学生可能会失去发挥自己创造力的空间。为了符合既定的标准和规范，他们可能会抑制自己的原始想法和表达方式，这无疑是对学生音乐才能和潜力的一种束缚。

在实施传统教学法的过程中，平衡知识传授与技能培养显得至关重要。音乐不仅是一门需要系统知识作为支撑的学科，更是一门实践性极强的艺术。因此，教师在教授音乐理论和历史知识的同时，也应注重对学生实际演奏、创作等技能的培养。通过精心设计的教学环节，确保学生在掌握音乐基础知识的同时，也能提升他们的音乐技能水平。

为了打破传统课堂的沉闷氛围，提高学生的参与度和实践能力，教学过程中应增加更多的互动环节和实践环节。例如，可以组织学生进行小组讨论、合作演奏等活动，让他们在交流中深化理解，在合作中锻炼技能。这样的教学方式不仅能够激发学生的学习兴趣，还能培养他们的团队协作能力和解决问题的能力。

同时，教师不能忽视学生的个体差异。每个学生都有其独特的学习方式和节奏，教师应通过细致的观察和沟通，了解学生的个性化需求，为不同层次的学生提供有针对性的指导和帮助。这种因材施教的教学方法能够最大限度地发挥每个学生的潜力。

4. 对传统教学法的反思与改进建议

传统教学法在中小学音乐教育中扮演着举足轻重的角色，其系统性、规范性和高效性使其具有不可替代的地位。然而，随着教育理念的不断更新和学生需求的多元化，我们也必须正视传统教学法所存在的问题和不足。过于强调教师的主导地位、知识的单向传授，以及对学生个体差异的忽视，都可能限制学生的主动性、创造性和个性化发展.因此，我们需要对传统教学法进行深入的反思和总结，既要保留其精华，又要与时俱进地进行改进。通过融入现代教育理念和技术手段，加强学生的主体地位，提升课堂的互动性和实践性，以满足不同学生的个性化需求。

在探索中小学音乐教育的创新路径时，我们不可忽视传统教学法所积累的深厚基础与宝贵经验。然而，时代在进步，教育理念在更新，学生需求在多元化，这使得我们必须在坚守传统的同时，积极拥抱变革，融合现代教学理念，为音乐教育注入新的活力。

融合现代教学理念是传统教学法革新的首要任务。我们需要在保持传统教学法优势的基础上，引入合作学习、探究学习等现代教学方法。这些方法的运用，能够打破教师单向传授的模式，让学生在互动与合作中成为知识的主动探索者和建构者。例如，在音乐欣赏课上，教师可以引导学生通过小组讨论的方式，共同探究音乐作品的风格、情感和表现手法，让学生在交流与碰撞中深化对音乐的理解。这样的教学方式不仅能够激发学生的学习兴趣和主动性，还能培养他们的批判性思维和团队协作能力。

强化学生主体地位是现代教育理念的核心要求。在传统教学法中，学生往往处于被动接受的地位，他们的主体性和能动性得不到充分发挥。为了改变这一状况，我们需要在教学过程中更加注重学生的主体地位和作用。教师可以通过设计丰富多样的课堂活动和实践操作，鼓励学生积极参与，让他们在亲身体验中感受音乐的魅力，提升音乐技能。例如，在乐器演奏课上，教师可以让学生轮流担任小老师，教授其他同学简单的演奏技巧，这样既能增强学生的自信心和责任感，又能促进他们之间的互助与合作。

创新评价方式是推动音乐教育改革的重要手段。传统教学法往往采用单一的评价方式，过于强调知识的掌握和技能的熟练程度，而忽视了学生的实践能力、创新精神和合作意识等方面。为了更全面地评价学生的学习成果和发展潜力，我们需要采用多元化的评价方式。这包括过程性评价与终结性评价相结合、自评与他评相结合、定性评价与定量评价相结合等。例如，在音乐创作课上，教师不仅可以评价学生的作品质量和创意水平，还可以关注他们在创作过程中的参与度、合作精神和解决问题的能力。这样的评价方式能够更真实地反映学生的音乐素养和综合能力，为他们的全面发展提供有力支持。

融合现代教学理念、强化学生主体地位和创新评价方式是在保持传统教学法优势的基础上进行的必要改革。这些改革措施能够激发学生的学习兴趣和主动性，培养他们的实践能力和创新精神，推动中小学音乐教育的持续发展和质量提升。

（二）体验式教学法

音乐是一门极富情感和创造性的艺术，传统的教学方法往往难以充分激发学生的音乐学习兴趣和创造力。体验式教学法通过让学生亲身参与音乐活动，感受音乐的魅力，为中小学音乐教育注入了新的活力。

1. 体验式教学法及其在音乐教育中的应用

体验式教学法，作为一种以学生为中心的教学方法，旨在通过亲身体验和实践，使学生能够更为直观地获取知识、提升技能。在音乐这一极富情感和创造性的教育领域中，体验式教学法更是展现出了其独特的优势。

在音乐欣赏方面，传统的讲解往往难以让学生真正感受到音乐的魅力。而体验式教学法则通过让学生亲身参与音乐活动，如随乐而动、即兴创作等，使其能够直接感受音乐的节奏、旋律和情感，从而更深入地理解音乐作品。在演奏教学中，体验式教学法强调学生的实际操作。通过亲手触摸乐器、亲自尝试演奏，学生不仅能够更快地掌握演奏技巧，还能够在实践中培养对音乐的热爱和执着。此外，在音乐创作领域，体验式教学法更是为学生的想象力提供了广阔的舞台。教师可以引导学生通过即兴创作、合作编曲等方式，亲身体验音乐创作的乐趣，从而激发学生的创造力和音乐才华。

总的来说，体验式教学法在音乐教育中的应用，不仅能够提升学生的学习兴趣和参与度，还能够培养其音乐感受力、表现力和创造力。通过让学生在亲身体验中感受音乐的魅力，体验式教学法正为音乐教育注入新的活力和动力。

2. 体验式教学法的优势

体验式教学法通过引导学生亲身体验和实践，不仅深化了学生对音乐的理解，还培养了学生的多方面能力，为他们的全面发展奠定了坚实的基础。

第一，体验式教学法在音乐理解方面展现出了独特的优势。音乐，作为一种非语言性的艺术形式，其深邃的内涵和丰富的情感往往难以通过简单的讲解来传达。然而，通过亲身体验和实践，学生能够直接触摸到音乐的灵魂，感受其独特的韵律和魅力。无论是亲自演奏乐器、参与合唱，还是即兴创作，这些实践活动都能让学生更加深入地理解音乐的构造、风格和情感，从而将这种理解转化为自己的知识和技能。

第二，体验式教学法在培养学生的音乐兴趣和情感表达能力方面也发挥了重要作用。传统的音乐教学方式往往注重理论和技能的传授，而忽视了学生的兴趣和情感需求。相比之下，体验式教学法更加注重学生的情感体验和个性表达。通过组织丰富多样的音乐活动，如音乐会、音乐比赛、音乐剧表演等，教师能够激发学生的学习兴趣，让他们在欢乐的氛围中感受音乐的魅力。同时，这些活动也为学生提供了展示自我、表达情感的舞台，让他们在音乐的海洋中尽情地遨游。

第三，体验式教学法在提升学生的创造力方面同样具有显著效果。音乐创作需要灵感和想象力，而这些往往来源于亲身体验和实践。在体验式教学中，教师鼓励学生自由发挥、即兴创作，让他们在音乐的海洋中尽情地探索和创造。这种自由的教学方式不仅能够激发学生的创造力，还能够培养他们的音乐才华和审美能力。更重要的是，通过亲身体验和实践，学生能够更加深入地了解音乐创作的艰辛和乐趣，从而更加珍惜和热爱自己的音乐创作成果。

第四，体验式教学法在培养学生的自主学习和问题解决能力方面也发挥了积极作用。在传统的音乐教学中，学生往往处于被动接受的状态，缺乏自主学习和问题解决的机会。然而，在体验式教学中，教师鼓励学生通过自主学习和实践来掌握知识和技能，让他们在解决问题的过程中提升自我学习和自我发展的能力。这种教学方式不仅能够培养学生的独立思考和解决问题的能力，还能够为他们未来的学习和生活奠定坚实的基础。

第五，体验式教学法在音乐教育领域中具有丰富而独特的优势。它不仅深化了学生对音乐的理解，还培养了他们的音乐兴趣、情感表达能力、创造力以及自主学习和问题解决能力。在未来的音乐教育中，我们应该更加注重体验式教学法的应用和推广，让更多的学生在亲身体验和实践中感受音乐的魅力，为培养更多具备全面素养的音乐人才贡献智慧和力量。

3. 体验式教学法面临的挑战及实施考虑

体验式教学法在实施过程中确实面临一些挑战，其中教学准备和资源支持、学习成果量化以及教师专业素养和组织能力要求等方面的问题尤为突出。首先，体验式教学法需要更多的教学准备和资源支持。为了让学生能够亲身体验和实践，教师需要提前准备好相应的音乐器材、场地布置等教学资源。这无疑增加了教师的教学负担，需要他们投入更多的时间和精力进行准备。其次，学习成果的量化也是体验式教学法面临的一个难题。传统的考试方式往往注重知识的记忆和技能的模仿，而体验式教学法则更加注重学生的亲身体验和实践。这使得学生的学习成果难以用传统的考试方式进行量化，需要教师采用更加灵活和多样化的评价方式。最后，体验式教学法对教师的专业素养和组织能力要求较高。教师需要具备较高的音乐素养和教学能力，才能有效地引导学生进行亲身体验和实践。同时，教师还需要具备较强的组织能力，以应对各种突发情况，确保教学的顺利进行。

虽然体验式教学法在音乐教育中具有独特的优势，但其实施过程中也面临一些挑战。为了克服这些挑战，教师需要付出更多的努力，不断提升自己的专业素养和组织能力，以确保体验式教学法能够在音乐教育中发挥最大的效果。

设计具有吸引力和挑战性的音乐活动是至关重要的。针对不同年龄段和兴趣特点的学生，教师可以策划多样化的音乐体验，如组织音乐游戏、举办小型音乐会或创作比赛等。这些活动旨在激发学生的好奇心和探索欲，使他们在参与中感受到音乐的魅力，并乐于深入学习和挑战自我。鼓励学生分享体验是体验式教学法中不可或缺的一环。每次活动结束后，教师可以安排一个分享环节，让学生表达自己在音乐体验中的感受、收获和困惑。这种分享不仅能帮助学生巩固所学知识，还能促进他们之间的情感交流和理解，营造一种互助互学的良好氛围。教师应将音乐与学生的生活经验紧密结合。音乐源于生活，又高于生活，教师可以引导学生从日常生活中寻找音乐元素，如倾听自然声音、感受节奏韵律等。此外，教师还可以结合节日、文化等主题，设计相关的音乐活动，让学生在亲身体验中感受音乐与生活的紧密联系，从而增强他们的情感体验和认同感。

（三）合作式教学法

随着教育理念的不断更新，合作式教学法逐渐成了音乐教育领域中的一种重要教学方法。它强调学生之间的合作与交流，通过集体活动和团队协作来培养学生的团队精神和沟通能力。

1. 合作式教学法的实践

在音乐教育中，合作式教学法的应用展现出了其独特的魅力。教师巧妙地通过组织合唱、合奏和集体创作等多样化活动，将学生引领进了一个协同、互动的音乐世界。这些活动不仅让学生在和声与旋律的交融中深刻感受到音乐的和谐之美，更在无形中提升了他们的音乐表现水平。合作式教学法不仅仅关注音乐技能的培养。在合作的过程中，学生们学会了如何倾听他人的声音、如何调整自己的节奏以配合团队、如何在遇到分歧时寻求共识。这些经历锻炼了他们的团队协作能力、沟通能力等非音乐方面的素养，为他们的全面发展提供了坚实的基石。

通过合作式教学法，音乐教育不再仅仅是单纯的技能传授，更成了一种全面培养学生综合素质的有效途径。学生们在音乐的海洋中畅游，不仅学会了用音符表达情感，更学会了与他人携手共创美好，这将是他们人生旅程中宝贵的财富。

2. 合作式教学法的优势

合作式教学法在音乐教育中发挥着重要作用。这一教学法不仅着眼于学生的音乐技能培养，更注重通过合作与互动来全面塑造学生的综合素质。它通过培养学生的团队协作和沟通能力、增强学生的归属感和成就感以及促进多元智能的发展，为学生的全面发展提供了有力支持。

合作式教学法在培养学生的团队协作和沟通能力方面效果显著。在传统的音乐教育中，学生往往作为独立的个体进行学习和练习，而在合作式教学法的框架下，学生们被鼓励在集体中发挥作用，共同完成音乐任务。例如，在合奏活动中，每个学生都扮演着不可或缺的角色，他们的表现直接影响到整个团队的效果。这就要求学生们必须学会倾听他人的演奏，表达自己的想法和建议，以及协调各种音乐元素，确保整体的和谐统一。通过这样的合作过程，学生们不仅提升了音乐技能，更在无形中锻炼了团队协作和沟通能力，为未来的社会生活打下了坚实的基础。

合作式教学法有助于增强学生的归属感和成就感。在合作的环境中，学生们共同面对挑战，分享成功的喜悦。当他们在团队中贡献自己的力量，看到团队成果逐渐显现时，一种强烈的归属感油然而生。同时，成功的合作体验也让学生感受到自己的价值和能力，从而增强他们的自信心和成就感。这种积极的情感体验对于培养学生的心理健康和人格发展具有重要意义。

合作式教学法还有利于多元智能的发展。音乐智能只是智能的一个方面，而合作式教学法通过丰富多样的合作活动，为学生提供了发展其他智能的机会。例如，在集体创作过程中，学生需要运用人际智能来与他人沟通和协作；在解决合作中的问题时，他们需要运用自我认知智能来反思和调整自己的行为。此外，合作式教学法还能激发学生的创造力和批判性思维等非音乐方面的智能。这些多元智能的发展将有助于学生在未来的生活和工作中更好地应对各种挑战。

3. 合作式教学法的挑战

在音乐教育中实施合作式教学法时，教师常常面临三大挑战，分别为学生之间的能力差异、分组和管理策略以及时间和资源需求。

学生之间的能力差异是一个显著问题。不同的学生在音乐基础、学习能力上存在着天然的差别。这种差异在合作式学习中可能导致任务分配不均，部分学生可能承担过多或过少的责任。为了确保每个学生都能在合作中得到成长，教师需要细心观察并适时调整，使每个学生都能发挥自己的特长，同时得到适当的挑战。

分组和管理策略是实施合作式教学法的关键。合理的分组能够促进学生之间的交流与合作，而不当的分组则可能引发矛盾与冲突。教师在分组时应考虑学生的性格、能力、兴趣等多方面因素，努力使每个小组都能成为一个有机的整体。同时，教师还需要建立一套有效的管理机制，确保合作活动的有序进行。

时间和资源需求也是实施合作式教学法时需要考虑的问题。合作活动往往需要更多的时间和资源来准备和组织。教师需要在繁重的教学任务中腾出时间和精力来策划和指导合作活动，这对于他们来说无疑是一个额外的负担。为了解决这个问题，教师需要合理规划时间和资源，争取得到学校和家长的支持，确保合作式教学法能够顺利实施。

4. 合作式教学法的实施考虑

在音乐教育中，合作式教学法的实施不仅能够培养学生的团队协作能力和沟通能力，更能促进他们全面发展。然而，要使合作式教学法真正发挥作用，教师需要明确合作目标和分工，提供必要的支持和指导，并鼓励开放和多元的交流。

第一，明确合作目标和分工是合作式教学法成功实施的前提。在音乐教育中，教师应根据具体的教学内容和学生的实际情况，制定明确的合作目标。这些目标不仅要具体、可行，还要能够激发学生的积极性和参与度。同时，教师还需要对合作任务进行合理的分工，确保每个学生都能明确自己的任务和责任。通过明确的目标和分工，学生可以更加有目的地参与合作过程，发挥自己的特长和优势，为团队的成功贡献自己的力量。

第二，提供必要的支持和指导是教师在合作式教学法中的重要职责。在合作过程中，学生可能会遇到各种问题和困难，如音乐技能的掌握、合作技巧的运用等。这时，教师应及时给予必要的支持和指导，帮助学生解决问题，克服困难。例如，教师可以通过示范、讲解、讨论等方式，为学生提供技能上的指导；同时，教师还可以引导学生学会倾听、表达、协调等合作技巧，促进他们更好地与他人合作。通过教师的支持和指导，学生可以更加顺利地完成合作任务，体验到成功的喜悦和团队的力量。

第三，鼓励开放和多元的交流是合作式教学法中的重要环节。在音乐教育中，教师应为学生创造一个开放、包容的氛围，鼓励他们进行多元的交流。这种交流不仅包括音乐技能方面的探讨，还包括思想、情感等方面的分享。通过交流，学生可以相互学习、相互启发，激发自己的创造力和想象力；同时，他们还能在交流中学会尊重和理解他人的观点，培养自己的批判性思维和人际交往能力。为了促进交流，教师可以采用小组讨论、集体分享、角色扮演等多种方式，为学生提供更多的交流机会和平台。

教师在实施合作式教学法时，应明确合作目标和分工，提供必要的支持和指导，并鼓励开放和多元的交流。只有这样，合作式教学法才能真正发挥其优势，为音乐教育注入新的活力，为学生的全面发展奠定坚实的基础。

（四）数字化教学法

随着现代科技的快速发展，数字化教学法逐渐成为音乐教育领域的新趋势。数字化教学法是指利用数字音乐制作软件、在线学习平台等现代科技手段，为音乐教育提供丰富多样的学习资源和互动机会的教学方法。这种方法的出现，不仅为音乐教育注入了新的活力，也为学生提供了更加高效、便捷的学习方式。

1. 数字化教学法的优势

数字化教学法已经逐渐渗透到音乐教育的每一个角落。这种新兴的教学方法不仅为学生提供了丰富多样的学习资源，更激发了他们对音乐的热爱和好奇心，进而在培养他们的信息素养和创新能力上发挥了重要作用。

第一，数字化教学法通过数字音乐制作软件和在线学习平台等现代科技工具，为学生呈现了一个五彩斑斓的音乐世界。在这里，学生可以接触到各种风格的音乐作品，从古典到流行，从摇滚到爵士，应有尽有。这些音乐作品不仅为学生提供了欣赏的机会，更是他们学习和模仿的绝佳素材。此外，数字化教学法还为学生提供了详细的音乐理论解析，帮助他们更加深入地理解音乐的构造和内涵。而实时的音乐表演和互动练习，则让学生在轻松愉快的氛围中掌握音乐技能，极大地丰富了他们的学习内容。

第二，数字化教学法的互动性和趣味性极大地激发了学生的学习兴趣和好奇心。在数字音乐制作软件的帮助下，学生可以亲手创作自己的音乐作品，从旋律的构思到编曲的完成，每一个环节都充满了挑战和乐趣。这种亲身参与的学习方式让学生更加深入地理解音乐的魅力，也让他们在音乐创作中找到了自己的价值和成就感。同时，在线学习平台则为学生提供了一个与世界各地的音乐爱好者交流和互动的平台。在这里，学生可以分享自己的音乐作品，也可以欣赏他人的创作，甚至可以与他人合作完成一首歌曲。这种全新的学习体验让学生更加热爱音乐，更加积极地投入音乐学习中。

第三，数字化教学法在培养学生的信息素养和创新能力方面也发挥了重要作用。在使用数字音乐制作软件的过程中，学生需要学会收集、整理、分析和利用信息，这不仅提高了他们的信息素养，也培养了他们的自主学习能力和问题解决能力。同时，数字音乐制作软件还为学生提供了广阔的创作空间，让他们可以在音乐的海洋里尽情地挥洒自己的创新才能。无论是旋律的创作，还是编曲的构思，都需要学生发挥自己的想象力和创造力。这种创作过程不仅培养了学生的创新能力，也让他们在音乐的世界里找到了自己的独特声音。

2. 数字化教学法面临的挑战

这种先进的教学方式为学生带来了前所未有的学习体验。然而，数字化教学法的实施并非一帆风顺，它面临着技术门槛、教学成本以及人际互动等多方面的挑战。

第一，数字化教学法的实施对技术和设备的要求较高。为了让学生能够流畅地运行数字音乐制作软件、在线学习平台等工具，学校需要配备高性能的计算机和专业的音乐制作设备。这些硬件和软件的投入，无疑会增加教学成本，给学校和家庭带来一定的经济压力。特别是在一些经济条件相对落后的地区，这种技术和设备的投入可能会成为数字化教学法推广的一大障碍。

第二，数字化教学法的实施需要教师具备一定的计算机操作能力和音乐制作技能。在传统的音乐教育中，教师主要依赖于自身的音乐素养和教学经验来传授知识。然而，在数字化教学法中，教师需要熟练掌握各种数字工具和资源的使用，以便能够有效地指导学生的学习。这对于一些年龄较大、计算机操作不熟练的教师来说，可能是一个不小的挑战。因此，学校需要加强对教师的技术培训，提高他们的技术能力，确保数字化教学法的顺利实施。

第三，数字化教学法的实施可能会导致学生过度依赖技术，从而减少与教师和同学之间的人际互动。在数字化学习环境中，学生可以通过计算机和网络与世界各地的音乐爱好者进行交流和互动，这种跨时空的交流方式无疑为学生提供了更多的学习机会。然而，过度依赖技术可能会导致学生忽视与现实世界中的人和事的互动，从而影响他们的社交能力和团队协作能力的发展。因此，教师在实施数字化教学法时，需要注重技术与人文之间的平衡，确保学生在享受科技带来的便利的同时，也能保持良好的人际互动。

数字化教学法在音乐教育中的实施面临着多方面的挑战。为了确保数字化教学法的顺利实施和学生的学习效果，学校需要加大对技术和设备的投入，加强对教师的技术培训，并注重技术与人文之间的平衡。只有这样，数字化教学法才能真正发挥其优势，为音乐教育注入新的活力。

3. 数字化教学法的实施考虑

（1）选择适合学生年龄和认知水平的数字工具和资源

教师在实施数字化教学法时，应根据学生的年龄和认知水平选择合适的数字工具和资源。对于低年级的学生，可以选择一些界面友好、操作简单的音乐制作软件和在线学习平台；对于高年级的学生，则可以选择一些功能强大、专业性强的音乐制作软件和在线学习平台。

（2）平衡技术与人文的关系，确保技术为教学服务而不是取代教学

教师在实施数字化教学法时，需要注重技术与人文之间的平衡。技术只是教学的辅助手段，不能取代教师的教学地位。教师应充分利用技术的优势，为教学提供

更加便捷、高效的支持；同时，也要注重与学生的情感交流和人际互动，确保学生在享受科技带来的便利的同时，也能感受到教师的关爱和温暖。

（3）培养学生的信息素养和负责任地使用技术的能力

教师在实施数字化教学法时，应注重培养学生的信息素养和负责任地使用技术的能力。信息素养是现代社会公民必备的基本素质之一，也是学生未来发展的重要基础。教师应引导学生学会收集、整理、分析和利用信息，培养他们的信息素养；同时，还要教育学生遵守网络道德和法律法规，负责任地使用技术。

数字化教学法在音乐教育中具有显著的优势和广阔的发展前景。然而，其实施过程中也面临着一些挑战和问题。因此，音乐教育工作者在实施数字化教学法时，需要充分考虑学生的实际情况和需求，注重技术与人文之间的平衡，确保数字化教学法能够真正为音乐教育服务，为学生的全面发展助力。

中小学音乐教育不仅仅是歌唱和节奏的简单结合，更是一个全面培养学生音乐素养和综合能力的过程。这种教育深深植根于多元化的内容和方法之中，为学生提供了丰富多样的学习体验。音乐教育的多元化内容体现在多个方面：从古典到现代，从东方到西方，各种音乐风格和流派都被纳入教学之中。学生不仅学习唱歌和演奏，还深入了解音乐的历史、文化和理论。这样的内容设置旨在开阔学生的音乐视野，培养他们的跨文化理解能力。

同时，教学方法的多元化也是音乐教育的显著特点。传统的课堂教学与现代技术相结合，如数字化音乐制作和在线学习平台，为学生提供了更多实践和创新的机会。这种灵活多样的教学方式不仅激发了学生的学习兴趣，还培养了他们的自主学习和合作能力。更为重要的是，音乐教育与德育的深度融合为学生的全面发展提供了有力支持。通过音乐教育，学生不仅学习音乐知识和技能，更在潜移默化中培养了审美情趣、情感表达和人际交往能力。这些素养和能力对学生的未来成长具有深远的影响。

因此，深入了解和掌握中小学音乐教育的多元化内容和方法，对于我们更好地推进音乐教育与德育的融合，全面培养学生的综合素养，具有十分重要的意义。

第二节　音乐教育在学生个体发展中的作用

随着社会的不断发展，教育理念和模式也在逐渐变化，而音乐教育始终占据着一个特殊而重要的位置。音乐教育不仅仅是教授学生如何唱歌、如何弹奏乐器，更重要的是它在学生个体发展中的深远影响。本节将从多个维度深入分析音乐教育在学生情感、创造力、社交能力、个性发展以及道德品质和价值观塑造等方面的具体作用。

一、音乐教育与学生情感及情绪的深度联系

音乐教育作为教育体系中的一部分，其重要性不仅在于传授音乐知识和技能，更在于它对学生内在情感世界的深远影响。音乐作品是情感的载体，而音乐教育则是情感的引导者。通过音乐教育，学生可以更深刻地理解和体验各种情感，从而实现自我表达和情感交流。

（一）音乐教育中的情感共鸣

音乐教育不仅仅是音符和节奏的堆砌，更是一个情感交织、心灵互通的世界。在这个世界里，音乐作品以其独特的魅力，通过旋律、节奏、和声等元素，传递着深邃而真挚的情感。当这些情感与学生的内心相遇，便会产生一种强烈的共鸣，让学生在音乐的海洋中感受生命的起伏和情感的流淌。

音乐作品中蕴含的情感内容是引发学生情感共鸣的关键。每一首音乐作品都是作曲家情感的结晶，它们或欢快、或悲伤、或温柔、或狂热，通过音乐的语言诉说着内心的故事。当学生在教师的引导下深入欣赏和理解这些作品时，他们仿佛能够穿越时空，与作曲家进行心灵的对话，感受那份真挚而深刻的情感。

为了引发学生的情感共鸣，音乐教师需要精心选择具有情感表现力的音乐作品。这些作品不仅要能够引起学生的兴趣，更要能够触动他们的心灵。在欣赏过程中，教师可以通过多种方式帮助学生感受作品所表达的情感。讲解作品的背景是一个有效的方法，它可以让学生了解作曲家的生平和创作环境，从而更好地理解作品的情感内涵。分析音乐的元素也是必不可少的环节，教师可以通过对旋律、节奏、和声等元素的剖析，引导学生深入感受音乐所传递的情感。

除了讲解和分析，教师的示范和演绎也是引发学生情感共鸣的重要手段。一个充满激情的教师能够通过自己的演绎将作品中的情感淋漓尽致地展现出来，使学生在情感上产生共鸣。当教师用自己的琴声、歌声或肢体语言来诠释音乐作品时，学生会感受到音乐的力量和情感的震撼，从而更加深入地理解作品的内涵。

情感共鸣在音乐教育中的作用是无可替代的。它不仅能够帮助学生更好地理解音乐作品，还能够在情感上得到熏陶和升华。通过情感共鸣，学生可以更加敏锐地感受到音乐中的情感变化，从而提升自己的情感认知能力。同时，情感共鸣还能够使学生在音乐的世界中找到情感的寄托和释放的出口，使他们的内心世界变得更加丰富和充实。

在引发学生情感共鸣的过程中，教师的作用至关重要。教师不仅是知识的传递者，更是情感的引导者。他们需要用自己的热情和专业知识去感染和引导学生，使他们在音乐的道路上不断探索和前行。同时，教师还需要注重培养学生的情感表达能力，鼓励他们用自己的方式去表达和诠释音乐作品中的情感。

（二）音乐教育中的情感表达途径

音乐总是以其独特的魅力触动着人们的心灵。在音乐教育中，情感表达是至关重要的一环。除了欣赏音乐作品外，音乐教育还通过创作和演绎活动为学生提供情感表达的途径，让他们在音乐的海洋中畅游，感受情感的波澜，并用自己的方式将其表达出来。

创作是音乐教育中情感表达的重要途径之一。在创作过程中，学生可以将自己的情感融入作品中，通过音乐来表达自己的内心世界。这种创作是对学生音乐技能的锻炼，更是对他们情感表达能力的提升。当学生面对一张空白的乐谱时，他们需要在心中构建一个情感的框架，然后用音乐的元素去填充这个框架。在这个过程中，学生需要深入挖掘自己的情感世界，找到那些能够触动心灵的瞬间，并将其转化为音乐的旋律、节奏和和声。每一次的创作都是对学生情感的一次洗礼，让他们更加清晰地认识自己的内心世界，并学会用音乐去表达它。

演绎则是音乐教育中情感表达的另一种重要方式。在演绎过程中，学生需要通过表演来传达作品的情感内容。这需要学生深入理解作品的情感内涵，并通过自己的表演技巧将其呈现给观众。演绎不仅是一种艺术的展现，更是一种情感的传递。当学生站在舞台上，他们需要用自己的琴声、歌声或肢体语言来诠释作品中的情感，让观众在情感上产生共鸣。这种演绎不仅有助于学生的情感释放，还能促进他们与观众之间的情感交流和理解。在演绎过程中，学生需要学会如何运用自己的表演技巧来更好地传达作品的情感，让观众能够感受到自己内心的波澜。

音乐教育中的情感表达途径对学生的成长和发展具有重要意义。首先，情感表达能够帮助学生更好地认识自己。通过创作和演绎，学生可以深入挖掘自己的情感世界，找到那些隐藏在内心深处的情感，从而更好地理解自己。其次，情感表达能够提升学生的社交能力。在演绎过程中，学生需要与观众进行情感交流，这需要他们具备良好的沟通能力和同理心。最后，情感表达能够培养学生的审美能力和创造力。通过创作和演绎，学生可以更加敏锐地感受到音乐中的美，从而提升自己的审美能力；同时，创作和演绎也是对学生创造力的一种锻炼，让他们学会如何用音乐去创造美。

总之，音乐教育中的情感表达途径是丰富多样的，它们为学生提供了展示自己内心世界的舞台。通过创作和演绎，学生可以深入挖掘自己的情感世界，并将其转化为音乐的力量，让观众在情感上产生共鸣。这种情感表达不仅有助于学生的个人成长和发展，还能促进他们与他人的情感交流和理解，让音乐成为连接心灵的桥梁。

（三）音乐教育对情感认知和情绪调节的促进作用

音乐教育在学生的成长过程中扮演着至关重要的角色，它不仅有助于学生的情感表达，更能深化他们的情感认知，有效地调节情绪。这一作用在学生的心理健康和个人发展中具有不可替代的价值。

音乐教育通过引导学生欣赏和理解音乐作品中的情感内容，促进他们的情感认知深化。音乐作品往往蕴含着丰富的情感元素，这些元素通过旋律、节奏、和声等手段得以表达。在音乐教育的过程中，教师会引导学生深入分析这些作品，感受其中的喜怒哀乐，从而更好地认识和理解自己的情感世界。这种情感认知的深化有助于学生形成更加成熟和稳定的情感态度，使他们能够更加自如地应对生活中的各种情感挑战。

音乐教育还能帮助学生提升情绪调节能力。在创作和演绎音乐作品的过程中，学生可以通过音乐来表达自己的情感，从而释放内心的压力。这种情感的释放有助于学生保持心理平衡，避免情感压抑和情绪失控。同时，音乐作品本身也具有舒缓、激励等不同的情绪调节作用。例如，柔和的旋律和自然的节奏可以帮助学生放松身心，缓解紧张情绪；而激昂的乐章和强烈的节奏则可以激发学生的热情和动力，使他们更加积极地面对生活。

音乐教育在情绪调节方面的作用还体现在它的预防性上。通过长期的音乐教育，学生可以培养出一种对音乐的敏感性和鉴赏力，这种能力使他们能够在日常生活中主动选择适合自己的音乐作品来调节情绪。这种预防性的情绪调节有助于学生保持良好的心理状态，提高他们的生活质量和幸福感。

除了上述直接作用外，音乐教育还能通过培养学生的团队协作能力和自信心等间接方式促进他们的情感认知和情绪调节。在音乐教育的过程中，学生需要与他人合作完成各种音乐活动，如合唱、合奏等。这种团队协作的经历有助于学生学会与他人沟通和协作，从而更好地处理人际关系中的情感问题。同时，音乐教育还能为学生提供展示自我才能的平台，使他们在表演中建立自信心，从而更加自信地面对生活中的各种挑战。

音乐教育在促进学生情感认知和情绪调节方面具有显著的作用。通过深化情感认知、提高情绪调节能力以及培养团队协作能力和自信心等途径，音乐教育有助于学生的心理健康和个人发展。因此，我们应该重视音乐教育在学生成长过程中的作用，充分发挥其在情感教育和心理健康教育中的独特价值。

二、音乐教育与创造力和想象力的深度培养

随着社会的不断发展和进步，对于人才的需求也在不断地发生变化。在当今社会，创造力和想象力已经成为衡量人才的重要标准之一。而音乐教育，作为一种充满艺术感染力的教育形式，正是培养这两种能力的重要途径。

（一）音乐教育与创造力的培养

创造力代表着个体能够跨越已知，探索未知，产生出新颖、独特且有价值的思维成果。在音乐这一艺术领域中，创造力更是其灵魂所在。音乐教育作为培育这一灵魂的摇篮，无疑在学生的创造力培养上扮演着举足轻重的角色。

音乐，无论是创作还是表演，其本质都是一种创造性的活动。它不像数学有固定的公式，也不像物理有明确的定律，音乐更多的是一种情感的流露，一种灵魂的呐喊，一种对美好生活的追求和向往。因此，音乐教育不仅仅是教会学生如何唱歌、如何弹奏乐器，更重要的是引导他们如何发挥自己的想象力和创造力，创作出能够触动人心的音乐作品。

在音乐教育的实践中，教师们深知创造力的培养不是一蹴而就的，它需要一个持续的过程，需要学生不断地尝试、探索和创新。因此，他们通常会采用引导式的教学方法，鼓励学生积极参与各种音乐创作和表演活动。这些活动为学生提供了一个展示自我、发挥创造力的平台，同时也帮助他们更好地理解和掌握音乐知识和技能。例如，通过即兴创作，学生可以自由地表达自己的情感，不受任何束缚地探索音乐的无限可能。这种创作方式不仅能够培养学生的音乐感觉，更能激发他们的创造力，帮助他们创作出具有个性和艺术性的音乐作品。而改编歌曲则要求学生在原有的基础上进行创新，这既考验了他们的音乐素养，也锻炼了他们的创造力。

除此之外，音乐教育还注重培养学生的批判性思维。在音乐欣赏和评论中，学生需要学会从不同的角度分析和评价音乐作品，这不仅能够提高他们的音乐鉴赏能力，还能够培养他们的批判性思维，为他们的创造力提供更为广阔的思维空间。

总的来说，音乐教育在培养学生的创造力方面具有得天独厚的优势。通过引导学生参与各种音乐创作和表演活动，音乐教育能够有效地激发学生的创造力，帮助他们创作出具有独特性和艺术性的音乐作品。同时，音乐教育还能够培养学生的批判性思维，为他们的创造力提供更为坚实的思维基础。因此，我们应该更加重视音乐教育在创造力培养方面的作用，让更多的学生能够在音乐的海洋中自由地遨游，

尽情地挥洒自己的创造力。

（二）音乐教育与想象力的培养

想象力，被誉为人类心灵的翅膀，它使个体能够超越现实的束缚，遨游于无限的可能之中。在音乐这一充满艺术魅力的领域里，想象力更是如同灵魂般的存在，为音乐作品注入了生命与活力。而音乐教育，作为培育学生想象力的重要土壤，无疑在学生的想象力培养上扮演着举足轻重的角色。

音乐作品，无论是古典还是现代，都蕴含着丰富的情感内容和艺术元素。它们通过旋律、节奏、和声等音乐语言，描绘出一幅幅生动的音乐画卷。然而，这些画卷并不是直观的，而是需要学生通过自己的想象去感受和理解。因此，在音乐教育的过程中，教师会引导学生欣赏和理解各种音乐作品，鼓励他们发挥自己的想象力，去探寻音乐作品背后的意境和情感。当学生在欣赏一首描绘自然景色的音乐作品时，他们可以通过自己的想象来感受作品中的鸟语花香、流水潺潺等自然元素。这种想象不仅有助于学生对音乐作品的理解，更能激发他们的创造性思维，使他们在音乐的世界中自由翱翔。而这种翱翔并不是无序的，它需要学生在已有的知识和经验的基础上进行联想和想象，从而形成新的形象或情境。

音乐教育在培养学生的想象力方面具有独特的优势。首先，音乐作品本身的抽象性和艺术性为学生提供了广阔的想象空间。学生可以不受任何束缚地去想象音乐作品的各种可能，这种自由想象的过程本身就是对学生想象力的一种锻炼。其次，音乐教育注重学生的情感体验。通过引导学生深入感受音乐作品中的情感内容，音乐教育能够激发学生的情感共鸣，从而使他们在想象的过程中更加投入和真实。

此外，音乐教育还注重培养学生的批判性思维。在音乐欣赏和评论中，学生需要学会从不同的角度分析和评价音乐作品。这种批判性思维的培养不仅能够提高学生的音乐鉴赏能力，还能够使他们在想象的过程中更加客观和全面。

（三）音乐教育与创造力和想象力的互动关系

音乐教育与创造力和想象力之间存在着紧密而微妙的互动关系。音乐，作为一种无形的艺术形式，其本身便是对现实世界的抽象和再创造，因此，它天然地与想象力和创造力紧密相连。

创造力在音乐教育中十分重要。创造力是一种独特的思维能力，它使人能够超越传统的束缚，探索未知的领域，产生新颖、独特的思维成果。在音乐教育中，创造力的培养尤为重要。无论是作曲、演奏还是演唱，都需要学生具备一定的创造力，才能将音乐作品演绎得更加生动、富有感染力。然而，创造力的培养并非凭空而来，它需要建立在一定的想象力基础之上。想象力是一种能够超越现实、构建虚拟世界的能力。在音乐教育中，想象力是学生感知和理解音乐的重要工具。通过想象，学生可以将抽象的音乐符号转化为具体的音乐形象，从而更加深入地理解音乐的内涵和魅力。同时，想象力也能够激发学生的创作灵感，为他们的音乐创作提供源源不断的动力。

想象力的培养需要创造力的支持。在音乐教育中，学生需要不断地尝试、创新和实践，才能拓展自己的想象空间，形成更加丰富多彩的想象内容。例如，在演奏一首乐曲时，学生不仅需要准确地把握音符和节奏，还需要通过自己的想象和理解，赋予乐曲独特的情感和意境。这种创造性的演奏过程，不仅能够提升学生的演奏技巧，还能够培养他们的想象力和创造力。此外，音乐教育中的创造力和想象力也是相互促进的。学生在创作过程中，需要运用自己的想象力来构思音乐作品的主题、旋律和结构等要素，同时也需要发挥自己的创造力来将这些要素有机地结合在一起，形成一首完整的音乐作品。而这种创作过程本身，就是对学生想象力和创造力的一种锻炼和提升。

音乐教育在培养创造力和想象力方面具有独特的作用。通过引导学生参与各种音乐创作和表演活动以及欣赏和理解音乐作品的过程，音乐教育能够有效地锻炼学生的创造力和想象力。因此，我们应该重视音乐教育在学生创造力和想象力培养方面的作用，积极推广和实践音乐教育理念和方法。同时，为了更好地发挥音乐教育的作用，我们还应该注重教师队伍的建设、课程体系的完善以及教学方法的创新等方面的工作。通过这些努力，我们相信能够更好地培养出具备创造力和想象力的优秀人才，为社会的发展和进步做出更大的贡献。

三、音乐教育与社交能力和团队协作精神的深度提升

在当今高度互联的社会中，个体的社交能力和团队协作精神对于个人发展和社会融入至关重要。音乐教育，作为一种注重实践、合作与创新的教育形式，为学生提供了锻炼这些能力的宝贵机会。通过音乐教育，学生不仅可以提升音乐技能和艺术修养，还可以培养广泛的社交能力和团队协作精神。

（一）音乐教育与社交能力的提升

1.合作性学习与沟通技巧的深入培养

音乐教育中的合作性学习不仅是学生之间的简单合作，更是一种深入交流和思想碰撞的过程。在合作性学习中，学生需要与他人共同探讨音乐作品的创作背景、情感表达、演奏技巧等方面的问题。这种深入的交流要求学生具备良好的沟通技巧，能够清晰地表达自己的观点，并善于倾听他人的意见。通过合作性学习，学生

可以锻炼自己的口头表达能力和书面表达能力，学会用音乐术语来描述和分析音乐作品，从而提高自己的音乐素养和审美能力。

同时，合作性学习还要求学生具备处理分歧和冲突的能力。在合作过程中，学生之间难免会出现意见不合的情况。这时，学生需要学会如何妥善处理分歧，寻求共识和妥协。这种处理分歧的能力对于学生的社交能力和未来职业发展具有重要意义。

2. 共情能力与情感表达的进一步培养

音乐教育注重学生的情感表达，要求学生通过音乐来表达自己的情感和思想。这种表达要求学生具备一定的共情能力，即能够理解他人的情感和需求，并将其融入自己的音乐表达中。通过音乐教育中的演唱、演奏等活动，学生可以更加深入地理解音乐作品中所蕴含的情感，从而培养自己的共情能力。

此外，音乐教育还鼓励学生通过音乐创作来表达自己的情感和思想。在创作过程中，学生需要深入挖掘自己的内心世界，将自己的情感和思想转化为音乐语言。这种创作过程不仅有助于学生的情感表达，还能够培养学生的创新能力和想象力。

（二）音乐教育与团队协作精神的培养

1. 团队表演与集体责任感的强化

团队表演是音乐教育中培养学生团队协作精神的重要途径。在团队表演中，每个学生都有自己的角色和职责，他们的表现直接影响到整个团队的效果。通过团队表演，学生可以深刻体会到集体力量的重要性，从而培养起强烈的集体责任感和团队精神。这种精神不仅有助于学生在音乐领域取得更好的成绩，还会渗透到他们生活的其他方面，为他们的未来发展打下坚实的基础。

同时，团队表演还要求学生具备相互支持和鼓励的品质。在团队表演中，每个成员都需要得到其他成员的认可和支持，才能够更好地发挥自己的优势。这种相互支持和鼓励的氛围有助于培养学生的自信心和自尊心，使他们在面对挑战时更加勇敢和坚定。

2. 师生互动与团队合作能力的全面提升

在音乐教育中，师生互动是培养学生团队合作能力的重要手段。教师需要与学生建立良好的互动关系，鼓励学生积极参与团队活动，提出自己的建议和意见。同时，教师还需要通过示范和引导，帮助学生掌握团队合作的技巧和方法。这种师生互动不仅可以提高学生的学习兴趣和积极性，还能够培养学生的团队合作能力和领导能力。

此外，音乐教育中的团队创作和排练等活动也要求学生具备良好的团队合作能力。在这些活动中，学生需要相互协作、相互配合，共同完成任务。通过这些活动，学生可以学会如何与他人合作、如何发挥自己的优势来支持团队的目标、如何处理团队中的冲突和问题等。这些能力的培养对于学生的未来职业发展和社会融入具有重要意义。

（三）音乐创作与解读中的社交能力与团队协作

1. 音乐创作中的合作与沟通

音乐创作是一个需要深度合作与沟通的过程。在创作过程中，作曲家、编曲家、演奏家等各方需要密切合作，共同将音乐作品呈现出来。对于学生而言，参与音乐创作不仅是对音乐技能和创作能力的极致挑战，更是一次提升沟通技巧和团队协作能力的绝佳机会。他们必须与团队成员紧密合作，从最初的灵感碰撞到作品的最终呈现，每一步都离不开深入的交流和协作。

在创作过程中，学生们需要共同讨论音乐构思，这要求他们不仅要能够清晰地表达自己的想法，还要学会倾听他人的意见，从中汲取灵感。分析乐谱时，他们更是需要相互协作，确保每个音符、每个节奏都准确无误。而在调整演奏细节时，他们更是需要发挥团队精神，相互支持，共同追求音乐作品的完美。

这一过程对学生的社交能力和团队协作精神提出了极高的要求。他们不仅要学会如何与他人有效沟通，还要学会如何在团队中发挥自己的优势，同时尊重和欣赏他人的贡献。通过这样的合作与沟通，学生们不仅能够创作出优秀的音乐作品，更能够在人际交往和团队协作方面获得宝贵的经验和成长。

2. 音乐解读中的共情与分享

音乐解读，作为音乐教育中至关重要的一环，不仅是理解音乐作品内涵的桥梁，更是培养学生共情能力与分享精神的沃土。在这一过程中，学生深入探索音乐作品的内在世界，通过音符的起伏、旋律的流转，感受作曲家想要传达的情感与思想。

共情能力的运用在音乐解读中尤为关键。学生需要设身处地地想象自己置身于作曲家的创作环境中，体会那份独特的情感表达。这种跨时空的情感交流，不仅增强了学生对音乐作品的理解，更锻炼了他们的共情能力，使他们在日常生活中也能更加敏锐地感知他人的情感变化，增进人际间的理解与交流。音乐解读也是一个分享的过程。在解读音乐作品时，学生不仅要内化自己的理解，还要将其外化，与他人进行交流和分享。这种分享不仅限于音乐技巧的分析，更多的是对音乐作品背后深层次情感和思想的探讨。通过与团队成员的共同探讨，学生可以学会如何更加清晰地表达自己的观点，如何在交流中倾听他人的意见，从而进一步丰富和深化自己对音乐作品的理解。

音乐教育在深度提升学生的社交能力和团队协作精神方面具有重要作用。通过合作性学习、团队表演、师生互动以及音乐创作与解读等环节，音乐教育能够全面培养学生的沟通技巧、共情能力、集体责任感、创新能力以及团队合作能力等关键能力。这些能力的培养不仅有助于学生在音乐领域取得更好的成绩，还能够为他们在现代社会中的全面发展提供有力支持。因此，我们应该更加重视音乐教育在培养学生关键能力方面的作用，为他们的未来发展创造更多可能性。同时，我们也应该鼓励学生在日常生活中积极运用所学的社交能力和团队协作精神，为自己的生活增添更多色彩和价值。

四、音乐教育与个性及自我认同的深度塑造

音乐教育作为一种注重情感表达和个体体验的艺术形式，通过多元化的音乐体验、表现机会、师生互动以及音乐的社会文化背景，不仅与学生的个性发展紧密相连，还为他们提供了实现自我认同和价值的平台，提供了独特的个性发展和自我认同的机会。

（一）音乐教育与个性的多维关联

在探讨音乐教育与个性的多维关联时，我们不禁被这两者之间深厚的联系所吸引。音乐教育，作为一种充满情感、创造性和艺术性的教育方式，与个体的个性发展之间存在着一种天然的、无法割裂的联系。这种联系不仅仅体现在音乐类型的选择上，更是深入到音乐学习过程中的每一个环节，从而对学生的个性产生深远影响。

1. 音乐风格的多样性为学生提供了展现个性的广阔舞台

在音乐教育中，学生有机会接触到各种各样的音乐风格，从古典到流行，从摇滚到爵士，每一种音乐风格都有其独特的韵味和情感表达方式。学生在选择自己喜爱的音乐风格时，实际上也在无形中展现了自己的个性特点。例如，喜欢古典音乐的学生可能更加内敛、沉稳，而热爱摇滚乐的学生则可能更加热情、奔放。这种音乐风格的选择与个性特点的契合，使得学生在音乐学习中能够更加自如地表达自己的情感和想法。

2. 音乐教育中的历史时期和文化背景也为学生的个性发展提供了丰富的土壤

音乐不仅是一种艺术形式，更是一种文化现象。在学习音乐的过程中，学生不仅需要掌握音乐技巧和理论知识，更需要了解音乐所处的历史时期和文化背景。这种跨学科的学习方式不仅有助于拓宽学生的视野，更能够激发他们的创造力和想象

力。通过对不同历史时期和文化背景的音乐进行学习和理解，学生可以更加深入地了解自己的内心世界和情感需求，从而更加准确地把握自己的个性特点。

3. 音乐教育中的即兴创作和表演活动更是为学生提供了展现个性的独特舞台

在这些活动中，学生可以不受任何束缚地自由表达自己的情感和想法。他们可以通过音乐来宣泄情绪、表达观点、传递信息，甚至可以通过音乐来与他人进行沟通和交流。这种自由表达的方式不仅有助于学生的个性发展，更能够培养他们的创新思维和解决问题的能力。因为在即兴创作和表演中，学生需要不断地进行尝试、探索和创新，以找到最适合自己的表达方式。这种过程实际上就是一种对个性的不断挖掘和塑造。

4. 音乐教育中的师生互动对学生的个性发展产生积极影响

在音乐教育中，教师不仅是知识的传授者，更是学生情感的引导者和个性的塑造者。通过与学生的互动和交流，教师可以更加深入地了解学生的内心世界和情感需求，从而为他们提供更加个性化的教学方案和指导建议。这种师生互动的过程不仅有助于增进师生之间的感情，更能够激发学生的学习兴趣和动力，使他们在音乐学习中不断追求自我、展现个性。

综上所述，音乐教育与个性之间存在着多维度的关联。通过音乐教育，学生可以接触到多样的音乐风格、历史时期和文化背景，从而为自己的个性发展奠定坚实基础。同时，音乐教育中的即兴创作、表演活动以及师生互动等环节也为学生提供了展现个性的独特舞台。

（二）音乐教育与自我认同的多层次增强

自我认同是个体在成长和发展过程中，对自我价值、能力和角色的认识和接受。音乐教育，作为一种充满情感和艺术性的教育方式，通过多种方式增强学生的自我认同，帮助他们建立积极的自我形象，实现自我价值。

1. 音乐表演和创作为学生提供了展示才华和个性的重要平台

在音乐表演中，学生可以通过演奏、演唱等方式，将自己的音乐理解和情感表达出来。这种表达方式不仅是对音乐作品的再创作，更是学生自我认同的一种体现。当学生通过自己的努力和表现获得他人的认可和赞赏时，他们会感到自我价值的实现和成就感的满足，从而提升自信心和自尊心。这种自信心的提升不仅有助于学生在音乐领域的进一步发展，还能够激励他们在其他领域也追求卓越，实现更广泛的自我认同。音乐创作也是学生自我认同的重要途径。在创作过程中，学生可以将自己的情感、经历和思考融入音乐作品中，通过音乐来表达自己的内心世界。这种创作过程不仅是对学生音乐技能的锻炼，更是对他们自我认知的深化。通过创作，学生可以更加清晰地认识自己的情感需求和价值观，从而更加坚定地走向自我实现的道路。

2. 音乐教育中的师生互动和团队合作对学生的自我认同产生积极影响

在师生互动中，教师可以通过鼓励、引导和支持，帮助学生认识和发展自己的音乐潜力和才华。这种正向的反馈不仅有助于学生的技能提升，更能够激发他们的学习动力和自信心。同时，教师还可以通过与学生的交流和互动，了解他们的内心世界和情感需求，从而为他们提供更加个性化的教学方案和指导建议。这种关注和理解有助于学生建立积极的自我形象，实现自我认同。

3. 在团队合作中学生可以在与他人合作的过程中找到自己的位置和价值

在乐队、合唱团等集体表演中，每个学生都扮演着不可或缺的角色，他们的表现直接影响到整个团队的效果。通过团队合作，学生可以学会倾听、沟通、协调和配合，这些技能不仅有助于他们在音乐领域的成功，还能够为他们的未来生活和职业发展奠定坚实基础。更重要的是，在团队合作中，学生可以感受到集体的力量和归属感，这种归属感是他们自我认同的重要组成部分。

4. 音乐教育通过多种方式增强学生的自我认同

音乐表演和创作为学生提供了展示自己才华和个性的平台，帮助他们实现自我价值和提升自信心；师生互动和团队合作则让学生在互动和合作中找到自己的位置和价值，增强集体归属感和自我认同。这些经历不仅有助于学生在音乐领域的成长和发展，还能够为他们的全面发展和未来生活奠定坚实基础。

（三）音乐教育与文化背景的交融

音乐教育不仅仅关注音乐本身，更深入地，它注重音乐所处的社会文化背景。这种对文化背景的关注，使得音乐教育成为一个连接不同文化、促进跨文化交流的桥梁。

1. 音乐教育通过引入不同国家和地区的音乐文化为学生打开了一个全新的世界

在这个世界中，学生可以接触到各种各样的音乐风格、乐器和表演方式。每一种音乐都承载着其特有的文化内涵和历史背景，通过学习和了解这些音乐，学生可以深入到不同文化的内部，感受其独特的魅力和价值。这种跨文化的体验，不仅帮助学生拓宽了视野，更增进了他们对不同文化的理解和尊重。他们开始认识到，音乐不仅仅是音符的组合，更是一种文化的表达和传承。

2. 跨文化的体验对于学生的个性发展产生了积极的影响

在接触不同音乐文化的过程中，学生会发现自己的兴趣点和偏好。他们可能对某种音乐风格产生了浓厚的兴趣，或者对某种乐器产生了强烈的探索欲望。这种发现和探索的过程，实际上也是学生自我认知和自我实现的过程。他们开始更加清晰地认识到自己的个性和价值，从而更加自信地面对生活和学习中的挑战。

3. 音乐教育鼓励学生深入挖掘文化根源和传统音乐

对于每一个学生来说，他们的文化背景都是独一无二的，其中蕴含着丰富的音乐传统和元素。通过学习和表演本民族的音乐，学生可以更加深入地了解自己的文化背景和身份认同。这种对传统文化的认识和传承，不仅有助于学生的自我认同，更能够增强他们的民族自豪感和文化自信心。他们开始意识到，自己不仅是一个独立的个体，更是一个承载着丰富文化遗产的传承者。

4. 音乐教育在培养学生全球意识和跨文化交际能力方面发挥着重要作用

在全球化的今天，跨文化交流已经成为一种必备的能力。通过音乐教育的培养，学生可以更加自如地与来自不同文化背景的人进行交流和合作。他们不仅可以用音乐作为交流的媒介，更可以用音乐作为理解和尊重不同文化的工具。这种全球意识和跨文化交际能力，对于学生的未来发展具有重要意义。

五、音乐教育与道德品质及价值观的深度塑造

在 21 世纪的教育背景下，学生的全面发展成为教育的核心目标。其中，道德品质和价值观的培养尤为关键。音乐教育，作为一种情感丰富、艺术性强的教育方式，对学生道德品质和价值观的塑造具有深远的影响。音乐教育不仅是音乐技能与知识的传递，更深刻地在于对学生内在品质与价值观的熏陶与培养。通过音乐的韵律与情感，它触及学生的心灵深处，潜移默化中引导他们形成积极向上的道德品质和正确的价值观。在这个过程中，学生的情感得到升华，道德观念得到巩固，价值观得到塑造，从而实现音乐教育与道德品质及价值观的深度融合与共同提升。

（一）音乐教育与道德品质的多维度塑造

音乐教育通过情感熏陶与道德认知、音乐故事与道德启示、集体合作与道德实践三个维度的共同作用，多维度地塑造了学生的道德品质。

1. 情感熏陶与道德认知

音乐作品所蕴含的情感因素，对于学生的道德认知有着深远的影响。每一首音乐作品都是作曲家情感的载体，它们或激昂、或沉静、或欢快、或忧郁，这些情感因素在音乐的旋律和节奏中得以充分展现。当学生在欣赏音乐作品时，他们的情感会被激发，与作品产生共鸣。例如，一些描绘英雄事迹的音乐作品，能够激发学生的崇敬之情，使他们在心灵深处对勇敢、正义等道德品质产生认同和向往。这种情感熏陶的过程，实际上就是学生道德认知形成的过程。

2. 音乐故事与道德启示

音乐作品背后的故事和寓意，往往能够给学生带来深刻的道德启示。许多音乐作品都蕴含着丰富的文化内涵和人生哲理，它们通过音乐的语言，向学生讲述着一个个生动的故事。在这些故事中，学生可以体会到善良、诚实、坚韧不拔等道德品质的力量。例如，通过欣赏贝多芬的《命运交响曲》，学生可以感受到作曲家在逆境中坚韧不拔的精神力量，从而在日常生活中更加勇敢地面对困难和挑战。这种音乐故事与道德启示的融合，使得学生在欣赏音乐的同时，也得到了道德的滋养。

3. 集体合作与道德实践

音乐教育中的集体活动，如合唱、合奏等，对于学生的道德实践能力的培养具有重要意义。在这些集体活动中，学生需要与他人紧密合作，共同完成任务。这种合作过程不仅要求学生具备良好的团队协作能力，还要求他们具备互相尊重、互相帮助的道德品质。在合作中，学生会逐渐认识到个人的力量是有限的，只有与他人携手合作，才能取得更好的成果。这种认识会促使他们在日常生活中更加注重团队合作，更加珍惜与他人的友谊和信任。这种集体合作与道德实践的结合，使得音乐教育在塑造学生道德品质方面发挥了独特的作用。

（二）音乐教育与价值观的全面影响

1. 文化多样性与价值包容

通过学习和欣赏不同国家、不同文化的音乐作品，学生可以接触到各种各样的价值观和世界观。这种多元文化的体验，对于学生的成长来说是无比宝贵的。它不仅扩展了学生的视野，还培养了他们的跨文化理解能力。这种能力使学生能够更加开放地看待世界，更加包容地接纳不同的文化和价值观。

更重要的是，这种文化多样性的体验还有助于培养学生的价值包容心态。在当今这个多元化的世界里，价值冲突和观念碰撞是常有的事。一个具备价值包容心态的人，能够更好地处理这些冲突和碰撞，保持内心的平和与稳定。音乐教育通过引导学生接触和理解不同的文化和价值观，为培养这种价值包容心态提供了有力的支持。

2. 艺术审美与价值判断

音乐作品，作为一种艺术形式，蕴含着丰富的审美元素。这些元素包括旋律、节奏、和声、音色等，它们共同构成了一个完整的音乐作品。在音乐教育中，教师会引导学生去聆听、分析这些元素，从而培养他们的艺术审美能力。通过不断的练习和体验，学生会逐渐学会如何辨别音乐作品中的美与丑。他们会发现，一些音乐作品之所以能够打动人心，是因为它们在旋律、节奏等方面都达到了和谐与完美的统一，而这种和谐与完美正是美的体现。

音乐作品也往往承载着一定的道德和伦理观念，这些观念通过音乐的语言得以传达。在音乐教育中，教师不仅仅是在教授学生如何唱歌或演奏乐器，更重要的是在引导他们去理解音乐作品背后的深层含义。通过分析和讨论音乐作品中的道德和伦理观念，学生可以更加清晰地认识到善与恶的区别。这种对善与恶的认识，会进一步影响他们的价值判断，使他们在日常生活中更加注重道德修养和品格塑造。

3. 音乐创作与价值表达

音乐创作是一种极具创新性的艺术活动。它要求学生运用所学的音乐知识和技能，结合个人的想象力和创造力，创作出具有独特风格的音乐作品。在这个过程中，学生需要不断地尝试、探索和创新，从而培养出独立思考和解决问题的能力。这种创新能力不仅对学生的音乐学习有着积极的推动作用，还将对他们的未来生活和职业发展产生深远的影响。

音乐创作为学生提供了一个表达自我价值观的平台。每个学生都有自己独特的生活经历和情感体验，他们可以通过音乐创作将这些经历和情感表达出来，与他人分享自己的故事和心声。在音乐作品中，学生可以自由地表达自己的思想、情感和价值观，不受任何束缚和限制。这种自我表达的过程不仅有助于学生建立自信心和认同感，还能够促进他们的自我认知和价值观的形成。

（三）音乐教育在道德品质与价值观塑造中的独特作用

音乐教育在道德品质与价值观塑造中的独特作用主要体现在以下 3 个方面。

1. 潜移默化

音乐作品通过其独特的艺术形式和表达方式，如旋律、节奏、和声、音色等，将道德观念和价值观以无形的方式渗透到学生的心灵深处。这种影响是渐进的、长期的，往往比直接的说教更为深入和持久。学生在欣赏音乐作品的过程中，会不自觉地受到其中蕴含的道德观念和价值观的熏陶，从而在不知不觉中提升自己的道德品质和价值取向。这种潜移默化的作用，使得音乐教育成为一种隐性的道德教育，能够在无形中引导学生形成正确的道德观念和价值观。

2. 情感体验

音乐是一种情感的艺术，它能够直接触动人心，引发强烈的情感共鸣。通过音乐教育，学生可以在情感的共鸣中体验到道德的力量和价值的意义。这种体验过程是深刻的、个性化的，能够让学生更加真切地感受到道德观念和价值观的内涵和重要性。同时，情感体验也有助于学生将这些观念内化为自己的行为准则，从而在日常生活中践行道德、坚守价值。此外，音乐教育还能够培养学生的情感表达能力和情感理解能力，使他们能够更好地理解和处理自己的情感，以及与他人进行情感交流。

3. 全面发展

音乐教育不仅注重学生的音乐技能培养，更重视学生的道德品质和价值观的塑造。通过音乐教育，学生可以在提升音乐技能的同时，不断完善自己的道德品质和价值观念，从而成长为具有高尚品质和正确价值观的新时代青年。这种全面发展的教育理念，使得音乐教育成为一种综合性的教育形式，能够在多个方面促进学生的全面发展。

音乐教育在学生的道德品质和价值观的塑造中发挥着不可替代的作用。通过情感熏陶、音乐故事、集体合作以及文化多样性等多方面的影响，音乐教育深入学生的内心世界，引导他们形成积极向上的道德品质和正确的价值观。因此，我们应该更加重视音乐教育在现代教育体系中的地位和作用，充分发挥其独特优势，为学生的全面发展创造更加良好的教育环境。

音乐教育在学生个体发展中具有深入且多元的影响。它不仅能够促进学生情感和创造力的发展，还能提升其社交能力和团队协作精神。同时，音乐教育在塑造学生个性和自我认同以及培养道德品质和价值观方面也发挥着重要作用。因此，我们应该充分重视音乐教育在教育体系中的地位和价值，努力提升音乐教育的质量和水平，以更好地支持学生的全面发展。同时，教师也应该不断探索和创新音乐教育的方法和手段，使音乐教育更加符合学生的需求和特点，为学生的个体发展提供更加有力的支持。

第三节 当前中小学音乐教育面临的问题与挑战

音乐教育作为中小学阶段的重要课程之一，对于培养学生的审美情趣、创新能力以及全面发展具有重要意义。然而，受多种因素的影响，当前中小学音乐教育在实际教学过程中仍面临诸多困难与挑战，亟待解决。

一、教学内容与方法不合理

在中小学音乐教育中，教学内容与方法的选择对于培养学生的音乐兴趣、提升音乐素养具有至关重要的作用。然而，当前音乐教育在这方面正面临着一系列的挑战。

（一）教学内容单一且缺乏更新

1. 教学内容单一——音乐教育的“瓶颈”

长久以来，中小学音乐教育似乎陷入了一种固定的模式。歌唱教学、乐器演奏等传统内容占据了主导地位，而其他丰富多样的音乐元素和形式则鲜有涉及。这种单一的教学内容不仅限制了学生的音乐视野，也剥夺了他们体验多元音乐文化的机会。

学生们在课堂上重复着相同的曲目，缺乏新鲜感和挑战性，对音乐的兴趣和热情逐渐消磨。他们无法领略到音乐的多样性和包容性，也无法通过音乐来表达自己的情感和思想。这种单一的教学内容已成为音乐教育的“瓶颈”，亟待我们打破。

2. 缺乏更新——与时代脱节的隐患

除了教学内容的单一性外，中小学音乐教育还面临着缺乏更新的问题。随着时代的变迁和社会的进步，音乐的形式和风格也在不断地演变和创新。然而，许多学校的音乐教育却未能与时俱进，仍然停留在过去的教学模式和内容上。

现代音乐元素的缺失是一个尤为突出的问题。学生们对流行音乐、电子音乐等现代音乐形式充满好奇和向往，然而在课堂上却难以接触到这些元素。这使得音乐教育与现实社会严重脱节，无法满足学生对现代音乐文化的需求。

同时，多元文化音乐的介绍也不足。在全球化的背景下，各国各民族的音乐文化交融互通，呈现出丰富多彩的景象。然而，中小学音乐教育却未能充分利用这一资源，缺乏对多元文化音乐的引入和介绍。这使得学生们无法领略到世界各地音乐的魅力和多样性，也限制了他们的跨文化交流能力的发展。

（二）重技能轻素养的教学方法

中小学音乐教育中，教学方法的选择和运用对于培养学生的音乐素养和审美能力至关重要。然而，现实中却存在一种普遍的现象：重技能轻素养的教学方法。这种方法过于注重音乐技能的训练，而忽视了对学生音乐素养和审美能力的培养。这不仅影响了学生的全面发展，也违背了音乐教育的初衷。

1. 重技能轻素养的教学方法的体现

在许多中小学音乐课堂上，教师往往将大部分时间用于技能训练，如歌唱技巧、乐器演奏等。他们要求学生反复练习，以达到一定的技能水平。然而，在这种教学方法下，学生往往只是机械地模仿和重复，缺乏对音乐作品的深入理解和感受。

此外，一些教师过于追求技能的提升，而忽略了对学生音乐素养的培养。他们认为只要学生掌握了基本的音乐技能，就能够演奏出优美的音乐。但实际上，音乐素养的提升需要学生具备扎实的音乐理论知识、良好的音乐审美能力和丰富的音乐实践经验。只有这样，学生才能真正理解音乐的内涵和魅力，从而演奏出富有感染力的音乐作品。

2. 重技能轻素养的教学方法的弊端

重技能轻素养的教学方法导致学生难以真正理解音乐的内涵和魅力。音乐不仅是一种技能，更是一种文化和情感的表达方式。如果学生只是机械地模仿和重复，而无法深入理解音乐作品的背景、风格和情感，那么他们就无法真正领略到音乐的魅力。

这种教学方法也无法有效提升学生的综合音乐素养。音乐素养包括音乐理论知识、音乐审美能力、音乐实践经验等多个方面。只有全面提升这些方面的素养，学生才能够更好地理解和表现音乐。然而，重技能轻素养的教学方法往往只关注技能的提升，而忽略了其他方面的培养。这种教学方法还可能引发学生的厌学情绪。在机械的技能训练中，学生很容易感到枯燥和乏味，从而失去对音乐的兴趣和热情。一旦学生失去了兴趣，那么无论教师如何努力，都难以取得良好的教学效果。

（三）缺乏创新性和个性化的教学

在当下这个追求创新和个性化的时代，教育作为培养未来人才的摇篮，更应走在时代的前列。然而，在中小学音乐教育的实际教学中，我们却发现一个令人深思的问题：缺乏创新性和个性化的教学。这种现状不仅限制了学生的音乐学习体验，更影响了他们未来在音乐领域的创造性和个性化发展。

1. 传统教学方式的束缚

在许多中小学音乐课堂上，教师往往沿用传统的教学方式，即教师主导、学生跟随的模式。这种模式下，教师按照既定的教学计划和内容进行教学，学生则被动地接受知识和技能。这种教学方式虽然能够确保教学进度的统一和知识的系统传授，但却忽略了学生个体差异和个性化需求。

2. 学生个体差异的忽视

每个学生都是独一无二的个体，他们在音乐学习上的兴趣、天赋和潜力都各不相同。然而，在传统的教学模式下，教师往往无法充分关注到每个学生的个体差异。他们只能根据大部分学生的平均水平和需求来制定教学计划，导致部分学生的音乐学习需求无法得到满足。

3. 创新性教学方法的缺失

创新性教学方法是激发学生学习兴趣、培养学生创造力的关键。然而，在中小学音乐教育中，许多教师却缺乏创新性教学方法的应用。他们仍然采用单一的教学手段，如讲解、示范、模仿等，无法为学生提供多样化的学习体验。这种教学方法的缺失不仅影响了学生的学习兴趣和积极性，更限制了他们在音乐领域的创造性发展。

（四）理论与实践脱节

音乐的实践性是不言而喻的，无论是歌唱、演奏，还是创作，都需要通过实践来真正体验和掌握。然而，在中小学音乐教育的现实中，我们却常常看到理论与实践之间的鸿沟，这不仅影响了学生的学习效果，更阻碍了他们在音乐道路上的深入探索。

1. 重理论轻实践的教学倾向

在许多中小学音乐课堂上，教师往往将大部分时间用于理论知识的讲解，如音乐史、乐理、曲式分析等。这些理论知识固然是音乐学习的基础，但过分强调理论却忽视了音乐的实践性本质。学生虽然在课堂上学习了大量的音乐知识，但却缺乏实际操作和实践表演的机会，导致他们无法真正理解和感受音乐的魅力。

2. 实践教学的重要性被忽视

实践教学是音乐教育中不可或缺的一部分，它能够帮助学生将所学理论知识应用于实际情境中，提高学生的音乐技能和表演能力。然而，在实际的教学过程中，许多教师却忽视了实践教学的重要性。他们往往认为实践教学只是理论教学的辅助手段，甚至将其视为可有可无的部分。这种观念的存在严重影响了实践教学的开展和质量。

3. 理论与实践脱节的后果

理论与实践脱节会导致一系列严重后果。首先，学生的音乐学习变得抽象和空洞。他们只是机械地记忆理论知识，而无法真正理解其内涵和意义。其次，学生的音乐技能和表演能力无法得到有效提升。缺乏实践操作的机会，他们无法将所学理论知识转化为实际技能，也无法通过表演来展示自己的音乐才华。最后，学生的音乐学习兴趣和热情会逐渐消退。在枯燥的理论学习中，他们无法感受到音乐的乐趣和魅力，从而失去对音乐学习的动力。

二、师资力量不足

在中小学音乐教育中，师资力量是保证教学质量和效果的关键因素之一。然而，当前许多学校面临着师资力量不足的困难，具体表现在以下三个方面。

（一）专业教师匮乏对中小学音乐教育的影响

中小学音乐教育在培养学生综合素质和审美能力方面扮演着重要角色，而专业教师无疑是这一教育过程中的关键力量。然而，当前许多学校都面临着专业教师数量不足的问题，这无疑给音乐教育的正常开展和质量的提升带来了一定的挑战。

1. 教师资源紧张，音乐课程安排受限

在许多中小学中，由于音乐教师资源的紧张，学校往往难以按照理想的课程安排来开展音乐教学活动。这有时表现为音乐课程的缩减或临时调整，从而间接影响了学生通过音乐教育获得全面发展的机会。音乐，作为一种能够触及心灵、培养情操的艺术形式，对学生的成长具有不可替代的作用。因此，专业教师的短缺不仅影响了教学计划的正常执行，也在一定程度上限制了学生综合素质的提升。

此外，当专业教师资源不足时，学校有时不得不依赖非专业教师来填补这一空缺。这些教师尽管尽力而为，但由于缺乏专业的音乐背景和教学经验，可能难以提供高质量的音乐教学。这不仅影响了学生的学习体验，也可能降低他们对音乐的兴趣和热情。

2. 教师专业素养不均，影响教学质量

音乐是一门高度专业的艺术领域，要求教师具备深厚的音乐理论功底、熟练的演奏技能以及有效的教学方法。然而，在现实中，由于各种因素的影响，一些学校的音乐教师可能并未达到这一理想标准。他们的专业素养和教学能力可能存在不足，这在一定程度上影响了音乐教学的质量和效果。

当教师的专业素养不足时，他们可能难以有效地传授音乐知识和技能给学生。这不仅限制了学生在音乐领域的发展潜力，也可能让他们失去对音乐的兴趣和热爱。同时，教师的教学方法如果过于单一或陈旧，也可能无法激发学生的学习兴趣和创造力。

3. 缺乏专业指导，学生音乐素养提升受限

专业教师不仅在课堂教学上发挥作用，更在课后指导和培养学生音乐素养方面扮演着重要角色。他们通过个性化的教学、课后的辅导以及音乐活动的组织，帮助学生深化对音乐的理解和热爱。然而，当专业教师资源不足时，学生往往难以获得这种全面而深入的指导。

缺乏专业教师的指导可能使学生在音乐学习的道路上感到迷茫和困惑。他们可能无法找到适合自己的学习方法和路径，也可能在音乐技能和素养的提升上遇到瓶颈。这种情况长期下去不仅会影响学生在音乐领域的成就和发展，还可能对他们的自信心和心理健康产生不利影响。

（二）教师培训与发展机会在音乐教育中的局限性

音乐教师的专业成长和持续发展对于提升音乐教育的质量具有不可估量的价

值。然而，现实中我们不难发现，音乐教师在获取培训和发展机会时常常面临种种困境，这无疑对他们的专业进步和教育教学的深化构成了障碍。

1. 学校资源分配中对音乐教育的考量

在中小学的教育生态中，音乐课程相较于语文、数学等主科，有时确实难以获得同等的关注。这种情形在学校的资源分配上体现得尤为明显，不仅影响了音乐课程的资源配置，也间接波及音乐教师的培训和发展机会。

学校在做整体规划和资源分配时，虽然也意识到音乐教育的重要性，但由于种种原因，如考核标准、社会期待等，可能不得不将更多的资源和机会向主科倾斜。这导致音乐教师在寻求专业培训、学术研讨等方面的支持时，往往感受到资源和机会的稀缺。

2. 经费与时间对教师发展的双重约束

经费和时间的紧张是许多学校共同面临的问题，而在音乐教师的培训和发展上，这两方面的限制尤为突出。

在经费层面，学校的预算往往需要优先保障日常教学和基础建设的需要，留给教师培训的经费自然有限。对于音乐教师而言，他们可能因此错过了一些有价值的培训机会，或者即使参加了培训，也难以获得充分的资源支持。

在时间方面，音乐教师的教学任务和其他校园活动已经占据了他们大量的时间。这使得他们在寻求专业发展时，常常面临时间上的冲突和选择。一些教师虽然有强烈的培训愿望，但受限于繁重的工作安排，不得不做出取舍。

3. 培训体系与资源的不足

即便学校有意支持音乐教师的培训和发展，但现实中缺乏系统的培训体系和充足的资源也是一大难题。

学校在构建培训体系时，可能由于对音乐教育的特点和需求了解不足，导致培训内容、方式等与实际需求脱节。同时，培训资源的匮乏也使得教师在寻求专业发展时感到力不从心。例如，缺乏专业的培训师资、针对性的培训课程以及实践性的培训环境等，都可能影响音乐教师培训的效果和深度。

（三）教师工作负担重、激励机制不足

1. 音乐教师的工作多元化与负担

音乐教师的工作内容远非单一的课堂教学所能涵盖。除了授课之外，他们还需参与课外辅导、策划和组织音乐活动等，这些工作共同构成了音乐教育的丰富内涵。

一方面是课堂教学的深度与广度。音乐课堂是音乐教师展示专业才华的主舞

台。为了给学生提供高质量的音乐教育，音乐教师需要深入挖掘教材，精心设计教学活动，不断创新教学方法。这一过程中，他们需要投入大量的时间和精力，以确保课堂教学的效果。另一方面是课外辅导与活动的挑战。课外辅导是音乐教师对学生个体差异关注的体现，而音乐活动则是学生实践音乐、感受音乐魅力的重要途径。然而，这些工作也无形中增加了音乐教师的工作负担，需要他们在课余时间付出额外的努力。

2. 激励机制的现状与期望

尽管音乐教师的工作如此重要且多元，但目前在激励机制方面仍存在以下 3 个方面的不足。

（1）薪酬待遇的期望与现实

在中小学教育体系中，由于音乐学科的特殊性，音乐教师在薪酬待遇方面往往面临一定的挑战。与主科教师相比，他们的工资水平可能存在一定的差距。这种现状在一定程度上影响了音乐教师的工作满意度和积极性。

（2）职业发展机会的拓展

音乐教师的职业发展路径相对有限，晋升机会和职称评定等方面也存在一定的难度。这使得一些音乐教师在职业发展过程中感到迷茫和困惑，期待更多的机会和平台来展示自己的才华。

（3）社会认可的期待

在社会层面上，音乐教师的工作价值和贡献有时被忽视或低估。这导致一些音乐教师在工作中缺乏成就感和归属感，期待得到更多的社会认可和尊重。

三、资源配置不均

中小学音乐教育的发展离不开资源的支持，然而在实际的教育过程中，资源配置的不均衡成为制约音乐教育质量提升的重要因素。这种不均衡主要表现在以下 3 个方面。

（一）城乡资源配置差异显著

在探讨我国中小学音乐教育时，我们注意到城乡之间在资源配置上确实存在一些不同。这些差异主要体现在硬件设施、师资力量以及教学理念等方面，对音乐教育的发展和学生的音乐学习体验产生了一定影响。

1. 硬件设施方面

城市学校由于经济条件相对较好，通常能够投入更多资金用于音乐教育的硬件设施建设。因此，这些学校往往能够配备较为先进的音乐教室、乐器和教学设备，为学生提供更加舒适和便捷的学习环境。相比之下，农村和偏远地区的学校在经济条件上可能受到一定限制，导致音乐教育资源相对不足，无法满足所有学生的基本学习需求。

2. 师资力量方面

城市学校通常能够吸引和留住更多专业的音乐教师，这些教师具备较高的音乐素养和教学能力，能够为学生提供更加专业和全面的音乐教育。然而，在农村和偏远地区，由于各种原因，专业的音乐教师可能相对较少，导致音乐教育的质量受到一定影响。

3. 教学理念方面

城市学校由于与外界的交流更加频繁，往往能够及时引进和更新音乐教育理念和教学方法。这些学校注重培养学生的音乐兴趣、鉴赏能力和创新精神，致力于为学生提供更加多元化和个性化的音乐教育。而农村和偏远地区的学校由于信息相对闭塞，可能在教学理念上相对保守，导致音乐教育的内容和方式相对单一。

（二）区域间资源分配不均

探讨音乐教育的话题时，我们不能忽视一个现实存在的问题：即使是在同一个城市或地区，不同学校之间在生源和音乐教育资源的分配上也存在着明显的不均衡。这种不均衡不仅影响了学校音乐教育的质量，也间接地对学生的全面发展产生了深远的影响。

1. 生源的不均衡分布

在同一城市或地区内，由于学校的历史背景、教学质量、社会声誉等多重因素的影响，不同学校在吸引生源方面往往呈现出显著的差异。一些重点学校或艺术特色学校，凭借其优质的教育资源和品牌效应，能够吸引到更多具有音乐天赋和兴趣的学生。这些学生通常拥有较好的音乐基础和较高的学习热情，为学校的音乐教育提供了良好的生源基础。

然而，对于一些普通学校来说，它们在吸引优质生源方面往往面临着较大的挑战。这些学校可能由于各种原因，如地理位置偏远、教学设施不完善、师资力量薄弱等，难以吸引到足够数量和质量的音乐生源。这种生源的不均衡分布，使得普通学校在音乐教育的起点上就处于相对不利的地位。

2. 音乐教育资源的分配

在音乐教育资源的分配上，各学校都在尽力争取为学生提供最佳的学习条件。一些学校因其卓越的音乐教育成果或特殊的教育理念，得到了更多的资源支持。这些资源不仅用于提升教学设施，还用于聘请优秀的音乐教师，为学生提供更丰富的音乐学习体验。

（三）音乐教育资源管理中的挑战

在资源配置的过程中，部分学校确实面临管理不善或缺乏长远规划的问题，这在一定程度上影响了音乐教育资源的有效利用，导致了不必要的资源浪费。

具体而言，管理上的不足可能体现在对音乐教育资源的日常维护和管理上。一些学校虽然拥有音乐教室、乐器等硬件设施，但由于缺乏专业的维护人员或明确的维护制度，这些资源在长时间使用后可能无法得到及时的维修和更新，从而影响了其正常使用效果和使用寿命。

同时，缺乏长远规划也是导致音乐教育资源浪费的一个重要原因。一些学校在购置音乐教育资源时，可能没有充分考虑到学校的实际教学需求和未来发展方向，导致购置的资源无法满足实际教学需要，或者在使用一段时间后就被闲置。这种缺乏前瞻性的规划不仅浪费了宝贵的资源，还可能影响学校音乐教育的持续健康发展。

四、评价机制不完善

评价是中小学音乐教育中的重要环节，它不仅关系到学生的学习动力，还直接影响着教师的教学方向。然而，当前的评价机制在多个方面呈现出明显的挑战。

（一）评价标准单一

在当前的学校教育体系中，音乐教育的评价标准普遍存在着单一性的问题。多数学校仍然沿用传统的考试和表演作为主要的评价方式，这种方式过于强调技能和知识的考核，而忽视了对学生音乐理解、创作能力、鉴赏水平以及音乐实践综合素质的全面评价。

具体来说，传统的音乐教育评价往往以学生的演奏技巧、歌曲演唱、音乐理论知识的掌握程度等作为主要的评价标准。虽然这些技能是音乐教育中的重要组成部分，但它们并不能完全代表学生在音乐领域的全面能力和素养。

这种单一的评价标准不仅无法准确反映学生的音乐才华和潜力，还可能导致评价结果的片面性。一些具有独特音乐天赋和创意的学生，可能因为在传统评价标准下表现不佳而被忽视或低估。同时，过于强调技能和知识的评价方式也容易使学生产生应试心态，忽视对音乐的真正热爱和追求。

因此，学校需要重新审视音乐教育的评价标准，建立更加多元化、全面性的评价体系。除了技能和知识外，还应注重学生的音乐感受力、创造力、鉴赏能力以及音乐实践中的表现等。这样才能更加准确地评价学生的音乐素养和潜力，为他们的音乐发展提供更加广阔的空间和机会。

（二）忽视过程评价

在现今的音乐教育体系中，过程评价的重要性往往被低估或忽视。传统的评价模式通常侧重于学生的最终学习成果，例如期末考试成绩或音乐表演的评价，而对于学生在学习过程中所展现的努力、创造力及合作精神等方面则缺乏充分的关注。这种以结果为导向的评价模式，不仅未能全面反映学生的音乐学习全貌，更在一定程度上抑制了学生的内在动力与持续学习兴趣的培养。

1. 过程评价是对学生音乐学习全面性的重要补充

学习音乐不仅是对技能和知识的掌握，更是一个涉及情感、认知和创造力的复杂过程。学生在音乐学习中所付出的努力、所经历的困惑与挫折，以及所取得的进步与突破，都是构成其音乐学习体验的重要部分。忽视这些过程性的因素，就等于忽视了学生音乐学习的真实面貌。

2. 过程评价对于激发学生的内在动力具有关键作用

当学生在学习过程中得到及时的反馈和认可时，他们会更加明确自己的学习方向和目标，从而增强学习的自主性和积极性。相比之下，仅仅关注最终结果的评价模式，往往会使学生陷入应试的泥潭，忽视了对音乐的真正热爱和追求。

3. 过程评价对于培养学生的持续学习兴趣也至关重要

在学习过程中，学生可能会遇到各种挑战和困难，但正是这些经历让他们更加深入地理解和热爱音乐。如果教师能够关注学生的学习过程，及时发现并鼓励他们的兴趣和天赋，那么学生就更有可能将音乐学习视为一种长期的追求和享受。

教师应该重新审视音乐教育中的评价模式，将过程评价纳入其中。通过关注学生的学习过程、给予及时的反馈和认可、发现并培养他们的兴趣和天赋，能够更加全面地评价学生的音乐学习效果，同时也能够更好地激发他们的内在动力和持续学习兴趣。这将为音乐教育的发展注入新的活力，推动学生更加全面、深入地理解和热爱音乐。

（三）缺乏个性化评价

在音乐教育领域，存在一个显著的问题：尽管每个学生都展现出独特的音乐天赋和学习特点，但实际评价时，个体差异常被忽视。众多学校倾向于采用统一的评价标准和方式，这种“一刀切”的做法不仅无法准确反映每个学生的真实水平和进步情况，更阻碍了学生的个性化发展。

1. 必须认识到音乐是一门高度个性化和创造性的艺术

每个学生的音乐感受、表达方式和创作风格都是独一无二的。因此，在评价学生的音乐学习时，理应尊重这些个体差异，采用多元化的评价手段和标准。然而，现实情况却是，为了方便管理和比较，许多学校选择了单一的评价模式，导致一些具有特殊音乐才能和鲜明个性的学生未能得到应有的认可和鼓励。

2. 缺乏个性化评价直接阻碍了学生的个性化发展

音乐学习是一个不断探索和发现自己独特音乐风格的过程，学生在这个过程中需要得到及时且有针对性的反馈和指导，以便更好地调整自己的学习方向和方法。然而，当评价方式和标准过于单一时，学生可能会被迫放弃自己的音乐个性，转而迎合所谓的“标准答案”，这无疑是对学生音乐创造力和个性的极大压制。

3. 个性化评价的缺失会影响学生的学习积极性

当学生发现自己独特的音乐才华和努力无法得到应有的认可时，他们可能会对音乐学习产生消极情绪，甚至失去兴趣和信心。一旦这种消极情绪形成，将难以再次激发学生对音乐的热爱和追求。

为了改变这一现状，音乐教育中应引入更多的个性化评价元素。教师可以根据学生的音乐特点和学习需求，制定个性化的教学计划和评价方案。同时，学校可以设立多元化的音乐展示平台，为学生提供展示自己音乐才华和个性的机会。此外，通过组织音乐工作坊、音乐节等活动，鼓励学生进行音乐创作和交流，进一步激发他们的音乐创造力和个性发展。只有充分尊重每个学生的个体差异，采用多元化的评价方式和标准，才能真正激发学生的音乐潜力，促进他们的个性化发展。

第四章　德育在音乐教育中的渗透与实践

第一节　音乐教育中的德育元素与功能

一、德育元素概述

随着全球化和信息化的快速发展，社会对个体的道德素质、价值观念和社会责任感提出了更高的要求。德育，作为培养人的道德品质、塑造人的价值观念、提升人的社会责任感的重要途径，其重要性不言而喻。德育不仅仅是传授道德知识，更重要的是通过教育引导，使学生在内心深处形成对道德的认同和追求，从而在日常生活中能够自觉地按照道德标准来行事。德育的目标是培养具有高尚道德品质、健全人格、良好行为习惯和社会责任感的公民。

在德育的众多元素中，爱国主义情怀、社会责任感、团结协作精神和审美情趣培养是四个至关重要的方面。它们不仅构成了德育的核心内容，也是衡量德育效果的重要标准，它们相互关联、相互促进，共同构成了德育的丰富内涵。在培养学生的过程中，学校教育有必要注重这四个方面的均衡发展，努力培养出具有高尚品质、健全人格和良好社会责任感的优秀公民。

（一）深入培养爱国主义情怀——历史、文化与实践的三重奏

爱国主义情怀，作为民族精神的核心，是每一个公民内心深处的情感纽带，它连接着个体与国家，激发着人们对于祖国的热爱和忠诚。这种情怀不仅仅是一种情感的表达，更是一种对民族文化、历史和传统的认同和传承。在全球化的今天，这种情怀显得尤为珍贵，它是国家和民族凝聚力的重要源泉，也是我们在世界舞台上自信前行的力量。

要深入培养爱国主义情怀，我们需要从历史、文化和实践三个维度入手，让学生在了解、体验和感悟中，逐渐将这种情怀内化为自己的精神力量。

1. 历史教育——唤醒民族记忆

历史，是民族的记忆，是国家的根基。了解祖国的历史变迁，对于培养学生的爱国主义情怀至关重要。从古代的辉煌到近代的屈辱，再到现代的崛起，每一个历

史时期都承载着中华民族的奋斗和梦想。通过学习历史，学生可以了解到民族英雄的壮丽事迹，感受到中华民族在逆境中不屈不挠、奋发图强的精神。

在历史教育中，我们应该注重引导学生思考。例如，通过学习抗日战争时期的英雄故事，让学生思考什么是真正的英雄主义；通过分析改革开放以来的巨大变化，让学生认识到国家的发展离不开每一个人的努力。这样的历史教育，不仅能够增强学生的民族自豪感和自信心，还能够激发他们为祖国的繁荣富强而努力奋斗的决心。

2. 文化教育——浸润民族精髓

文化，是民族的灵魂，是国家的软实力。深入了解中华民族的优秀传统文化，对于培养学生的爱国主义情怀同样重要。诗词、书法、音乐、舞蹈等艺术形式，都是中华民族智慧的结晶，它们蕴含着深厚的文化内涵和独特的艺术魅力。

在文化教育中，我们应该注重引导学生体验和感悟。例如，通过赏析古典诗词，让学生感受到中华语言的韵律之美和意境之深；通过学习书法，让学生领悟到汉字的形体之美和运笔之韵；通过欣赏民族音乐和舞蹈，让学生沉浸在艺术的氛围中，感受到祖国的伟大和魅力。这样的文化教育，不仅能够提升学生的审美能力和文化素养，还能够让他们在文化的熏陶中增强对祖国的认同和热爱。

3. 实践教育——体验民族情感

实践，是检验真理的唯一标准，也是培养爱国主义情怀的重要途径。通过实践活动，学生可以亲身体验到祖国的伟大和可爱，从而加深对祖国的认识和感情。

在实践教育中，我们应该注重引导学生参与和体验。例如，组织学生参观爱国主义教育基地，让他们在现场感受到历史的厚重和英雄的伟大；鼓励学生参与国家重大节日的庆祝活动，让他们在欢乐的氛围中感受到祖国的繁荣和昌盛；开展各类社会实践活动，如志愿服务、环保行动等，让学生在实践中体验到社会责任感和公民意识。这样的实践教育，不仅能够增强学生的社会参与能力和团队合作精神，还能够让他们在实践中深化对爱国主义情怀的理解和体验。

深入培养爱国主义情怀需要历史、文化和实践三重奏的协同作用。历史教育唤醒民族记忆，让学生了解到祖国的辉煌与屈辱；文化教育浸润民族精髓，让学生领略到中华民族优秀传统文化的魅力；实践教育体验民族情感，让学生在亲身参与中感受到祖国的伟大和可爱。通过这样的教育过程，我们可以将爱国主义情怀深深植根于学生的心中，为培养具有高尚道德品质、健全人格和良好社会责任感的优秀公民奠定坚实基础。

（二）深入培养社会责任感——家庭、学校与社会的协同育人

社会责任感作为个体对社会所承担的义务和责任的体现，是每一个公民不可或缺的品质。一个有社会责任感的公民，不仅会关注自身的利益和发展，更会关心社会的福祉和进步，愿意为社会做出贡献。这种责任感的培养，对于个人、家庭乃至整个社会的和谐稳定与持续发展都具有深远的意义。

1. 社会责任感培养的重要性

从个人层面来看，社会责任感是塑造健全人格的重要组成部分。一个有责任感的个体，会更加注重自身的道德修养和行为规范，努力成为一个对社会有用的人。这种责任感也会激发个人的积极性和创造性，促使个人在社会中充分发挥自己的才能和价值。

从家庭层面来看，社会责任感是家庭教育的核心目标之一。家庭是孩子成长的摇篮，父母通过言传身教培养孩子的责任感，不仅有助于孩子形成良好的行为习惯和道德品质，更能够为孩子未来的社会生活和职业发展奠定坚实的基础。一个有责任感的家庭成员，会更加关心家庭的幸福和和谐，为家庭的繁荣稳定贡献自己的力量。

从学校层面来看，社会责任感是学校教育的重要任务。学校作为培养未来社会栋梁的摇篮，有责任将社会责任感的教育融入日常教学和校园生活中。通过课堂教学、实践活动和校园文化等多种渠道，学校可以引导学生关注社会问题、参与社会公益活动、培养他们的社会责任感和公民意识。这样，学生在走出校门后，才能更好地融入社会、服务社会。

从社会层面来看，社会责任感是维护社会和谐稳定的重要基石。一个有责任感的公民，会更加关注社会公共利益、遵守社会规范、积极参与社会事务。这样的公民群体，能够共同营造一个公平正义、诚信友爱、充满活力与和谐的社会环境。同时，社会责任感也是推动社会进步和发展的重要动力。当每一个社会成员都积极履行自己的社会责任时，社会的整体进步和发展就会得到有力的推动。

2. 家庭——责任感培育的摇篮

家庭作为孩子成长的第一个课堂，对于培养社会责任感具有基础性和长期性的影响。父母是孩子的第一任老师，他们的言传身教对孩子的价值观形成和行为习惯养成起着至关重要的作用。在家庭中，父母应该树立良好的榜样，通过自身的行为向孩子传递社会责任感的重要性。例如，尊老爱幼、助人为乐、诚实守信等传统美德，不仅要在口头上教导孩子，更要通过实际行动来示范。当父母积极参与社会公益活动、关心社区发展、乐于助人时，孩子自然会受到感染，逐渐形成对社会的责

任感和使命感。

此外，家庭教育还应该注重培养孩子的独立性和责任感。父母可以适当地给孩子分配一些家务劳动，让他们承担一定的家庭责任，从而培养他们的责任感和自理能力。同时，父母还应该鼓励孩子参与社区活动，与邻居友好相处，关心社区环境，培养他们的社区意识和集体荣誉感。

3. 学校——责任感教育的主阵地

学校作为教育的主阵地，在培养学生的社会责任感方面承担着重要的任务。学校应该通过课堂教学、实践活动和校园文化等多种渠道，全面加强学生的社会责任感教育。

在课堂教学中，教师应该注重挖掘各学科中蕴含的社会责任感教育内容。例如，在思想品德课程中，可以通过讲解社会公德、职业道德、家庭美德等内容，引导学生树立正确的价值观和道德观；在历史课程中，可以通过讲述民族英雄、革命先烈的事迹，激发学生的爱国热情和社会责任感；在科学课程中，可以通过介绍科学家的社会贡献和科技创新的社会价值，培养学生的科技意识和创新精神。

在实践活动方面，学校应该积极组织学生参与各种社会实践活动。例如，可以开展志愿服务活动、环保行动、社会调查等，让学生在实践中了解社会需求和问题，增强他们的社会适应能力和解决问题的能力。同时，学校还可以鼓励学生参与学校的民主管理，如学生会、班级管理等，培养学生的民主意识和参与能力。

在校园文化建设方面，学校应该注重营造有利于培养社会责任感的校园文化氛围。例如，可以开展以社会责任感为主题的校园文化活动，如演讲比赛、文艺演出等，让学生在活动中受到感染和熏陶；同时，学校还应该注重宣传社会责任感和公民意识，如通过校园广播、宣传栏等渠道传播正能量和先进典型事迹。

4. 社会——责任感培育的广阔天地

社会是学生成长的广阔天地，也是培养社会责任感的重要场所。社会应该营造良好的氛围，倡导公平正义、诚信友爱等社会价值观，让学生在潜移默化中受到影响。

政府应该加强社会责任感教育的引导和推动。例如，可以制定相关政策和法规，鼓励和规范社会公益活动的发展；同时，还可以加大对社会责任感教育的投入和支持力度，为学校和社会组织提供必要的资源和条件。

媒体也应该积极发挥舆论引导作用。媒体是传播信息和文化的重要渠道之一，对于培养学生的社会责任感具有重要影响。媒体应该注重宣传社会责任感和公民意识的重要性，报道先进典型事迹和公益活动成果，传播正能量和积极向上的价值观。

社会组织和企业也应该积极参与社会责任感教育。例如，可以开展各种形式的公益活动和社会实践项目，为学生提供实践机会和平台；同时，还可以加强与学校的合作和交流，共同推动社会责任感教育的发展。

（三）深入培养团结协作精神——课堂、实践与集体荣誉的交融深化

团结协作这一品质不仅代表着现代社会的基本价值观，更是个人与集体、社会与国家之间紧密联系的纽带。在日益复杂多变的全球背景下，团结协作的重要性愈发凸显。对于正在成长的学生而言，深入培养团结协作精神，不仅关乎他们个人的未来，更关乎整个社会的进步与繁荣。

1. 课堂教学的深度挖掘

课堂教学作为团结协作精神培养的第一站，其重要性不言而喻。但仅仅停留在表面的合作学习和小组讨论是远远不够的。教师应该深入挖掘课程内容中的团结协作元素，将其与学科知识和技能培养有机结合。

例如，在历史课上，可以通过分析历史上的重大事件和人物，探讨团结协作在其中的作用和影响。在科学课上，可以引导学生进行小组实验，让他们在实践中体验分工合作、数据共享的重要性。这样的教学方式不仅能够加深学生对学科知识的理解，更能够让他们深刻体会到团结协作的力量。

2. 课外活动的多元拓展

课外活动是课堂的延伸，也是培养学生团结协作精神的重要场所。除了传统的团队运动和社区服务外，学校还可以开展更多元化的课外活动。

例如，可以组织学生参与模拟联合国、学生议会等模拟政治活动，让他们在其中扮演不同国家的代表或议员，通过协商和谈判解决国际问题或制定政策。这样的活动不仅能够培养学生的团结协作精神，还能够提升他们的国际视野和跨文化沟通能力。学校还可以开展各类创意竞赛和科技创新活动，鼓励学生在团队中发挥各自的特长和创意，共同解决问题或创造新产品。这样的活动不仅能够激发学生的创新精神和竞争意识，更能够让他们在团结协作中实现自我价值。

3. 集体荣誉感的内化与升华

集体荣誉感是团结协作精神的灵魂所在。但要真正培养学生的集体荣誉感，不能仅仅停留在表面的口号和宣传上。

首先，要让学生从内心深处认同集体的价值和目标。这需要教师在日常教育中不断强调集体的重要性，引导学生认识到个人的成长和发展离不开集体的支持和帮助。同时，教师还应该注重培养学生的感恩意识和回报意识，让他们懂得珍惜集体的荣誉和利益。其次，要通过具体的实践和体验让学生感受到集体荣誉感的力量。例如，在团队竞赛中取得好成绩时，可以让学生共同分享胜利的喜悦和荣誉；在团队遇到困难时，可以让学生共同承担责任和压力。这样的经历不仅能够让学生更加珍惜集体的荣誉和形象，更能够让他们在团结协作中实现自我超越。最后，要将集体荣誉感与社会责任感相结合。教师应该引导学生认识到个人的荣誉和利益不仅与集体息息相关，更与社会和国家紧密相连。只有为社会的繁荣和国家的强大贡献自己的力量，才能够真正实现个人的价值和梦想。这样的教育不仅能够培养学生的集体荣誉感，更能够激发他们的社会责任感和爱国情怀。

（四）审美情趣的深层次培养——艺术教育、自然审美与实践体验的综合探究

审美情趣，作为人类精神生活的高级追求，体现了人们对美的向往和崇尚。它不仅仅是一种感官上的愉悦，更是一种心灵上的满足和精神上的升华。在当今社会，随着物质生活的不断丰富和人们精神需求的日益提高，审美情趣的培养显得尤为重要。特别是对于正在成长中的学生而言，审美情趣的培养不仅关乎他们个人的全面发展，更关乎整个社会的文化水平和审美品位。

1. 艺术教育的深度渗透与审美感知的唤醒

艺术教育是审美情趣培养的核心途径。然而，要真正发挥艺术教育在审美情趣培养中的作用，就需要对其进行深度挖掘。

一方面，艺术教育不能仅仅停留在技能训练和表演层面，更应该注重对学生审美感知、审美理解和审美创造能力的培养。通过引导学生深入感受艺术作品的内在美，理解艺术家的创作意图和表达方式，激发学生的创造力和想象力，才能真正提升学生的审美情趣。

另一方面，艺术教育需要注重多元化和个性化。每个学生都有自己独特的审美偏好和创造潜力，艺术教育应该尊重学生的个性差异，提供多样化的艺术体验和创作机会。例如，可以开设不同艺术门类的选修课程，组织丰富多样的艺术活动和比赛，让学生在广泛的艺术领域中自由探索和表达。

2. 自然环境的全面审美体验与生态美学的领悟

自然环境是审美情趣培养的天然课堂。大自然以其广阔无垠、变幻莫测的景象，为学生提供了丰富的审美体验。然而，要真正让学生从自然环境中感悟到美，就需要引导他们全面、深入地接触和体验自然。

要让学生走出教室，亲身置身于自然之中。可以组织学生开展野外考察、自然探险等活动，让他们在大自然中感受风的吹拂、听鸟的鸣叫、看花的绽放，从而培养起对自然美的热爱和敬畏之情。要引导学生学会用审美的眼光去看待自然。可以通过开设自然美学课程、举办自然摄影比赛等方式，教会学生如何发现自然中的美，如何欣赏自然的和谐与生机。

3. 实践活动的多元化拓展与审美创造力的培养

实践活动是审美情趣培养的重要载体。通过参与各种实践活动，学生可以亲身体验到美的创造和分享过程，从而更加深入地理解审美情趣的内涵。要充分发挥实践活动在审美情趣培养中的作用，就需要对其进行多元拓展。

学校可以开展各种艺术创作和实践活动。例如，绘画、雕塑、摄影、舞蹈等艺术创作活动，可以让学生将自己的审美观念和创造力付诸实践，创作出具有个人特色的艺术作品。在创作的过程中，学生可以感受到美的创造和分享的快乐，从而更加深入地理解审美情趣的内涵。学校还可以组织学生参与各种社会文化活动。例如，参观美术馆、博物馆、艺术展览等，可以让学生接触到更多的艺术作品和历史文物，从而拓宽自己的审美视野。同时，还可以鼓励学生参与各种文化艺术节、社区文化活动等，让他们在实践中感受美的存在和力量。

4. 审美情趣的升华与人生境界的提升

审美情趣的培养不仅关乎学生的个人发展，更关乎他们的人生境界。一个具有良好审美情趣的人，会更加注重生活的品质和细节，懂得如何欣赏生活中的美好事物和现象，如何创造和分享美的体验。这种对美的追求和享受，不仅可以提升个人的生活品质，还可以为社会的和谐与进步做出贡献。

同时，审美情趣的培养还有助于学生形成正确的人生观和价值观。在审美情趣的培养过程中，学生会逐渐认识到美的多样性和包容性，学会尊重和理解不同的文化和审美观念。这种对多元文化的理解和包容，有助于培养学生的国际视野和跨文化沟通能力，为他们未来参与全球化竞争打下坚实的基础。

二、音乐教育与德育的关联

德育与音乐教育在当代教育体系中均扮演着至关重要的角色。德育致力于培养学生的道德品质、行为习惯和社会责任感，而音乐教育则注重提升学生的审美能力、文化素养和情感表达。然而，二者并非孤立存在，而是相互渗透、相互促进，共同构成学生全面发展的教育体系：音乐教育通过情感培养、道德体验以及德育内涵的传递，为德育提供了有力的支撑与补充。同时，德育的理念与要求也反过来影响着音乐教育的目标与内容，促使其更加注重对学生道德品质的培养与提升。进一步深化对音乐教育与德育内在逻辑的认识，可以更好推动二者在教育实践中的融合与发展。例如，可以通过优化音乐教育课程体系、创新音乐教学方法以及拓展音乐德育实践途径等方式，实现音乐教育与德育的有机结合与协同发展。

（一）音乐作为情感教育的媒介在德育中的独特作用

音乐自古以来便被誉为“情感的语言”，它无需文字的辅助，仅凭旋律、节奏和音色等音乐元素，便能够打动人心，引起情感上的共鸣。众多理论家和教育家都对音乐与情感、德育之间的关系进行了深入的探讨，为音乐教育在德育中的独特作用提供了坚实的理论和文献支撑。

第一，关于音乐与情感的关系，德国哲学家黑格尔在其《美学》中明确指出，音乐是“心情的艺术”，它直接针对着心情。这一观点强调了音乐在表达情感、触动人心方面的独特作用。同时，现代心理学研究也证实，音乐能够引发人的生理反应和情感共鸣，进而影响其心理状态和行为表现。因此，音乐教育作为情感教育的媒介，具有直接触动人心的力量，能够丰富学生的情感世界，提升其情操。

第二，在音乐教育培养学生的情感理解能力和共情能力方面，美国教育家布鲁纳的认知发展理论提供了有力的支持。他认为，教育应该注重培养学生的认知能力和情感能力，而音乐教育正是实现这一目标的有效途径。通过感受音乐中的情感表达，学生能够更好地理解自己和他人的情感状态，形成关心他人、尊重他人的道德品质。此外，实证研究也表明，音乐教育能够显著提高学生的情感理解能力和共情能力，使其在人际交往中更加和谐、包容。

第三，关于音乐教育为学生提供情感表达平台的作用，著名音乐教育家达尔克罗兹的体态律动学说认为，音乐教育应该通过身体动作来体验音乐、表达情感。这一观点强调了音乐教育在情感表达方面的独特作用。在实际的音乐活动中，学生可以通过演唱、演奏、创作等方式来表达自己的情感，释放内心的压力。这种表达是自由的、真实的，它能够帮助学生建立积极的自我形象，增强其自信心和自尊心。

第四，在音乐教育作为德育的重要基础方面，古希腊哲学家柏拉图在其《理想国》中提出了“音乐能够塑造人的灵魂”的观点。他认为，音乐教育应该注重培养人的内在品质和道德观念，而不是仅仅关注技能的培养。这一观点为音乐教育在德育中的独特作用提供了重要的理论依据。同时，现代教育学和心理学的研究也表明，音乐教育能够显著提高学生的道德敏感性和道德判断能力，促使其在日常生活中践行道德规范和行为准则。

（二）音乐活动中的道德体验

音乐活动不仅仅是音符与旋律的组合，其背后蕴含着深远的道德教育意义。通过深入分析音乐活动中的团队合作、规则遵守及责任担当，我们可以从学术角度探讨这些要素如何与学生的道德品质培养紧密相连，并用理论和文献为这一观点提供有力支撑。

关于团队合作与道德发展的关系，社会心理学中的群体动力学理论为我们提供了重要视角。该理论认为，群体中的个体在相互作用过程中会形成共同的目标、规范和价值观，进而促进群体凝聚力和个体道德发展。在音乐活动中，团队合作正是这种群体动力学的体现。例如，合唱或合奏要求学生相互倾听、协调一致，这不仅锻炼了他们的音乐技能，更在无形中培养了他们的团队精神和协作能力。这种团队合作经验有助于学生更好地理解集体利益的重要性，从而在日常生活中更加注重与他人的和谐共处。

音乐活动中的规则遵守与道德自律之间存在密切联系。道德发展理论指出，个体道德发展的高级阶段是对普遍伦理原则的内化和自觉遵守。在音乐活动中，学生需要遵循严格的音乐规则和技巧要求，这种对规则的遵守正是道德自律的体现。通过长期的音乐训练，学生可以逐渐将这种对规则的遵守内化为自我约束的行为习惯，从而在日常生活中表现出更高的道德标准。例如，有研究显示，接受过音乐训练的学生在遵守社会规范、尊重他人权益等方面表现出更强的自我控制能力。

音乐活动中培养的责任感对学生的道德成长具有深远影响。责任感是个体道德发展的重要组成部分，它要求个体对自己的行为负责并承担相应的后果。在音乐活动中，每个学生都承担着特定的角色和责任，这种责任感的培养有助于他们形成更加成熟和稳定的道德观念。实证研究也表明，参与音乐活动的学生在责任感方面表现出更积极的态度和行为。他们更愿意承担社会责任，更懂得珍惜和尊重他人的劳动成果。

音乐活动通过角色扮演和情境模拟等方式提供的道德体验具有独特的教育价值。根据认知发展理论，个体通过亲身体验和实践可以更好地理解和内化道德规范。在音乐剧中扮演不同角色或在音乐活动中模拟不同情境，可以使学生更加深入地理解道德行为的意义和价值。这种体验式的道德教育方式有助于学生将抽象的道德概念转化为具体的道德行动，从而在日常生活中更好地践行道德规范。

（三）音乐作品中的德育内涵

音乐作品自古以来就不仅仅是声音的艺术，更是情感、文化和道德的传递工具。它们以旋律、和声、节奏等音乐元素为媒介，诉说着人类的历史、情感和追求，其中蕴含的德育资源更是丰富而深远。

在古典音乐的殿堂中，我们可以听到贝多芬的《命运交响曲》中对不屈不挠的斗志的颂扬，感受到莫扎特《安魂曲》中对生命终极关怀的沉思，还有巴赫的复调音乐中对和谐与秩序的追求。这些作品不仅仅是音乐技巧的展示，更是音乐家们对美好品质、社会正义和崇高理想的追求与表达。学生在欣赏这些作品的过程中，可以深深地被其中的情感所打动，被其中的道德力量所感染。他们会在无形中受到音乐家们高尚情操的熏陶，从而激发起自己对美好品质的追求和对社会正义的维护。

贝多芬的音乐作品经常被用作德育的典范。他的音乐中充满了对自由、平等、博爱的追求，这些价值观正是现代社会所倡导的。通过欣赏贝多芬的音乐，学生可以更加深入地理解这些价值观的内涵，从而在日常生活中更好地践行它们。此外，贝多芬在音乐创作中所表现出的坚韧不拔的精神也为学生提供了榜样。他在遭遇困境时从不放弃，始终坚持自己的音乐理想，这种精神对于培养学生的意志力和抗挫折能力具有重要意义。

在现代音乐的世界中，多元文化的融合和包容性表达赋予了音乐作品更加广阔的道德思考空间。不同于古典音乐的庄重与严肃，现代音乐更加注重个性的表达和情感的宣泄。它涵盖了各种风格、各种文化背景的音乐元素，为学生提供了更加多元化的道德体验。例如，爵士乐中的即兴与自由，摇滚乐中的反叛与独立，以及世界音乐中对各种文化传统的尊重与融合，都为学生提供了丰富的道德思考素材。通过欣赏和理解这些不同风格、不同文化背景的音乐作品，学生可以更加深入地了解不同文化之间的差异与共性，从而培养起尊重多元、包容差异的道德品质。这种品质在当今社会尤为重要，因为随着全球化的不断发展，人们需要更加开放和包容的心态来面对不同文化和价值观之间的碰撞与融合。

除了音乐欣赏本身所带来的道德体验外，音乐作品中的歌词和创作背景也为学生提供了丰富的德育资源。许多歌曲都以社会现实为题材，通过歌词来表达对社会问题的关注和思考。例如，一些公益歌曲通过呼吁人们关注环保、关爱弱势群体等问题来传递正能量和社会责任感；一些励志歌曲则通过鼓励人们勇敢面对困难、追求梦想来激发人们的积极向上的精神。通过分析这些歌曲的歌词和创作背景，教师可以引导学生更加深入地理解社会问题和道德责任，从而培养他们的社会责任感和公民意识。

音乐作品中的德育内涵还可以通过音乐教育活动得到进一步的拓展和深化。例如，在组织音乐会或音乐节等活动中，教师可以引导学生参与筹备工作、志愿服务等实践活动，让他们在实践中体验合作与分享的快乐、感受责任与担当的重要性。这些实践活动不仅可以锻炼学生的组织协调能力和团队合作精神，还可以使他们在亲身体验中更加深刻地理解音乐作品中的德育内涵。

三、音乐教育中的德育功能

随着素质教育的不断推进，音乐教育在学校教育中的地位逐渐提升。越来越多的学者和教育者开始关注音乐教育的德育功能，认为音乐教育能够在培养学生道德品质、塑造学生人格方面发挥独特作用。本文将从四个方面对音乐教育的德育功能进行详细阐述。

（一）音乐教育与价值观引导

音乐作品是情感的表达，但同时也是价值观的载体。每一首音乐作品，无论是歌词还是旋律，都蕴含着作者的情感和思想，这些情感和思想在很大程度上反映了作者的价值观。因此，当学生通过音乐教育接触到这些音乐作品时，他们实际上也在间接地接触到作者的价值观。

以《黄河船夫曲》为例，这首歌曲描绘了黄河船夫在波涛汹涌的黄河上劳作的场景。通过歌曲，学生可以感受到船夫们坚韧不拔的毅力和对生活的执着追求。这种感受进而引导学生思考：是什么支撑着船夫们在如此恶劣的环境下依然坚持劳作？是对生活的热爱，是对家庭的责任感，更是对劳动价值的认同。因此，《黄河船夫曲》不仅让学生欣赏到了美妙的音乐，更重要的是引导他们树立了尊重劳动、珍视劳动成果的价值观。《黄河颂》这首歌曲以其磅礴的气势和深情的旋律，歌颂了黄河的伟大和中华民族的辉煌历史。通过欣赏这首歌曲，学生可以感受到作为中华儿女的自豪感和对祖国的深厚感情。这种感情进而激发学生的爱国情怀，引导他们树立民族自信和国家意识。在当今这个全球化的时代，培养学生的国家意识和民族自豪感尤为重要，因为这关系到国家的未来和民族的复兴。

除了上述两首具体的音乐作品外，实际上还有许多其他音乐作品也在不同程度上引导着学生的价值观。例如，通过欣赏革命歌曲，学生可以更加深入地了解历史，更加珍惜来之不易的幸福生活，从而激发他们的爱国主义情怀；通过参与合唱、合奏等集体活动，学生可以学会与他人合作、沟通，培养他们的集体主义精神和团队协作能力；通过接触不同风格、不同文化背景的音乐作品，学生可以拓宽视野，增强文化包容性，形成更加开放、多元的价值观。

相关研究也表明，音乐教育在引导学生形成正确价值观方面具有显著效果。音乐教育不同于其他学科的教育方式，它更加注重学生的体验和感受。通过音乐作品的欣赏、演唱、演奏等活动，学生可以更加直观地感受到音乐所蕴含的情感和思想，从而更加深入地理解其中的价值观。这种理解不是简单的灌输或说教，而是学生在亲身体验中自发形成的。因此，音乐教育在引导学生形成正确价值观方面具有独特的优势。

（二）音乐教育与情感熏陶

在音乐教育中，学生不仅仅是被动的听众，更是积极的参与者。他们通过欣赏音乐作品，能够体验到作品中所蕴含的情感。这种体验是直接的、深刻的，它不同于阅读文字或观看画面所带来的感受。音乐作品中的每一个音符、每一个旋律、每一个和声，都承载着作曲家的情感，当这些音符组合在一起时，便形成了一种强大的情感力量，这种力量能够直接作用于学生的内心，引发他们的情感共鸣。

《黄河之水天上来》就是这样一首充满情感力量的音乐作品。它以悲壮的旋律和深情的朗诵，描绘了黄河的雄伟气势和中华民族的英勇精神。当学生在音乐课堂上欣赏这首作品时，他们不仅能够感受到黄河的波涛汹涌和中华民族的坚韧不拔，更能够在内心深处激发起对民族的认同感和历史的使命感。这种认同感和使命感不是简单的口号或标语，而是学生在情感共鸣的基础上自然而然产生的。

同样，《黄水谣》也是一首充满情感的音乐作品。它以其简单的音调和痛苦呻吟的表情，让学生体会到人民在苦难中的坚韧和不屈不挠的精神。这首作品没有华丽的旋律和复杂的和声，但它却能够深深地打动学生的内心。通过欣赏这首作品，学生不仅能够感受到人民的痛苦和坚韧，更能够在内心深处激发起对正义和公平的追求。这种追求不是外在的强制或要求，而是学生在情感体验的基础上自发形成的。

音乐教育中的情感熏陶是一个潜移默化的过程。它不需要刻意的教导或灌输，只需要让学生在音乐的世界中自由地感受、体验和表达。在这个过程中，学生的情感得到了升华和提炼，他们的同理心、爱心等积极情感得到了培养和提升。这种情感的提升不仅仅是对学生个体的影响，更是对整个社会的影响。因为一个有情感的人，更能够理解和关心他人，更能够为社会带来正能量。

此外，音乐教育中的情感熏陶还有助于提高学生的情感素养。情感素养是指一个人在情感方面的修养和能力，它包括情感的认知、表达、调控等方面。通过音乐教育中的情感熏陶，学生可以更加深入地了解自己的情感世界，更加准确地表达自己的情感需求，更加有效地调控自己的情感状态。这种情感素养的提升不仅有助于学生的个人发展，更有助于他们未来的社会生活和人际交往。

（三）音乐教育与行为规范

在音乐教育中，学生首先接触到的便是音乐作品本身。无论是歌曲、器乐曲还是合唱作品，它们都遵循着一定的音乐规则和结构。这些规则和结构不仅体现在音乐的节奏、旋律和和声上，更体现在音乐作品的整体构思和表现上。学生在学习和演奏这些音乐作品时，必须遵循这些规则和结构，否则就无法准确地表达音乐的情感和意境。这种对音乐规则的遵循，实际上就是一种对行为规范的训练。它要求学生在演奏和演唱时，必须保持自律，不能随心所欲地改变音乐的节奏和旋律。这种自律的训练，不仅有助于学生在音乐学习上的进步，更有助于他们在日常生活中形成良好的行为规范。

以《黄河大合唱》为例，这首合唱作品以其磅礴的气势和深情的旋律，歌颂了黄河的伟大和中华民族的团结精神。在演唱这首作品时，学生必须相互配合、协同一致，才能准确地表达出作品的意境和情感。这种配合和协同的过程，实际上就是一种对团队合作精神和集体荣誉感的培养。学生在这个过程中，不仅学会了如何与他人协作、配合，更学会了如何为集体的荣誉而努力。这种团队合作精神和集体荣誉感的培养，不仅有助于学生在音乐学习上的提高，更有助于他们在未来的社会生活中形成良好的团队协作意识和集体责任感。

除了对音乐作品本身的学习和演奏外，音乐教育中的集体活动也是培养学生行为规范的重要途径。在音乐课堂上，学生经常需要参与各种集体活动，如合唱、合奏、歌舞表演等。这些集体活动要求学生必须遵循一定的规则和纪律，否则就无法顺利进行。例如，在合唱活动中，学生必须保持统一的节奏和旋律，不能出现杂音或跑调的情况；在合奏活动中，学生必须相互配合、协同一致，才能演奏出和谐的音乐。这些规则和纪律的要求，实际上就是一种对行为规范的训练。学生在参与这些集体活动时，不仅学会了如何遵循规则和纪律，更学会了如何为集体的利益而努力。这种对集体利益的认识和追求，有助于学生在日常生活中形成良好的社会责任感和公民意识。

（四）音乐教育与人格完善

音乐教育为学生打开了一扇通向多元文化的窗口。通过音乐教育，学生可以接触到世界各地的音乐作品，从古典到现代，从东方到西方。每一首音乐作品都是其背后文化和时代的产物，它们反映了不同民族、不同社会背景下的情感、价值观和生活方式。当学生在音乐的海洋中遨游时，他们的视野得到了极大的拓宽，开始学会欣赏和理解与自己文化背景迥异的音乐风格和传统。这种跨文化的体验不仅增强了学生的文化包容性，更在潜移默化中影响着他们的人格形成。

《黄河船夫曲》这首音乐作品通过描绘黄河船夫在波涛汹涌的河流中奋力前行的场景，展现了劳动人民的勤劳、坚韧和自强不息的精神风貌。当学生在课堂上学习这首歌曲时，他们不仅被其激昂的旋律所感染，更在深入理解歌词的过程中，体会到劳动人民在面对困难时所展现出的不屈不挠的精神力量。这种精神力量对于学生的人格完善具有重要的引导作用，它激励着学生在自己的生活中也要勇往直前、不惧挑战。《黄河颂》等音乐作品则以其深情的旋律和激昂的歌词激发学生的爱国情怀和民族自豪感。这些作品通过对黄河的赞美和对中华民族历史的回顾，唤起了学生内心深处的民族情感。在演唱这些歌曲的过程中，学生不仅学会了如何用音乐来表达自己的情感，更在无形中培养起了对国家和民族的责任感和历史使命感。这种责任感和使命感是学生人格完善的重要组成部分，它塑造了学生更加积极向上、有担当的精神面貌。

音乐教育中的创作和表演活动也为学生的人格完善提供了宝贵的平台。在音乐创作中，学生需要发挥自己的想象力和创造力，将内心的情感和思考转化为具体的音乐作品。这个过程不仅锻炼了学生的思维能力，更激发了他们的创新精神。而在音乐表演中，学生需要克服内心的恐惧和不安，勇敢地站在舞台上展现自己。这种经历对于培养学生的自信心和勇气至关重要，它帮助学生在未来的生活中更加勇敢地面对挑战和困难。

音乐教育在培养学生协作精神方面也发挥着重要作用。在合唱、合奏等集体活动中，学生需要学会与他人协作、配合以达到共同的表演目标。这种协作精神的培养有助于学生形成更加团结、友善的人格特质，为他们在未来的社会生活中建立良好的人际关系奠定基础。

第二节　通过音乐教育培养学生的道德品质与行为习惯

一、音乐教育中的道德品质培养——从欣赏、创作到表演

随着社会的不断发展，人们对于教育的需求也在逐渐变化。除了传统的知识传授外，越来越多的教育者开始关注学生的德育问题。而音乐教育，作为一种能够触及人心灵深处的艺术形式，其在德育方面的作用也逐渐受到人们的重视。音乐教育在培养学生的道德品质方面发挥着重要作用。通过音乐欣赏中的审美判断、音乐创作中的道德表达以及音乐表演中的品格展现等环节的培养，可以帮助学生形成正确的道德认知、丰富的道德情感以及良好的道德行为。

（一）音乐欣赏中的审美判断与道德培养

在音乐欣赏中，我们不仅仅是在听旋律，更是在进行一种审美判断，而这种判断与我们的道德培养息息相关。当我们沉浸在音乐的海洋中，耳旁响起那些或激昂、或柔美、或深沉的旋律时，我们的心灵也在与之共鸣。这时，我们的审美能力

开始发挥作用。我们用自己的心灵去感受音乐的美丑、善恶，用自己的情感去体验音乐所传达的喜怒哀乐。这种审美判断的过程，实际上就是我们道德认知形成的过程。

优秀的音乐作品，往往都蕴含着真、善、美等道德元素。这些元素通过音乐的旋律、节奏、和声等手法，巧妙地融入其中，使我们在欣赏的过程中，能够感受到其中的道德力量。例如，在欣赏古典音乐时，我们往往会被其深沉、庄重的美所打动。这种美，不同于流行音乐的浅显易懂，它需要我们用心去品味、去感受。在品味的过程中，我们的心灵也会得到净化，我们的道德境界也会得到提升。我们会更加追求内心的宁静和纯净，更加珍视那些真正美好的东西。

同样，在欣赏民族音乐时，我们也会被其独特的地域文化和民族精神所感染。民族音乐是一个民族历史和文化的结晶，它承载着这个民族的喜怒哀乐和道德观念。通过欣赏民族音乐，我们可以更加深入地了解这个民族的文化和传统，更加真切地感受到这个民族的精神风貌。而这种精神风貌，往往会激发我们的爱国情感和民族自豪感。我们会更加珍视自己的民族文化，更加努力地去传承和发扬它。

除了古典音乐和民族音乐外，还有许多其他类型的音乐作品也能够培养我们的道德认知。例如，在欣赏革命歌曲时，我们可以感受到先辈们为了国家和人民的利益而英勇奋斗的精神；在欣赏公益歌曲时，我们可以感受到社会大家庭的温暖和关爱；在欣赏励志歌曲时，我们可以感受到面对困难和挫折时不屈不挠、勇往直前的力量……这些歌曲所传达的道德观念和价值观，都会在无形中影响我们的思想和行为，使我们在欣赏的过程中得到道德的熏陶和洗礼。

然而，要培养学生的道德认知，并不是一蹴而就的事情。这需要音乐教师在平时的教学中注重引导，注重培养学生的审美能力和判断力。首先，音乐教师应该选择那些具有代表性和感染力的音乐作品供学生欣赏。这些作品应该既能够体现音乐的美感和艺术性，又能够蕴含深刻的道德意义和价值观。其次，音乐教师应该注重对学生的引导和启发。在欣赏过程中，教师应该鼓励学生发表自己的看法和感受，引导学生深入思考音乐作品所传达的道德观念和价值观。最后，音乐教师还应该注重培养学生的实践能力和创新精神。通过组织学生参与各种音乐活动和实践项目，让学生在亲身体验中感受音乐的魅力和力量，从而更加深入地理解音乐与道德之间的关系。

（二）音乐创作中的道德表达与情感熏陶

在音乐创作中，创作者不仅是在编织声音的旋律，更是在表达自己的情感、思想和道德观念。音乐创作是一种深层次的艺术创造活动，它要求创作者用心去感受、去思考，将自己的内心世界以音乐的形式呈现出来。

道德表达是一种至关重要的创作元素。音乐不仅是一种娱乐方式，更是一种能够传递道德观念和价值观的媒介。通过音乐创作，创作者可以将自己的道德观念融入其中，以艺术的形式表达出来。这种表达不仅可以使创作者在创作过程中更加明确自己的道德立场，还可以影响听众的道德认知和行为。

例如，当创作者创作一首歌颂友谊的歌曲时，不仅要思考如何编织动听的旋律，更要思考如何通过歌词和音乐的氛围来表达出对友谊的珍视和追求。创作者会用温暖的旋律、感人的歌词来描绘友谊的美好，用音乐的力量来呼唤人们注重团结、珍视友情。这样的歌曲不仅能够打动人心，更能够在无形中引导人们形成正确的道德观念。

同样，当创作者创作一首反映环保主题的歌曲时，也会将自己的道德观念融入其中。创作者会用音乐来呼吁人们关注环境保护、热爱自然。在歌词中，会表达对大自然的敬畏之情、对环境污染的痛心疾首；在旋律中，会运用各种音乐手法来模拟自然的声音、营造大自然的氛围。这样的歌曲不仅能够唤起人们对环保的关注，更能够激发人们保护环境的责任感和使命感。

音乐创作中的道德表达不仅仅是一种单向的传递过程，更是一种双向的情感熏陶过程。在创作过程中，创作者不仅要思考如何表达自己的道德观念，更要思考如何引导听众去感受、去思考。这就要求创作者在创作过程中注重情感的投入和表达。

情感是音乐的灵魂，没有情感的音乐是无法打动人心的。在音乐创作中，创作者应该注重将自己的情感融入其中，用情感去感染听众、去引起共鸣。当创作者用心去创作一首歌曲时，其情感也会随着旋律的流淌而传递出去，影响着听众的心灵。这种情感的熏陶是潜移默化的，它能够在无形中影响着人们的道德认知和行为。

例如，当创作者创作一首充满爱心的歌曲时，这份爱心也会随着音乐的传播而传递出去。听众在欣赏这首歌曲时，会被其中的爱心所感染，从而在自己的生活中更加注重关爱他人、奉献社会。这种爱心的传递和感染是音乐创作中情感熏陶的重要体现。

为了更好地在音乐创作中进行道德表达和情感熏陶，创作者应该注重培养自己的道德素质和审美能力。首先，要树立正确的道德观念，明确自己的道德立场和价值观。只有这样，才能够在音乐创作中有针对性地进行道德表达。其次，要注重培养自己的审美能力，提高自己的艺术修养。只有这样，才能够在音乐创作中更好地运用各种音乐手法来表达自己的情感和道德观念。

同时，音乐教师也应该在音乐教育中注重培养学生的道德表达和情感熏陶能力。教师应该鼓励学生积极参与音乐创作活动，引导学生思考如何通过音乐来表达自己的道德观念和价值观。同时，教师还应该注重培养学生的审美能力和艺术修养，提高学生的综合素质。

（三）音乐表演中的品格展现与行为塑造

音乐以其独特的方式连接着每一个灵魂。而音乐表演，则是这门艺术的一种最直接、最生动的展示形式。它不仅仅是一个声音和技巧的展现过程，更是一个品格与行为塑造的平台。在音乐表演中，学生的每一个动作、每一个表情、每一次配合，都在无形中展现着他们的道德观念和品格风貌。

音乐表演要求学生具备良好的舞台表现力。这种表现力并不仅仅是指声音的大小或者技巧的娴熟，更重要的是一种内在的气质和自信。一个优秀的音乐表演者，在舞台上总是能够自如地控制自己的情感，将自己的情感与音乐完美地融合在一起，从而感染到每一个观众。而这种自如的控制力，实际上也是学生品格的一种体现。它要求学生必须具备坚定的意志、明确的目标和持久的毅力，只有这样，才能够在舞台上真正地放飞自我，展现出自己的才华和魅力。

音乐表演还要求学生具备团队合作精神。音乐，是一个集体的艺术，它需要每一个人都能够发挥自己的长处，同时也能够与他人紧密地配合在一起。在合唱表演中，学生需要保持统一的节奏和旋律，这就要求他们必须具备高度的团结协作精神。每一个人都要时刻注意自己的声音是否与整体和谐，自己的动作是否与团队一致。而这种团结协作的精神，也是学生道德行为的一种重要体现。它要求学生必须具备集体主义精神，能够时刻以团队的利益为重，愿意为团队的成功付出自己的努力。

在音乐表演中，学生的品格展现与行为塑造是相辅相成的。一方面，学生的品格会通过他们的表演而得到展现。一个具备高尚品格的学生，在舞台上总是能够给人以积极向上的感觉。他们的表演会充满阳光和活力，能够给人以美的享受和道德的熏陶。另一方面，音乐表演也会反过来塑造学生的品格和行为。通过不断地表演和实践，学生会逐渐明确自己的道德立场和价值观，从而更加坚定地走好自己的人生道路。

为了更好地在音乐表演中展现学生的品格和塑造他们的行为，音乐教师应该注重培养学生的舞台表现力和团队合作精神。第一，教师要帮助学生树立正确的表演观念，让他们明白表演不仅仅是为了展示自己，更是为了与观众进行心灵的沟通。

第二，教师要注重培养学生的自信心和意志力，让他们敢于在舞台上挑战自我、超越自我。第三，教师还要注重培养学生的团队合作精神和集体主义精神，让他们明白只有团结一致、共同努力才能够取得成功。

除此之外，教师还应该注重培养学生的审美能力和艺术修养。音乐表演是一个综合性的艺术展示活动，它要求学生必须具备较高的审美能力和艺术修养。只有这样，学生才能够在表演中真正地理解音乐的内涵和精髓，从而将自己的情感和品格完美地展现出来。

二、音乐教育中的行为塑造——从课堂到舞台的全方位培养

随着教育的多元化发展，音乐教育逐渐成为培养学生综合素质的重要途径。在音乐教育中，学生不仅能够学到音乐知识和技能，更能够在潜移默化中养成良好的行为习惯。这些习惯不仅有助于提高学生的音乐素养，更将对其未来的生活和职业发展产生深远影响。

（一）音乐课堂常规与学习习惯——构建有序与高效的音乐学习环境

音乐课堂作为培养学生音乐素养和审美能力的重要场所，其环境的构建与维护至关重要。课堂常规和学习习惯作为音乐课堂的两大支柱，共同支撑着这个环境的稳定与高效运转。

1. 音乐课堂常规——营造有序环境的基础

音乐课堂常规的确立，如同为课堂划定了一条条清晰的“道路”，确保了学生和教师在教学活动中的有序行进。这些常规不仅为学生提供了行为指南，更为他们创造了一个稳定的学习环境。

在涉及多种乐器和复杂教学活动的音乐课堂中，明确的常规能够帮助学生了解何时该做什么，如何去做。例如，在合唱练习中，学生需要知道何时开始、何时停止，以及如何调整自己的音量和音色以配合团队；在乐器演奏时，他们需要了解如何正确使用乐器、如何保持节奏和音准；在音乐欣赏时，他们应学会如何专注地聆听、如何分析和评价音乐作品。这些常规的存在，使得每个环节都能有条不紊地进行，从而营造出一种有序且高效的学习氛围。此外，课堂常规的执行还有助于提升学生的专注度。当学生明确知道自己的行为预期时，他们更容易集中注意力，减少外界因素的干扰。例如，规定在演奏时保持安静，不仅能够确保演奏者的发挥，还能够培养其他学生的聆听习惯；规定在听讲时保持专注，则有助于学生更好地吸收教师传授的知识和技能。

遵守课堂常规还能培养学生的责任感和团队精神。当每个学生都意识到自己的

行为会对整个集体产生影响时，他们会更加注重自己的表现，努力为团队的和谐与进步做出贡献。这种责任感的培养不仅有助于学生在音乐课堂中的成长，更将为他们未来的社会生活奠定坚实的基础。

2. 音乐课堂中的学习习惯——提升音乐素养的关键

如果说课堂常规为音乐课堂提供了有序的基础，那么学习习惯则是学生在这个基础上不断提升自己的关键。

定期练习与复习是音乐学习中不可或缺的习惯。音乐技能的掌握需要时间和精力的投入，只有通过不断的练习和复习，学生才能熟练掌握乐器演奏或声乐技巧，深化对音乐作品的理解和感悟。这种习惯的培养不仅能够提升学生的音乐技能，更能够培养他们持之以恒、不断追求进步的精神。

主动倾听与观察则是提升音乐素养的另一重要途径。音乐是听觉的艺术，学会倾听他人的演奏、观察教师的示范是学生学习过程中的重要环节。通过倾听和观察，学生能够汲取他人的经验、发现自己的不足，并及时调整自己的学习方法。这种习惯的培养不仅有助于学生的音乐学习，更能够提升他们的观察力和审美能力。

创造性思考与表达是音乐学习的更高境界。音乐不仅是一种艺术形式，更是一种情感的表达。鼓励学生探索不同的音乐风格、改编音乐作品、创作自己的旋律，能够激发他们的创新精神和艺术个性。这种习惯的培养将有助于学生在音乐领域中实现自我价值的提升。

（二）音乐活动中的礼仪规范

在学校教育中，音乐活动不仅是培养学生审美能力、创造力和表现力的重要途径，更是他们展示音乐才华、交流学习成果的重要平台。然而，在这些活动中，礼仪规范的养成却往往被忽视，殊不知它同样是衡量学生音乐素养和道德修养的重要标准。

1. 音乐活动中的礼仪规范

礼仪，是一种约定俗成的行为规范，它体现了一个人的文化修养、道德品质和社会交往能力。在音乐活动中，礼仪规范涉及方方面面，从表演前后的鞠躬致谢、与观众的互动，到对他人表演的尊重等，无一不体现着学生的音乐素养和道德修养。

表演前后的鞠躬致谢是音乐活动中最基本的礼仪之一。在表演开始前，表演者应向观众鞠躬，表示对观众的尊重和感谢；表演结束后，再次鞠躬致谢，既是对观众支持的感谢，也是对自己表演成果的肯定。这一简单的动作，不仅体现了表演者的谦逊和诚恳，更有助于拉近与观众的距离，营造出一种和谐、友好的表演氛围。

与观众的互动也是音乐活动中不可或缺的礼仪环节。表演者应通过眼神交流、微笑、点头等方式与观众建立联系，感受他们的情绪变化，并根据需要调整自己的表演节奏和风格。这种互动不仅能够增强表演的感染力和吸引力，更能够让观众感受到表演者的真诚和热情，从而更加投入地欣赏音乐。

对他人表演的尊重也是音乐活动中应遵循的重要礼仪。在观看他人表演时，应保持安静、专注，避免交头接耳、随意走动或发出噪声等行为。当他人表演结束时，应给予热烈的掌声和肯定的评价，以表达对他们的尊重和赞赏。这种尊重不仅体现了观众的素养和修养，更有助于营造一个互相学习、互相促进的良好氛围。

2. 礼仪规范在音乐活动中的重要性

礼仪规范的养成在音乐活动中具有举足轻重的地位。它不仅能够提升学生的个人形象，更有助于营造和谐、友好的音乐氛围，培养学生的社会交往能力和团队合作精神。

礼仪规范的养成有助于提升学生的个人形象。一个遵循礼仪规范的学生，无论在舞台上还是舞台下，都会给人留下良好的印象。他们的谦逊、诚恳、专注和尊重他人等品质，不仅体现了自己的音乐素养和道德修养，更为自己赢得了他人的尊重和信任。这种个人形象的提升，不仅有助于学生在音乐活动中获得更好的成绩和表现机会，更将对他们未来的社会生活和职业发展产生积极的影响。

礼仪规范有助于营造和谐、友好的音乐氛围。当每个学生都遵循礼仪规范时，整个音乐活动就会呈现出一种有序、文明、友好的氛围。这种氛围不仅能够让学生更加专注地投入音乐的学习和表演中，还能够激发他们的创造力和表现力，促进他们音乐素养的全面提升。同时，这种和谐、友好的氛围也将对学校的文化建设和社会形象产生积极的影响。

礼仪规范的养成有助于培养学生的社会交往能力和团队合作精神。在音乐活动中，学生需要与不同的人进行交流和合作，如与指挥、伴奏、其他表演者以及观众的互动等。通过遵循礼仪规范，学生能够更好地与他人建立联系、沟通情感、协调关系，从而提升自己的社会交往能力。同时，在与他人合作的过程中，学生还能够学会倾听、理解、包容和支持他人，培养自己的团队合作精神和集体荣誉感。

（三）音乐团体中的合作行为

音乐团体中的合作行为对于塑造集体力量与个人价值的协同之道具有重要意义。通过分工明确、相互配合、共同解决问题等合作习惯的养成，学生们不仅能够更好地融入集体、发挥个人在集体中的价值，更能够提升自己的团队协作能力、培养集体荣誉感和责任感。这些经历和收获将对学生未来的职业发展和社会生活产生深远的影响和积极的意义。

1. 音乐团体中的合作行为及其重要性

合作行为在音乐团体中表现为分工明确、相互配合、共同解决问题等方面。在乐队中，每个成员都有自己明确的职责：指挥负责整体把握和节奏控制，乐手们则各自负责不同乐器的演奏。在合唱团中，每个成员都需要根据自己的声部准确演唱，与整个团体保持和谐统一。这些合作习惯的养成，对于音乐团体的运作和成员个人的成长都具有重要意义。

合作行为能够帮助学生更好地融入集体。在音乐团体中，每个人都是一个不可或缺的组成部分。只有当每个成员都能够明确自己的职责，并与其他成员紧密配合时，整个团体才能发挥出最佳的效果。这种融入集体的过程，不仅能够增强学生的归属感和认同感，更能够培养他们的团队合作精神和集体荣誉感。

合作行为还有助于发挥个人在集体中的价值。在音乐团体中，每个人的才能和特长都得到了充分的展示和发挥。通过与其他成员的合作，学生们能够互相学习、互相借鉴，从而不断提升自己的音乐素养和表现能力。同时，他们也能够在集体中找到自己的位置和价值所在，从而更加自信地面对未来的挑战。

2. 合作行为对团队协作能力的提升

音乐团体中的合作行为对学生的团队协作能力有着显著的提升作用。在团队协作中，学生们需要学会倾听、沟通、协调、互助等技能，这些技能的培养都离不开合作行为的养成。通过合作，学生们学会了如何倾听他人的意见和建议。在音乐团体中，每个人都有表达自己看法的权利和机会。学生们需要在倾听他人的基础上，综合考虑各种因素，做出最佳的决策。这种倾听的过程，不仅能够增强学生们的理解力和判断力，更能够培养他们的民主意识和包容心态。

合作还能够促进学生们之间的沟通与协调。在音乐团体中，成员们需要通过语言、肢体动作等方式进行有效的沟通，以确保整个团体的协调一致。这种沟通与协调的过程，不仅能够锻炼学生们的语言表达能力和人际交往能力，更能够培养他们的团队协作精神和全局观念。

3. 合作行为对集体荣誉感和责任感的培养

音乐团体中的合作行为不仅能够提升学生的团队协作能力，更有助于培养学生的集体荣誉感和责任感。集体荣誉感是指学生对自己所在团体取得的成就和荣誉感到自豪和骄傲的情感体验。责任感则是指学生对自己在团体中承担的任务和职责所持有的认真负责的态度。通过参与音乐团体的合作活动，学生们能够深刻体会到集体力量的强大和集体荣誉的重要性。当团体取得优异成绩时，每个成员都会为之欢欣鼓舞；而当团体遭遇挫折时，每个成员也会为之感到沮丧和失落。这种情感体验的过程，能够让学生们更加珍惜集体的荣誉和利益，从而更加积极地为集体的目标而努力奋斗。

合作行为也能够培养学生的责任感。在音乐团体中，每个学生都有自己的职责和任务。他们需要按时参加排练、认真完成自己的演奏或演唱任务、积极参与团体的各项活动等。这些任务的完成不仅需要学生们的努力和付出，更需要他们的责任心和使命感。通过承担这些任务和责任，学生们能够逐渐培养出对集体和社会的责任感和使命感，从而成为具有担当和奉献精神的社会栋梁。

三、音乐教师的德育角色——从示范教学到评价的德育引领

在当今的教育体系中，音乐教育不仅仅是技能与知识的传授，更是德育培养的重要途径。这一观点在古今中外的教育理论中都有体现，如中国古代的“乐教”思想，强调音乐在人格塑造和道德培养中的重要作用；又如西方现代教育理论中的“全人教育”理念，认为音乐教育应致力于学生的全面发展，包括道德、情感、智力等多个方面。因此，音乐教师作为这一过程的引导者，其德育角色不容忽视。他们通过自身的榜样示范、教学内容的融入以及评价体系的德育标准，全方位地引领学生在音乐学习中体验与感悟德育的深远意义。

（一）榜样示范作用

音乐教师作为学生直接接触的成人角色之一，其言行举止都对学生产生着潜移默化的影响。班杜拉的社会学习理论强调，观察学习是人类学习的重要方式之一，个体通过观察他人的行为及其后果，可以习得新的行为模式。因此，音乐教师的德育角色体现在其榜样示范作用上。

1. 音乐教师的专业素养与道德修养

在教育的广阔天地中，音乐教师以其独特的身份和角色，为学生们打开了一扇通往艺术殿堂的大门。然而，这扇门的背后，不仅仅是对音乐技能的传授，更是对学生全面素养，特别是道德素养的培育。根据布鲁姆的认知领域教育目标分类，我们可以清晰地看到，音乐教育的目标远不止于技能和知识的获得，它更指向学生内心深处价值观的形成和道德判断力的培养。因此，音乐教师的专业素养与道德修养并重，成了他们教育引领的基石。

音乐教师的专业素养是他们胜任教学工作的基础。这包括了深厚的音乐理论知识、精湛的音乐表演技能以及对音乐教育最新动态的敏锐洞察。一个具备专业素养的音乐教师，能够准确地把握音乐教育的核心和精髓，将复杂的音乐知识以易于理

解的方式传授给学生。他们在教学过程中展现出的严谨态度和精湛技艺，不仅赢得了学生的尊敬和信任，更为学生树立了一个专业上的楷模。

然而，仅有专业素养并不足以支撑起音乐教师的全部教育使命。正如布鲁姆所指出的，高层次的教育目标在于价值观的形成和道德判断力的培养。这就要求音乐教师不仅要在专业领域有所建树，更要在道德修养上为学生们树立典范。高尚的道德修养不仅体现在教师对学生的关爱和尊重上，更体现在他们对教育事业的忠诚和热爱上。一个具备高尚道德修养的音乐教师，会以敬业的精神和饱满的热情投入教学工作中，用自己的言行感染和影响学生。

音乐教师的专业素养与道德修养并不是孤立存在的，而是相互交织、相互影响的。专业素养为音乐教师提供了教学的“硬件”，使他们能够胜任教学工作的要求；而道德修养则为他们提供了教学的“软件”，使他们的教学更具人文关怀和温度。当专业素养与道德修养并重时，音乐教师的教育引领作用才能得到充分发挥。

在实际的教学过程中，音乐教师通过自己的专业素养和道德修养，为学生们创造了一个充满艺术氛围和道德熏陶的学习环境。他们用自己的音乐才华和人格魅力，引导学生们走进音乐的世界，感受音乐的美妙和力量。同时，他们也通过音乐作品中的德育元素，如爱国主义、民族团结等，对学生们进行潜移默化的道德教育。这种教育方式不仅符合学生们的认知特点和发展规律，更能够在他们心中播下道德的种子，引领他们走向更加美好的未来。

音乐教师的专业素养与道德修养还体现在他们对学生的评价和反馈上。一个具备专业素养和道德修养的音乐教师，会以学生的全面发展为出发点和落脚点，用公正、客观、鼓励性的评价方式对待每一位学生。他们不仅关注学生的音乐成绩和技能进步，更关注学生的心灵成长和道德发展。这种评价方式不仅能够激发学生的学习热情和自信心，更能够引导他们形成正确的价值观和道德观。

2. 言行一致的德育实践

言行一致，简而言之，就是说到做到，不做空谈。对于音乐教师而言，这不仅仅是一种教学态度，更是一种德育实践。在日常教学中，他们通过自身的言行，向学生传递着积极向上的价值观和道德标准。

在对待学生的态度上，音乐教师始终坚守尊重与关爱的原则。他们深知，每一个学生都是一个独特的个体，都有其自身的优点和不足。因此，他们尊重每一个学生的个性和差异，关注他们的成长与进步。当学生在音乐学习中遇到困难时，他们不是简单地给予批评和指责，而是用鼓励和赞赏的方式激发学生的学习热情。这种正面的教育方式，不仅符合马斯洛需求层次理论中关于尊重和自我实现的需求，更有助于培养学生的自信心和积极向上的人生态度。马斯洛的需求层次理论明确指出，尊重和自我实现是人类的高层次需求。对于学生而言，他们同样渴望得到教师的尊重和认可。当他们在音乐学习中取得进步时，教师的鼓励和赞赏无疑是对他们最大的肯定。这种肯定不仅能够激发学生的学习兴趣和动力，更能够帮助他们树立自信心，形成积极向上的人生态度。

音乐教师在教学过程中的言行一致还体现在他们对音乐的热爱和敬业精神上。他们深知，音乐不仅是一种艺术形式，更是一种生活态度。因此，他们用自己的言行向学生传递着对音乐的热爱和追求。他们严谨的教学态度、精湛的音乐技艺以及对音乐的深入理解，都在无形中感染着学生，引领他们走进音乐的世界，感受音乐的魅力。音乐教师的言行一致还体现在他们的日常行为中。他们不仅在课堂上向学生传授音乐知识和技能，更在课下用自己的行为向学生传递着道德的力量。他们遵守社会公德、职业道德和家庭美德，用自己的实际行动向学生诠释着什么是真善美。这种言行一致的德育实践，无疑对学生产生了深远的影响。

那么，为什么音乐教师的言行一致在德育实践中如此重要呢？这主要得益于其独特的示范作用。班杜拉的社会学习理论强调，观察学习是人类学习的重要方式之一。学生通过观察教师的行为及其后果，可以习得新的行为模式。因此，音乐教师的言行一致不仅为学生提供了学习的榜样，更为他们提供了行为的标准。学生在观察教师的言行过程中，会逐渐形成自己的道德认知和行为习惯。这种潜移默化的影响，无疑是德育实践中最为有效的方式之一。

（二）德育内容融入教学

音乐教学内容中德育元素丰富，音乐教师应巧妙挖掘，将其自然融入教学。通过音乐的旋律、歌词和背景故事，引导学生感悟人生哲理，培养良好品德。让学生在享受音乐之美的同时，也能感受到德育的熏陶，实现全面发展。

1. 音乐作品中的德育内涵

符号互动理论由米德等社会学家提出，强调符号在人类社会互动中的核心作用。在这一理论框架下，音乐作品被视为一种具有象征意义的符号系统，它通过旋律、节奏、和声以及歌词等元素，传递着特定的文化信息和情感内涵。因此，音乐作品不仅具有审美价值，更具有德育价值。

音乐教师作为音乐文化的传承者和音乐教育的实施者，肩负着挖掘音乐作品中德育内涵的重要使命。他们通过对音乐作品的深入解读，引导学生感受作品中的道德力量，从而促进学生道德认知的发展。《渔舟唱晚》这首作品是古筝演奏家根据传统曲目改编而成的现代版本，它保留了原曲悠扬的旋律和宁静的意境，同时加入了现代演奏技巧，使得整个作品更加富有层次感和表现力。在教授这首作品时，教师可以向学生介绍古筝的历史和演奏技巧，引导学生通过欣赏音乐来想象渔舟晚唱的画面，感受中国传统文化的韵味和美感。《梅花三弄》是一首著名的笛子独奏曲，它以梅花为主题，通过音乐表现了梅花的清雅、高洁和坚韧不拔的品质。这首作品的旋律优美动听，富有表现力，深受人们的喜爱。在教授这首作品时，教师可以向学生介绍笛子的种类、演奏技巧和音乐风格，并引导他们通过欣赏音乐来感受中国传统文化中的梅花精神和审美情趣。

此外，音乐教师还可以通过教授其他类型的音乐作品，如古典音乐、流行音乐等，引导学生感受不同音乐风格中的德育内涵。例如，在教授古典音乐时，教师可以向学生讲述作曲家的生平和创作背景，引导学生感受作曲家在作品中表达的情感和思想；在教授流行音乐时，教师可以引导学生分析歌词中的主题和价值观，培养学生的审美能力和批判性思维。

音乐作品中的德育内涵不仅丰富多样，而且具有深远的教育意义。通过音乐作品的德育熏陶，学生可以培养起高尚的道德情操和审美情趣，形成正确的价值观和世界观。同时，音乐作品中的德育元素也有助于学生情感的培养和人格的完善。因此，音乐教师应充分认识到音乐作品在德育中的重要作用，积极挖掘作品中的德育资源，将其自然地融入教学过程中。

为了更好地发挥音乐作品在德育中的作用，音乐教师还应注重自身专业素养的提升。他们应具备扎实的音乐理论知识和丰富的音乐实践经验，能够准确地把握音乐作品的风格和特点。同时，他们还应具备高尚的道德品质和敬业精神，用自己的言行影响学生，成为学生学习的楷模。

2. 音乐活动中的德育体验

情境认知理论强调，学习是与环境密切互动的过程，知识是在特定的情境中通过互动而建构的。因此，德育不能脱离实际情境而孤立存在，它需要在具体的实践活动中得到体验和内化。音乐活动正是这样一种具有情境性的实践活动。在合唱或乐队演奏中，学生不仅需要掌握音乐知识和技能，更需要学会与他人协作、沟通，培养团队精神和集体荣誉感。

音乐活动对于培养学生的协作能力具有重要意义。在合唱或乐队中，每个学生都是团队的一分子，他们的表现直接影响到整个团队的效果。因此，学生需要学会倾听他人的声音、感受他人的节奏，将自己的表演与团队的整体效果相协调。这种协作能力的培养不仅有助于提高学生的音乐表现水平，更有助于他们在日常生活中更好地与他人合作、共事。音乐活动还能培养学生的沟通能力。在音乐活动中，学生需要用语言或非语言的方式与他人交流，表达自己的感受和想法，同时也需要理解他人的意图和需求。这种沟通过程不仅有助于增进学生之间的友谊和理解，更能培养他们的语言表达能力和人际交往能力。

此外，音乐活动还能培养学生的责任意识和集体荣誉感。在团队中，每个学生都有自己的角色和职责，他们需要对自己的表现负责，同时也需要对团队的整体效果负责。这种责任意识的培养有助于学生在日常生活中更加注重自己的言行举止、更加珍惜团队的荣誉和利益。同时，当团队取得优异成绩时，每个学生都会感受到一种强烈的集体荣誉感，这种荣誉感将进一步激发他们的积极性和创造性。

值得注意的是，音乐教师在音乐活动中的引导作用不容忽视。音乐教师不仅需要传授音乐知识和技能，更需要注重培养学生的德育素质。他们应该通过组织丰富多样的音乐活动、创设良好的音乐情境、引导学生积极参与等方式来激发学生的德育体验。同时，音乐教师还应该以身作则、言传身教，用自己的行为去影响和感染学生、成为他们学习的榜样。

四、评价体系中的德育标准

现代心理学研究表明，情感在人的认知过程中起着重要作用。音乐作为一种情感的艺术形式，其教学过程自然离不开情感的参与。因此，在评价学生的音乐学习时，注重情感的表达和评价是十分必要的。这不仅有助于提升学生的音乐技能，更有助于培养其丰富的情感世界和健全的人格。美国著名教育家布鲁姆的认知领域教育目标分类理论也强调了评价与目标的一致性。他认为，评价是为了了解学生的学习情况，以便调整教学策略，帮助学生达到教育目标。因此，在音乐教学中，评价内容应与德育目标紧密相连，共同促进学生的全面发展。

音乐评价体系在教学中的作用举足轻重，它不仅关乎学生的音乐技能提升，更应映射出德育的深度与广度。评价时，应以德育为先导，注重学生的情感表达、团队合作及审美能力的提升，让音乐成为传递美好、塑造品格的重要桥梁。

（一）德育目标与评价内容的结合

1. 明确德育目标在音乐教学中的重要性

德育目标旨在培养学生的道德品质、情感态度和价值观，使其在音乐学习中不仅能够提升技能，更能够陶冶情操、完善人格。这与音乐教育的本质不谋而合，因为音乐本身就是一种情感的艺术，它能够触及人的心灵，引发共鸣。因此，在音乐教学中融入德育目标，不仅有助于提升学生的音乐素养，更有助于培养其全面发展的人格。

2. 制定音乐评价标准时应明确德育目标并将其与评价内容相互关联

例如，在评价学生的演唱技能时，除了关注音准、节奏等专业技能外，还应注重评价学生在演唱过程中所表现出的情感投入、表现力以及对作品的理解。这样的评价方式能够鼓励学生在演唱时注重情感的表达，而不是机械地模仿。同时，它也有助于培养学生的音乐审美能力和创造力。

3. 教师在评价过程中应注重学生的个体差异

每个学生都有其独特的音乐天赋和情感体验，教师在评价时应尊重这些差异，鼓励学生展现自己的个性。例如，在评价学生的创作作品时，教师可以从作品的创意、情感表达等方面进行评价，而不是仅仅关注作品的技术难度。这样的评价方式有助于激发学生的创作热情，培养其独特的音乐风格。

（二）过程评价与结果评价并重

过程评价与结果评价在音乐教学评价中具有重要的德育价值。通过将两者相结合，教师可以更全面地了解学生的学习状况和发展需求，提供更有针对性的德育引导；同时也有助于培养学生的自主学习能力、自我监控能力和团队合作精神等重要品质。

1. 过程评价的重要性及其德育价值

过程评价是在教学过程中对学生的学习进展、努力程度和策略使用等进行的持续性评价。在音乐教学中，过程评价不仅关注学生音乐技能的提升，还注重学生在学习过程中的情感投入、合作能力、创新思维等方面的发展。

从德育角度看，过程评价具有以下价值：第一，它有助于培养学生的自主学习能力和自我监控能力。通过定期的自我反思和教师反馈，学生可以及时调整学习策略，提高学习效率。第二，过程评价能够激发学生的内在动机。当学生意识到他们的努力和学习策略受到关注时，他们更有可能产生对学习的积极态度。第三，过程评价有助于培养学生的合作精神和团队意识。在音乐活动中，学生需要与他人协作完成任务，过程评价可以引导他们关注团队的整体表现，而非个人的得失。

2. 结果评价的作用及其与德育的关联

结果评价是在某一学习阶段结束后对学生学习成果的总结性评价。在音乐教学中，结果评价通常以学生的音乐表演、创作或理论测试等形式呈现。

结果评价与德育的关联主要体现在以下三个方面。第一，结果评价是对学生学习效果的最终检验，它反映了学生在音乐技能、知识和情感态度等方面的综合表现。第二，公正、客观的结果评价能够增强学生的自信心和成就感。当学生看到自己的努力得到了肯定，他们会更加珍惜自己的学习成果，并产生进一步学习的动力。第三，结果评价也是学生自我评价和他人评价的重要依据。通过比较自己的表现与他人的表现，学生可以更清楚地认识自己的优势和不足，从而明确下一阶段的学习目标。

3. 过程评价与结果评价的并重及其理论支撑

在音乐教学评价中，过程评价与结果评价并重是实现学生全面发展的重要保障。多元智能理论认为，每个学生都拥有多种智能，这些智能在不同的学习领域和情境中表现出不同的优势。因此，教学评价应关注学生的多元发展，而非单一的技能掌握情况。

过程评价与结果评价的并重符合多元智能理论的要求。过程评价关注学生在学习过程中的表现和努力程度，有助于发现学生的潜在智能和优势领域；而结果评价则关注学生的学习成果和技能掌握情况，是对学生多元智能的综合体现。通过将两者相结合，教师可以更全面地了解学生的学习状况和发展需求，从而提供更有针对性的德育引导。

自我决定理论也为过程评价与结果评价的并重提供了理论支撑。该理论认为，学生的内在动机、自主性和归属感是影响其学习的重要因素。过程评价通过关注学生的学习过程和努力程度，有助于激发学生的内在动机和自主性；而结果评价则通过肯定学生的学习成果，增强其归属感和自信心。因此，将两者相结合有助于培养学生的自我决定能力，促进其全面发展。

音乐教师在德育方面扮演着举足轻重的角色。他们通过自身的榜样示范、教学内容的融入以及评价体系的德育标准，全方位地引领学生在音乐学习中体验与感悟德育的深远意义。在未来的音乐教育中，学校应更加注重音乐教师的德育角色培养和发展，为培养具有全面素养的新时代人才贡献力量。

第三节　德育在音乐教育中的实践策略与方法

德育在音乐教育中的实践策略与方法是多种多样的，关键在于教师如何将德育理念融入音乐教学的各个环节。通过选择具有德育价值的音乐作品、设计德育主题的音乐活动、整合跨学科德育内容以及创新教学方法和课外活动延伸等方式，积极探索德育在音乐教育中的实践策略与方法，将德育理念融入音乐教学的各个环节，从而培养学生的道德品质、审美情趣和人文素养。

一、课程内容设计

（一）选择具有德育价值的音乐作品

许多教育学家和心理学家都强调音乐教育与德育之间的互补性。例如，苏霍姆林斯基认为："音乐教育并不是音乐家的教育，而首先是人的教育"。他强调音乐教育在培养人的道德品质方面的重要作用。同时，现代心理学研究也表明，音乐能够触动人的情感，激发人的内心体验，从而影响人的道德观念和行为习惯。因此，选择具有德育价值的音乐作品进行音乐教育，能够实现音乐教育与德育的有机结合，达到更好的教育效果。

1. 音乐作品与德育的内在关联

音乐作品与德育之间存在着紧密的内在关联。一方面，音乐作品通过其独特的艺术形式和感染力，能够引导学生感受美、理解美、创造美，从而培养学生的审美情趣和审美能力。另一方面，音乐作品中所蕴含的德育元素，如爱国主义、民族精神、社会公德等，能够在潜移默化中影响学生的道德观念和行为习惯，实现德育的目标。

2. 选择具有德育价值的音乐作品的重要性

（1）激发学生的爱国情感和社会责任感

选择反映爱国主义、民族团结等主题的音乐作品，能够激发学生的爱国情感和社会责任感。《我和我的祖国》作为一首具有广泛社会影响力的音乐作品，其魅力在于将个体的"我"与宏大的"祖国"紧密相连。每当这首歌曲的旋律响起，人们总会不由自主地跟随节奏，深情地唱出对祖国的热爱和眷恋。这种情感上的共鸣，正是音乐作品在德育中的独特作用。

对于学生而言，《我和我的祖国》不仅是一首歌曲，更是一部生动的爱国主义教材。通过欣赏和学习这首作品，学生能够更加深入地理解祖国的伟大和民族的团结。歌曲中流淌的旋律，如同历史的河流，将学生带入祖国的辉煌历程中；而歌词中表达的情感，则如同民族的灵魂，激发学生的爱国热情和社会责任感。

在音乐教育的过程中，教师可以利用《我和我的祖国》这首歌曲，引导学生感受祖国的伟大和民族的团结。例如，通过歌曲的演唱和欣赏，让学生体会旋律中的激情与力量；通过歌词的解读和讨论，让学生理解歌曲中蕴含的爱国主义情怀；通过相关的历史和文化背景的介绍，让学生更加深入地了解祖国的过去、现在和未来。

（2）引导学生理解多元文化，培养宽容、尊重他人的品质

《乐记》中提到："凡音之起，由人心生也，人心之动，物使之然也，感于物而动，故形于声。"这说明音乐能够表达人的内心情感，同时也能够触动人的情感，从而影响人的道德观念。此外，许多音乐作品本身就蕴含着丰富的德育元素，如爱国主义、民族精神、社会公德等。通过欣赏和学习这些音乐作品，学生能够在潜移默化中接受德育的熏陶和影响。

音乐作品的多样性和丰富性为学生提供了了解不同文化的窗口。通过欣赏不同风格、流派的音乐作品，学生能够接触到世界各地的音乐文化，了解不同民族的音乐传统和审美习惯。这种跨文化的音乐体验能够引导学生理解多元文化，培养学生的国际视野和跨文化交流能力。同时，在欣赏和理解不同音乐文化的过程中，学生能够学会尊重和接纳他人的文化差异，从而培养宽容、尊重他人的品质。

在实际的音乐教育过程中，教师应注重选择具有德育价值的音乐作品进行教授。首先，教师可以结合国家的历史和文化，选择一些反映爱国主义、民族团结等主题的音乐作品，激发学生的爱国情感和社会责任感。其次，教师可以引导学生欣赏不同风格、流派的音乐作品，让学生了解不同民族的音乐传统和审美习惯，培养学生的国际视野和跨文化交流能力。最后，教师还可以结合学生的年龄特点和心理需求，选择一些贴近学生生活、易于引起学生共鸣的音乐作品，让学生在欣赏音乐的同时接受德育的熏陶和影响。

（二）德育主题的音乐活动设计

音乐活动是学生参与音乐教育的重要方式。教师可以结合德育目标，设计一系列具有德育主题的音乐活动。例如，组织以"感恩"为主题的音乐会，让学生通过演唱感恩歌曲、表演感恩故事等形式，体验感恩的情感；开展以"环保"为主题的音乐创作比赛，鼓励学生通过音乐表达对环保的关注和倡导。这些活动不仅能够丰富学生的音乐体验，还能在潜移默化中培养学生的道德品质。

（三）跨学科德育内容整合

音乐与其他学科之间的交叉融合为德育提供了更广阔的空间。教师可以将音乐与历史、文学、美术等学科相结合，共同挖掘德育资源。例如，在学习历史时，通过演唱历史歌曲、欣赏历史题材的音乐作品，让学生更深刻地理解历史事件和人物；在学习文学时，通过配乐朗诵、音乐剧表演等形式，让学生更生动地感受文学作品的情感和意境。这种跨学科的整合不仅能够提升学生的学习兴趣和综合能力，还能在无形中强化德育效果。

二、教学方法创新

（一）情境教学法在德育中的应用

情境教学法的应用及其德育效果在多个理论文献中得到了支撑。首先，建构主义学习理论为情境教学法的应用提供了坚实的理论基础。该理论认为情境是学习环境中的首要因素，决定了学习的内容和方式。其次，情感教育理论也强调了情境教学法在德育中的重要作用。该理论认为情感是道德认知和行为的动力源泉，而情境教学法正是通过增强学生的情感体验来达到德育的目的。此外，多元智能理论也为情境教学法的应用提供了支持。该理论认为每个学生都拥有多种智能潜能，而情境教学法正是通过创设多元化的情境来激发学生的多元智能发展。

1. 情境教学法的理论基础

情境教学法的理论基础主要来源于建构主义学习理论。建构主义认为，知识不是通过教师传授得到的，而是学习者在一定的情境下，借助他人的帮助，利用必要的学习资料，通过意义建构的方式获得的。情境、协作、会话和意义建构是学习环境中的四大要素。其中，情境是首要因素，它决定了学习的内容和方式。

在音乐教育中，情境教学法的应用正是基于这样的理论背景。教师通过创设各种德育情境，如模拟音乐会现场、音乐故事情境等，让学生在真实的体验中学习和感悟。这种教学方法不仅符合音乐艺术的特性，也符合学生的认知规律，因此在音乐教育中具有独特的优势。

2. 情境教学法在音乐教育中的德育应用

（1）模拟音乐会现场的情境教学

模拟音乐会现场是一种典型的情境教学方式。在这种情境中，学生可以扮演音乐家、观众等角色，亲身体验音乐会的氛围和流程。通过这种方式，学生不仅能够提升音乐表演能力，还能够在真实的体验中感受音乐的社会功能和德育价值。例如，在模拟音乐会现场中，学生可以学习到如何与他人合作、如何尊重他人、如何遵守公共秩序等德育内容。

（2）音乐故事情境的情境教学

音乐故事情境是另一种有效的情境教学方式。在这种情境中，教师可以将音乐作品与相关的故事、历史背景等相结合，创设出一个富有感染力的故事情境。学生在这种情境中学习音乐作品，不仅能够更深入地理解作品的内涵和情感，还能够在情感上得到升华和净化。例如，在学习革命歌曲时，教师可以结合革命历史背景，创设一个革命故事情境，让学生在学习歌曲的同时，感受革命先烈的英勇精神和爱国情怀。

3. 情境教学法的德育效果分析

情境教学法在音乐教育中的德育应用，其效果主要体现在以下 3 个方面。

（1）增强学生的情感体验

情境教学法注重学生的真实体验，让学生在情境中感受音乐的魅力和德育的价值。这种教学方法能够增强学生的情感体验，使学生在情感上得到升华和净化。例如，在模拟音乐会现场的情境中，学生可以亲身体验到音乐会的氛围和流程，从而更加深入地理解音乐的社会功能和德育价值。

（2）培养学生的道德品质

情境教学法在音乐教育中的应用，能够有效地培养学生的道德品质。通过创设各种德育情境，教师可以引导学生在学习音乐的过程中，潜移默化地接受德育的熏陶和影响。例如，在音乐故事情境中，学生可以学习到勇敢、坚强、爱国等道德品质，从而提升自己的道德水平。

（3）促进学生的全面发展

情境教学法在音乐教育中的应用，不仅能够提升学生的音乐素养和审美能力，还能够促进学生的全面发展。在情境中学习音乐，需要学生运用多种感官和认知方式，这有助于培养学生的综合素质和创新能力。同时，情境教学法还注重学生的情感体验和道德培养，这有助于培养学生的健全人格和良好品德。

（二）合作学习与道德讨论

合作学习与道德讨论在音乐教育中具有重要的意义和价值。它们不仅可以提高学生的音乐技能和道德素质，还能培养学生的团队协作精神、社会交往能力、思辨能力和语言表达能力。建构主义学习理论强调学习者在社会互动中建构知识。在合作学习中，学生通过与他人的互动和交流来建构音乐知识和技能，同时也在道德讨论中建构对道德问题的理解和认识。其次，情感教育理论注重培养学生的情感态度和价值观。在道德讨论中，学生通过对音乐作品的分析和讨论来培养自己的道德情感和价值观，形成积极的情感态度和道德观念。此外，多元智能理论也为合作学习与道德讨论的交融提供了支持。该理论认为每个学生都拥有多种智能潜能，而合作学习和道德讨论正是通过多元化的教学方式来激发学生的多元智能发展。

1. 合作学习的理论基础与实践意义

合作学习是一种以小组为单位的学习方式，它强调学生之间的互助与合作，鼓励学生在共同的目标下相互学习、相互促进。在音乐教育中，合作学习具有独特的优势。音乐是一门需要集体协作的艺术，无论是合唱还是合奏，都需要学生之间的相互配合与默契。通过合作学习，学生可以在实践中体验集体的力量和团结的重要性，从而培养团队精神和协作能力。

合作学习还有助于提高学生的社会交往能力。在小组活动中，学生需要学会与他人沟通、协商和解决问题，这些过程不仅锻炼了学生的社交技能，还培养了他们的责任心和同理心。此外，合作学习还能激发学生的学习兴趣和动力。在小组中，学生可以互相激励、互相学习，形成积极的学习氛围，从而提高学习效果。

2. 道德讨论在音乐教育中的渗透与价值

道德讨论是一种旨在引导学生思考道德问题、提高道德认识水平的教学方法。在音乐教育中，结合音乐作品中的德育内容，教师可以有效地引导学生进行道德讨论。音乐作品往往蕴含着丰富的道德观念和价值取向，如爱国主义、民族团结、社会公德等。通过讨论音乐作品的创作背景、歌词含义等，学生可以深入思考其中所蕴含的道德理念，从而提高自己的道德认识水平。

道德讨论还能培养学生的思辨能力和语言表达能力。在讨论过程中，学生需要学会分析问题、提出观点、进行论证，这些过程锻炼了学生的思辨能力。此外，讨论还需要学生用语言来表达自己的观点和想法，这有助于提高学生的语言表达能力。

3. 合作学习与道德讨论的交融与实践

在音乐教育中，合作学习与道德讨论可以相互交融、相互促进。合作学习为道德讨论提供了良好的实践平台。在小组活动中，学生可以针对音乐作品中的道德问题进行讨论和交流，形成多元化的观点和认识。这种讨论不仅有助于提高学生的道德认识水平，还能培养他们的团队协作精神和社会交往能力。道德讨论可以丰富合作学习的内涵和价值。在讨论过程中，学生不仅可以学习到音乐知识和技能，还能深入思考道德问题、提高道德素质。这种综合性的学习方式有助于培养学生的全面素质和能力，促进他们的全面发展。

合作学习与道德讨论的交融还有助于构建和谐的课堂氛围。在小组活动中，学生可以互相尊重、互相理解、互相帮助，形成积极的学习氛围。而道德讨论则引导学生关注他人的观点和感受，培养他们的同理心和包容心。这种和谐的课堂氛围有助于提高学生的学习效果和学习体验。

（三）反思性教学与自我评价

反思性教学与自我评价在音乐教育中具有重要的意义和价值。它们不仅可以帮助学生更好地掌握音乐知识和技能，还能培养学生的自我意识、自我管理能力和批判性思维。建构主义学习理论认为学习是学习者在社会互动中建构知识的过程。反思性教学和自我评价正是通过引导学生主动思考、自主学习来促进知识的建构和内化。元认知理论也强调了反思和评价在学习中的重要性。该理论认为学习者应具备对自己的学习过程和结果进行监控、调节和评价的能力，而反思性教学和自我评价正是培养这种能力的有效途径。此外，自我决定理论也为反思性教学和自我评价提供了支持。该理论认为学习者的内在动机对学习效果具有重要影响。通过自我评价和反思，学生可以激发内在的学习动机，提高学习效果和学习满意度。

1. 反思性教学的理论基础与实践意义

反思性教学起源于 20 世纪 80 年代，是一种强调学生在学习过程中进行自我反思和评价的教学方法。它鼓励学生主动思考、自主学习，通过反思自己的学习过程、策略和方法，找出自己的优点和不足，从而调整学习策略，提高学习效果。

在音乐教育中，反思性教学具有独特的实践意义。音乐是一门需要不断实践和反思的艺术，无论是演唱还是演奏，都需要学生在实践中不断摸索和进步。通过反思性教学，学生可以更加清晰地认识自己的学习过程，了解自己的优点和不足，从而有针对性地进行改进和提高。同时，反思性教学还能培养学生的自主学习能力和自我管理能力，为他们的终身学习打下坚实的基础。

2. 自我评价在反思性教学中的核心作用

自我评价是反思性教学中的核心环节，它要求学生对自己的学习表现进行客观、全面的评价。在音乐教育中，自我评价的重要性不言而喻。首先，自我评价可以帮助学生更好地认识自己的学习状况。通过评价自己的演唱或演奏表现，学生可以了解自己的技能水平、音乐感觉等方面的优点和不足，从而明确自己的学习目标。

其次，自我评价可以激发学生的内在学习动机。当学生意识到自己的不足时，他们会产生强烈的求知欲和改进欲，从而更加努力地学习和练习。此外，自我评价还能培养学生的批判性思维。在评价过程中，学生需要对自己的表现进行客观的分析和判断，这需要他们运用批判性思维来审视自己的学习过程和结果。

3. 反思性教学与自我评价在音乐教育中的实践应用

在音乐教育中，反思性教学与自我评价的实践应用主要体现在以下 3 个方面。

（1）演唱或演奏结束后的自我评价

在演唱或演奏结束后，教师应引导学生对自己的表现进行自我评价。学生可以从技能掌握、音乐表现、舞台形象等方面对自己的表现进行全面的分析，找出自己的优点和不足。这种自我评价不仅有助于学生更好地认识自己的学习状况，还能为他们的后续学习和改进提供明确的方向。

（2）小组讨论与交流中的反思与评价

在小组讨论与交流中，学生可以互相分享自己的演唱或演奏经验，对彼此的表现进行评价和反馈。这种小组讨论与交流不仅可以拓宽学生的视野，还能激发他们的反思意识。通过听取他人的评价和建议，学生可以更加客观地认识自己的学习状况，从而调整学习策略，提高学习效果。

（3）教师给予及时的反馈和指导

在反思性教学中，教师的角色也至关重要。教师应给予学生及时的反馈和指导，帮助他们明确改进方向和目标。同时，教师还应鼓励学生进行自我评价和反思，培养他们的自主学习能力和自我管理能力。

三、课外活动延伸

（一）音乐节、音乐会中的德育实践

音乐节和音乐会作为音乐文化的重要组成部分，不仅为学生提供了展示音乐才华的平台，更成为他们感受音乐魅力、提升音乐素养的重要途径。情感教育理论认为音乐是一种情感的艺术，它能够激发和培养学生的情感体验和表达能力。在音乐节、音乐会中，学生通过参与各种音乐活动，可以更加深入地体验和理解音乐所蕴含的情感和价值，从而促进他们的情感发展和人格完善。多元智能理论也为音乐节、音乐会中的德育实践提供了支持。该理论认为每个学生都拥有多种智能潜能，而音乐教育正是激发学生多元智能发展的重要途径。在音乐节、音乐会中，学生可以通过多种形式的音乐活动发展自己的音乐智能、身体运动智能、人际交往智能等，实现全面素质的提升。

1. 音乐节、音乐会的德育功能

音乐节和音乐会作为音乐教育的重要载体，具有独特的德育功能。首先，这些活动为学生提供了亲身参与音乐表演和创作的机会，让他们在实践中体验音乐的魅力和德育的价值。通过参与合唱、合奏、独唱、独奏等多种形式的音乐表演，学生不仅可以锻炼自己的音乐技能，更能在集体协作中培养团队精神、合作意识和责任感。

其次，音乐节和音乐会中的观摩活动有助于提升学生的音乐素养和审美能力。通过观摩专业音乐家的表演，学生可以领略到音乐艺术的精湛技艺和深刻内涵，从而激发自己对音乐的热爱和追求。同时，参与音乐研讨会等活动还能让学生接触到多元的音乐文化，拓宽他们的音乐视野，提高他们的音乐鉴赏力和创作能力。

2. 德育实践在音乐节、音乐会中的具体体现

在音乐节、音乐会中，德育实践的具体体现形式多样，内容丰富。首先，礼仪教育作为德育的重要组成部分，在音乐会前对学生进行必要的礼仪培训是必不可少的。通过教授学生如何着装得体、如何文明观演、如何鼓掌致意等礼仪知识，可以帮助学生树立良好的形象，提升他们的社交能力和文明素养。

其次，志愿服务活动是音乐节、音乐会中德育实践的又一重要形式。在活动期间，组织学生参与场地布置、观众引导、秩序维护等志愿服务工作，可以让学生在服务他人的过程中体验到助人为乐的快乐和责任感，培养他们的社会公德心和奉献精神。

最后，音乐节、音乐会中的创作活动也是德育实践的有效途径。通过引导学生参与音乐创作，如歌曲创作、配乐设计等，可以激发学生的创造力和想象力，培养他们的创新思维和实践能力。同时，在创作过程中融入德育元素，如以爱国主义、民族团结等为主题进行创作，还能让学生在潜移默化中接受德育的熏陶。

（二）社区音乐服务活动

社区作为城市生活的微观单元，承载着居民的日常交往与文化体验。音乐作为一种跨越文化和年龄的艺术形式，具有独特的凝聚力和感染力。当社区与音乐相遇，便诞生了一种新的社会实践形式——社区音乐服务活动。这种活动不仅丰富了社区的文化生活，更为学生提供了一个难得的实践平台，使他们在音乐的海洋中体验社会责任与成长。

1. 社区音乐服务活动的背景与意义

情境学习理论认为，学习不仅仅发生在课堂内，更应该在真实的社会情境中进行。社区音乐服务活动正是为学生提供了一个真实、复杂的社会情境，使他们在实践中学习、成长。随着社会的快速发展和教育理念的不断更新，传统的课堂教育已经不能满足学生全面发展的需求。社区音乐服务活动应运而生，它打破了学校的围墙，将学生带入真实的社会环境，通过音乐这一媒介，实现教育与社会实践的有机结合。

这种活动的意义在于多方面。对于学生而言，社区音乐服务活动提供了一种新的学习方式。在实践中，学生不再是被动接受知识的容器，而是成为主动参与者、创造者和传播者。他们可以在活动中锻炼自己的音乐技能，提升表演能力，更重要的是，培养公民意识和奉献精神。通过与社区居民的互动，学生能够更好地了解社会需求，增强社会适应能力，培养跨文化交流的能力。对于社区而言，社区音乐服务活动注入了新的活力。学生的参与为社区带来了年轻的力量和创新的思维。他们

的音乐表演和服务活动丰富了社区的文化生活，促进了社区居民之间的交流与沟通，增强了社区的凝聚力和归属感。

2. 社区音乐服务活动的具体实践

社区音乐服务活动的形式多样，内容丰富。其中，组织学生参与社区音乐文化活动是最常见的形式之一。学生可以通过参加社区合唱团、乐队或舞蹈团等团体，与社区居民一起排练、表演，共同感受音乐的魅力。在这个过程中，学生不仅可以提升自己的音乐素养和表演能力，还能学习到如何与他人合作、如何面对挑战等宝贵的社会经验。

社会参与理论认为，公民应该积极参与社会活动，承担社会责任。社区音乐服务活动正是培养学生社会参与意识和奉献精神的重要途径。通过参与活动，学生可以更加深刻地理解社会责任的内涵，培养自己的公民意识。为社区居民提供音乐表演和服务也是社区音乐服务活动的重要组成部分。学生可以利用节假日或周末时间，在社区广场、公园等公共场所进行音乐表演，为社区居民带来欢乐和享受。同时，他们还可以为社区的老年人、儿童等特定群体提供音乐辅导和陪伴服务，用自己的音乐才华和爱心温暖社区。

（三）校外音乐文化交流

音乐作为一种跨越国界和文化的艺术形式，承载着人类的情感、历史和传统。在当今全球化的时代，校外音乐文化交流显得尤为重要，它为学生提供了一个独特的平台，以拓宽音乐视野、增进对不同音乐文化的理解，并培养全球意识和多元文化素养。实践育人理念正是强调了校外音乐文化交流的重要性。实践是检验真理的唯一标准，通过亲身参与校外音乐文化交流活动，学生可以在实践中学习、体验和成长。这种实践育人的方式有助于培养学生的实践能力、创新精神和社会责任感。

1. 校外音乐文化交流的重要性

跨文化交际理论认为，通过接触和了解不同文化，可以促进个人的文化认知和自我发展。校外音乐文化交流正是为学生提供了一个了解和体验不同音乐文化的机会，有助于培养他们的跨文化适应能力和全球意识。校外音乐文化交流是连接不同音乐文化的桥梁。通过组织学生参加国际音乐节、音乐研讨会以及与国外学校的音乐文化交流等活动，学生有机会接触和了解世界各地的音乐文化和艺术形式。这种交流不仅让学生领略到不同音乐风格的魅力，还能深入了解音乐背后的文化内涵和社会背景。

这种交流对于学生的个人成长和发展也具有重要意义。首先，它能够开拓学生的国际视野，使他们具备跨文化交流的能力。在与不同文化背景的人们的交流中，学生能够学会尊重和理解差异，培养开放和包容的心态。其次，校外音乐文化交流能够提升学生的艺术鉴赏力和创新能力。通过接触多样化的音乐作品和表演形式，学生能够更加敏锐地感知音乐的美感和表现力，从而激发自己的创作灵感和想象力。

2. 校外音乐文化交流的具体形式

校外音乐文化交流的形式多样，内容丰富。国际音乐节是其中最具代表性的形式之一。国际音乐节通常汇聚了来自世界各地的音乐家和表演者，他们通过音乐展示各自的文化特色和艺术风格。学生可以通过观看演出、参与工作坊和讲座等活动，深入了解不同国家和地区的音乐文化，感受音乐的多样性和包容性。

此外，音乐研讨会也是校外音乐文化交流的重要形式。音乐研讨会通常由音乐家、学者和专家主持，他们围绕特定的音乐主题展开深入的探讨和交流。学生可以通过参与研讨会，了解最新的音乐研究动态和不同学派的观点，拓宽自己的学术视野。

与国外学校的音乐文化交流也是一种富有成效的形式。通过与国外学校的合作，学生可以进行互访交流，共同举办音乐会和音乐工作坊等活动。这种形式的交流不仅能够增进学生对不同音乐文化的理解，还能促进校际的友谊和合作。

第四节　案例分析——音乐教育与德育融合实践探索

一、案例介绍

音乐教育作为提升个体审美和人文素养的基本途径，在学生全面发展的教育过程中占据着不可或缺的地位。在新时代背景下，音乐审美更是成为人民追求美好生活的一种刚需。广东省深圳市光明区玉律学校，作为一所九年一贯制学校，已经在音乐教育与德育融合方面取得了显著的实践成果。

玉律学校创办于1937年，前身为“玉律学堂”。中华人民共和国成立后，宝安县人民政府接管了“玉律学堂”，并将其更名为“玉律小学”。在20世纪60~70年代期间，学校曾更名为“玉田湾小学”。1979年，撤销附设初中班后，恢复使用“玉律小学”的名称，并沿用至今。自2009年开始，学校进行了旧校改造。由于学校位于“握手楼”林立的城中村，并且接纳了93%的进城劳务工子女，因此一直被冠以“村小”的标签。到了2020年，六年制的玉律小学升级为九年一贯制学校，并开始对两所由民办转为公办的幼儿园进行一体化管理，实现了K+9的管理模式。

这所城中村小学的蜕变发展成为幼小初一体化办学，且在区域内具有较大辐射力与影响力的九年一贯制学校，其中美育与德育的融合探索起到了关键性的作用。

（一）音乐教育与德育的融合——问题的提出

玉律学校在音乐教育工作的具体实践中，梳理出了以下三个突出问题。

问题一，音乐教育往往被视为一个孤立的教育领域，它与其他教育领域如德育、智育、体育、劳育之间缺乏有效的融合与协同。例如，在课程设置方面，音乐教育课程可能与其他学科课程相互独立，缺乏跨学科整合；在教学实施上，音乐教育活动常常孤立进行，未能与其他学科的教学活动实现有机结合。这种割裂状况导致学生难以将音乐教育经验应用于其他学习和生活领域，也无法从其他学科中获得对美的更深入理解和体验。

问题二，音乐教育的实施过于注重情感层面的审美体验，即让学生感受美、欣赏美，但相对忽视了对美的深度思考和创造性表达。换言之，学生在音乐教育课堂上往往只是被动地接受美的熏陶，而缺乏主动思考和表达美的机会。例如，在艺术欣赏课上，教师可能只是简单地介绍作品的历史背景和艺术特点，然后让学生欣赏作品，却很少引导学生深入思考作品所表达的主题、情感和意义，也很少鼓励学生运用自己的想象力和创造力来表达对音乐的理解和感受。

问题三，音乐教育在技能培养方面过于单一，缺乏对文化、历史等多学科知识的综合运用。换言之，音乐教育往往只关注学生的艺术技能培养，如演奏乐器、演唱歌曲、舞蹈等，而忽视了对艺术作品背后所蕴含的文化、历史和社会背景的深入探究。例如，在音乐课上，教师可能只是教授学生演唱技巧和曲目，但很少引导学生了解音乐作品的社会背景和文化内涵。这种偏重技能培养而忽视多学科知识综合运用的做法，导致学生对艺术作品的理解停留在表面层次，无法深入领悟其丰富内涵和独特价值。

为了解决这些问题，玉律学校开始探索音乐教育与德育融合的实践模式，通过构建融通式的音乐教育课程教学体系，来加强美育与其他学科之间的融合与协同。这一实践旨在培养学生的综合审美素养和创作能力，以促进学生的全面发展。例如，在课程设置上加强跨学科整合，将音乐教育元素融入其他学科课程中；在教学实施上注重引导学生深度思考和创造性表达；在技能培养上注重多学科知识的综合运用等。通过这些具体举措，推动学校美育工作的改进与发展。

（二）音乐教育与德育的融合——实践过程与方法

1. 立足音乐教育，审美引领创品牌

为了推进玉律学校音乐教育的“精特美”整体转型变革，我们将音乐教育实践理念升级为“立足音乐美育，以审美为引领打造品牌”。此举旨在以音乐教育为基础，深入挖掘艺术教育的丰富内涵，进而提升学生的审美素养和创造力。同时，我们强调音乐教育与其他学科的有机融合，构建跨学科的美育教育体系，以有助于学生全面发展。

2. 打造德美融合“一师一品”

第一，我们充分鼓励教师找准自身专业优势，打造自己的成长工作室。第二，结合特色进入课堂，我们支持教师开发校本课程，打造自己的专业品牌。第三，我们凝练专业品牌文化，提升专业品牌品质，实现“普及与特长相结合、整体与特色发展相结合”的转型提升。第四，我们建立玉律学校特色的学生发展核心素养体系，同时打造成长评价体系，完善机制以促进发展。

3. 打造特色课程，融合音乐教育与德育

玉律学校通过综合融通、创新推动德育、智育、体育、美育、劳育工作的开展，整合美育资源，加强各学科有机融合，强化实践体验，完善评价机制，形成了以国家基础课程、学科拓展课程、课后服务课程为基础的“玉律课程”体系。同时，我们出版了著作《大美育课程改革实践研究》，进一步扩大学校大美育工作的辐射力，为全国中小学美育工作提供了范式。

（三）音乐教育与德育的融合——提出新主张

我们提出美育重在精神境界涵养的观点，认为美育的核心目标在于培育学生的精神境界，它实质上是一种深刻的人文教育。通过音乐教育，学生得以通过感性的、情感的审美体验来直观地认识和理解世界，进而激发其想象力与创造力。这一过程不仅锻炼了学生的认知智能，更在深层次上滋养了他们的人性，培育出丰富的人文精神。美育如同心灵的甘泉，温润着学生的内心世界，提升他们追求和创造美好生活的精神层次。

我们主张美育具有真善美的内在统一。美育不仅与真善美息息相关，更是与德性涵养、自然世界认知、身体健美、劳动创造等方面紧密相连。它是一种身心合一的教育方式，旨在引领学生体验和感悟完整的、智慧的生命旅程，激发他们“向美而生”的精神追求。

我们提出了超越技能性审美的综合性美育观点，认为审美感知、审美欣赏、审美想象、审美创造是一个系统，同时美育具有跨学科的特点。我们指出当前中小学审美教育的根本问题在于单向度化以及技能化或浅表化，提出必须从单向度的美育走向综合性的美育，必须从技能性审美走向思想、心灵或精神的审美，真正实现育美化人。

（四）音乐教育与德育的融合——获得成效

玉律学校的音乐教育与德育融合实践探索取得了显著成果。学校在实践中不断更新理念、提升师资、改善环境，形成了独特的玉律大美育品牌。同时，通过在各学科中渗透美的教育、构建开放的互动课堂等措施，我们实现了学生全面发展的教育目标。我们成功地将一所劳务工子女占93%的城中村小学，发展成为一所学生综合素养高、主动发展，教师职业幸福感高、自我超越的九年一贯制现代化学校。玉律学校的成功经验为其他学校提供了有益的借鉴，有助于推动中小学美育与德育融合实践的发展。

二、案例分析

（一）玉律学校在音乐教育与德育融合实践中采取的措施

1. 立足音乐教育，审美引领创品牌

为了推进玉律学校美育的“精特美”整体转型变革，其音乐教育实践理念升级为“立足音乐美育，审美引领创品牌”。此举旨在以音乐教育为基石，深入挖掘艺术教育的丰富内涵，进而提升学生的审美素养和创造力。强调音乐教育与其他学科的有机融合，构建跨学科的美育教育体系，将有助于学生全面发展。

2. 更新理念、提升师资、改善环境

玉律学校在实践中不断更新理念、提升师资、改善环境，形成了独特的玉律大美育品牌。同时，通过在各学科中渗透美的教育、构建开放的互动课堂，实现了学生全面发展的教育目标。

3. 跨学科整合

玉律学校在音乐教育与德育融合实践中，注重音乐教育与其他学科的有机融合，构建跨学科的美育教育体系。这种跨学科的整合有助于学生将美育经验应用到其他学习和生活领域，并从其他学科中获得对美的更深入理解和体验。

4. 深度思考和创造性表达

玉律学校在美育实施中，不仅注重情感层面的审美体验，还强调对美的深度思考和创造性表达。例如，在艺术欣赏课上，教师会引导学生深入思考作品所表达的主题、情感和意义，鼓励学生运用自己的想象力和创造力来表达对美的理解和感受。

玉律学校的这些措施为其他学校提供了有益的借鉴，有助于推动中小学美育与德育融合实践的发展。

（二）玉律学校的音乐教育与德育融合实践取得了显著成果

学校通过不断更新理念、提升师资、改善环境，形成了独特的玉律大美育品牌。在实践中，学校采取了在各学科中渗透美的教育、构建开放的互动课堂等措施，实现了学生全面发展的教育目标。这些成果不仅提升了学生的审美和人文素养，也为学生全面发展提供了有力支持。

此外，玉律学校的音乐教育与德育融合实践探索还取得了以下显著成果：成功地将一所劳务工子女占93%的城中村小学，发展成为一所学生综合素养高、主动发展，教师职业幸福感高、自我超越的九年一贯制现代化学校。这些成果为其他学校提供了有益的借鉴，有助于推动中小学美育与德育融合实践的发展。

同时，玉律学校还关注学生的心理健康和情感发展，通过开展心理健康教育和情感教育等措施，帮助学生建立积极的心态和情感态度，提高学生的心理健康水平，为学生未来的发展奠定良好的基础。并且，学校也注重学生的社会适应能力和创新能力培养，通过开展社会实践和科技创新等活动，帮助学生了解社会、增强社会责任感，同时激发学生的创新精神和实践能力，为学生的未来发展提供了更多机会和可能性。

不仅如此，玉律学校的音乐教育与德育融合实践探索在本地产生了广泛的影响力，同时在区域内也有较大的辐射力。通过与其他学校的交流合作和经验分享，玉律学校的成功经验得以传播和应用，为更多学校提供了有益的借鉴和启示，推动区域内的教育均衡发展，提高整体教育水平。

（三）玉律学校的音乐教育与德育融合实践的主要表现

1. 更新教育理念

学校不断更新教育理念，强调音乐教育与德育的相互渗透，着重培养学生的审美情趣和道德情感。通过音乐教育，学校引导学生关注社会、关心他人，培养他们的责任感和公民意识。

2. 提升师资力量

学校重视师资力量的培养和提高，通过引进优秀教师、组织专业培训、开展教研活动等多种形式，大力提升教师的专业素养和教育教学能力。教师们在教学过程中不断探索、总结经验，逐渐形成了独具特色的教育教学方法。

3. 改善教学环境

学校大力改善音乐教学环境，提供丰富的教学资源，如音乐教室、专业音响设备、各类乐器等。通过营造良好的音乐学习氛围，有效激发学生学习音乐的兴趣，进一步释放学生的创造力。

4. 学科融合

玉律学校在音乐教育中特别注重与其他学科的融合，如语文、历史、地理等。通过创新性地将音乐与文学、历史、地理等学科相结合，使学生在学习音乐的同时，能够拓宽知识面，更加深入地理解人文精神。

5. 开展实践活动

学校精心组织开展丰富多彩的音乐实践活动，如音乐会、歌咏比赛、文艺汇演等。学生通过参与实践活动，能够将所学知识运用到实际中，切实提高自身的表演能力和团队协作精神。

（四）玉律学校的音乐教育与德育融合实践对于提升个体审美和人文素养具有重要作用

音乐教育作为提升个体审美和人文素养的重要途径，在学生全面发展的教育过程中占据着举足轻重的地位。在新时代背景下，音乐审美更是成为人民追求美好生活的一种刚性需求。玉律学校通过在音乐教育中巧妙地融入德育内容，使学生在音乐的欣赏、表现、创造过程中，不仅审美能力得到了显著提升，还逐渐培养了优良的道德品质和人文素养。

三、案例的启示与反思

音乐教育与德育的融合是具有挑战性和深度的课题，它涉及如何通过音乐教育来培育学生的道德和人文素质。玉律学校的实践为我们带来了深刻的启示与反思。

（一）玉律学校的实践揭示了一个重要问题：美育与其他教育领域的割裂

美育与其他教育领域的割裂导致学生难以将美育经验应用到其他学习和生活领域，也无法从其他学科中深化对美的理解和体验。为了打破这种割裂，学校应积极推动音乐教育与德育的有机融合。音乐，作为美育的关键部分，拥有其独特的审美意义和人文内涵。通过音乐教育，学生可以培养对美的敏感度和创造力，进而提升个人的审美素养；而德育则关注学生的道德塑造和价值观形成，对学生全面发展至关重要。

音乐与德育的结合具有显著优势。这种融合不仅有助于培养学生的的全面素养，使他们在审美能力之外，也具备良好的道德品质，而且还能促进学生的情感表达和沟通能力的提升，对其心理健康大有裨益。此外，这种教育模式为学生提供了更广阔的发展空间，帮助他们更好地适应未来社会。为了实现这一目标，学校需要采取切实有效的措施：首先，要加强音乐与德育课程之间的整合，让两者相辅相成；其次，要强调实践体验，让学生在音乐活动中领会德育的价值；最后，要加强教师培训，提升教育水平。

（二）玉律学校的实践强调了美育在精神境界培养中的重要性

美育的核心在于提升学生的精神世界，这实质上是一种深刻的人文教育。通过美育，学生能够通过感性的、情感的审美体验来直观地认识世界，进而激发想象力和创造力。这不仅锻炼了学生的认知能力，更在深层次上滋养了他们的人性，培育出丰富的人文情怀。这提醒我们，音乐教育不止于传授技艺和知识，更要引领学生体验生命旅程，激发他们“向美而生”的精神追求。

（三）玉律学校倡导的超越技能性审美的综合性美育观点值得深思

在中小学审美教育中，我们需从单一的美育转向综合性的美育，从技能性审美转向思想、心灵的审美。这意味着，音乐教育不仅要关注学生的技能训练，更要注重通过音乐培育其道德和人文素养。音乐与德育的融合发展需要深入探索和实践。

首先，我们需进一步挖掘音乐教育中的德育元素，找到两者的契合点，使德育自然融入音乐教育。其次，要创新音乐教育方式，更好地服务于学生的全面发展。最后，要建立健全的评价机制，科学、客观地评估音乐教育与德育的融合实践，以促进其持续发展。

在教育挑战与对策方面，需克服当前音乐教育中德育实践的不足，如过分注重技能训练等。同时，教师要积极探索和实践音乐与德育的融合方式，如通过音乐欣赏、创作等环节培养学生的道德品质。此外，要加强教师培训和教育理念的更新，提升教师开展融合教育的能力。

综上所述，音乐与德育的融合是复杂且具有挑战性的课题。它需要我们深入挖掘音乐教育中的德育元素，创新教育方式，并建立完善的评价机制。只有这样，我们才能真正通过音乐教育培养学生的道德品质和人文素养，为他们的全面发展打下坚实基础。

第五章　音乐教育与德育的融合策略与方法

第一节　课程设计——音乐教育与德育的融合路径

随着教育改革的不断深入，音乐教育与德育的融合已成为当前教育领域的重要议题。音乐作为一种艺术形式，蕴含着丰富的情感和思想，具有独特的德育功能。它有着独特的德育功能，能够触及学生的心灵，引导他们形成正确的价值观和道德观。然而，如何巧妙地将音乐教育与德育相结合，发挥二者的最大效用，是当前教育领域亟待探索的课题。通过精心设计的音乐课程，我们可以让学生在欣赏音乐之美的同时，感受到道德的力量，从而在潜移默化中提升他们的道德素养。这不仅能够丰富学生的精神世界，更能为他们未来的成长奠定坚实的基础。因此，深入研究音乐教育与德育的融合路径，对于推动教育改革、培养全面发展的人才具有重要意义。

一、德育目标在音乐课程中的体现

心理学研究表明，音乐能够激发人的情感共鸣，有助于培养人的道德情感和道德行为；教育学理论指出，音乐教育应注重学生的情感体验和价值观引导，以实现其德育功能。德育作为教育的核心组成部分，旨在引导学生形成正确的道德观念和行为习惯。音乐教育作为美育的重要形式，不仅能够陶冶学生的情操，还能在潜移默化中培养他们的道德素养。因此，探索音乐教育与德育的融合路径，对于推动教育改革、培养全面发展的人才具有重要意义。

（一）音乐教育的德育功能

音乐是一种独特的艺术形式，它通过声音和节奏来表达情感和思想。在音乐教育中，学生不仅可以学习到音乐知识和技能，还能在欣赏和创作音乐的过程中体验到美的力量和道德的魅力。具体来说，音乐教育的德育功能主要体现在以下 3 个方面。

1. 情感熏陶

音乐能够触及学生的心灵，激发他们的情感共鸣。通过欣赏优美的音乐作品，学生可以感受到生活中的美好和温暖，从而形成积极向上的情感态度。

2. 价值观引导

音乐作品中蕴含着丰富的价值观和道德观念。通过学习和欣赏音乐作品，学生可以了解到不同文化背景下的道德规范和价值观念，从而引导他们形成正确的价值观。

3. 团结协作

音乐教育注重集体合作和团队协作。在合唱、合奏等音乐活动中，学生需要学会倾听他人的声音、与他人保持和谐，这有助于培养他们的团队精神和协作能力。

（二）音乐教育与德育的融合路径探索

1. 音乐教育与德育融合的课程设计路径

（1）确立明确的德育目标

在音乐课程设计中，应明确德育目标，并将其与音乐课程目标相结合。德育目标的确立应关注学生的道德认知、道德情感和道德行为三个方面。通过音乐作品的欣赏、创作和表演等活动，引导学生感受音乐作品中的道德力量，表达积极向上的情感和思想，从而培养学生的道德情操和价值观。

（2）挖掘音乐作品中的德育元素

音乐作品作为音乐教育的载体，蕴含着丰富的德育元素。在选择音乐作品作为教学内容时，应注重挖掘其中的德育元素。例如，选择一些具有爱国主义情怀、反映社会正能量的歌曲作为教学内容，引导学生感受其中的道德情感和价值观。同时，还可以通过音乐作品的创作背景、歌词内容等方面，深入挖掘其中的德育元素，为德育目标的实现提供有力支撑。

2. 音乐教育与德育融合的教学方法路径

（1）情境模拟与角色扮演

情境模拟与角色扮演是一种有效的教学方法，能够让学生在模拟的情境中深入体验音乐作品中的情感和思想。通过创设与音乐作品相关的情境，让学生扮演其中的角色，可以使学生更加深入地理解音乐作品的内涵和道德力量。例如，在欣赏一部具有爱国主义情怀的音乐作品时，可以创设相关的历史情境，让学生扮演其中的英雄人物，从而深刻体验爱国主义情感。

（2）小组合作与讨论

小组合作与讨论是一种能够激发学生思维、培养学生团队协作能力的教学方法。在音乐教育中，可以通过小组合作与讨论的方式，引导学生共同探讨道德问题和价值观。例如，在创作一首反映社会正能量的歌曲时，可以让学生分组进行创作，并在创作过程中讨论歌曲的主题、情感表达等方面的问题，从而培养学生的道德认知和团队协作能力。

3. 音乐教育与德育融合的评价方式路径

（1）表现性评价

表现性评价是一种注重过程评价的方式，能够全面评估学生在音乐活动中的表现。在音乐教育中，可以将学生在音乐活动中的表现纳入评价范围，如学生在演唱、演奏、创作等方面的表现。同时，还可以关注学生在音乐活动中的道德表现，如是否遵守纪律、是否尊重他人等，从而全面评估学生的音乐素养和道德素养。

（2）观念性评价

观念性评价是一种注重对学生思想观念进行评价的方式。在音乐教育中，可以通过让学生表达对道德问题的看法、对音乐作品的理解等方式，评估学生的道德认知和价值观。例如，在欣赏一部具有深刻道德内涵的音乐作品后，可以让学生发表自己的感想和看法，从而了解学生的道德观念和价值取向。

4. 理论文献支撑与实践意义

音乐教育与德育的融合路径探索得到了众多理论文献的支撑。多元智能理论认为，人的智能是多元化的，音乐教育能够培养学生的音乐智能和道德智能。同时，情感教育理论也强调音乐教育在培养学生情感方面的重要作用。这些理论为音乐教育与德育的融合提供了有力的理论支撑。

从实践意义上看，音乐教育与德育的融合有助于培养学生的道德情操和价值观，提高学生的全面素养。通过情境模拟、角色扮演等教学方法的运用，可以使学生更加深入地理解音乐作品中的道德力量；通过小组合作、讨论等教学方式的开展，可以培养学生的团队协作能力和道德认知能力；通过表现性评价、观念性评价等评价方式的实施，可以全面评估学生的音乐素养和道德素养。

二、音乐课程内容的选择与编排

心理学研究表明，音乐能够激发人的情感共鸣，有助于培养人的道德情感和道德行为；教育学理论指出，音乐教育应注重学生的情感体验和价值观引导，以实现其德育功能。在音乐教育中，课程内容的选择与编排直接关系到教育目标的实现和教育效果的达成。因此，如何以德育价值为导向，选择具有德育价值的音乐作品作为教学内容，并按照德育主题进行课程内容的编排与设计，成为当前音乐教育领域亟待探讨的课题。

（一）音乐课程内容的选择——注重德育价值

1. 选择具有德育价值的音乐作品的重要性

音乐作品是音乐教育的载体，选择具有德育价值的音乐作品作为教学内容，是实现音乐教育与德育有效融合的基础。具有德育价值的音乐作品，不仅能够体现音乐艺术的魅力，更能传递积极向上的价值观，引导学生形成正确的道德观念和行为习惯。

2. 具有德育价值的音乐作品的特征

具有德育价值的音乐作品通常具有以下特征。首先，作品应具有思想性，能够表达积极向上的情感和思想；其次，作品应具有艺术性，能够体现音乐艺术的魅力和特点；最后，作品应具有教育性，能够传递正确的道德观念和价值观。

3. 选择具有德育价值的音乐作品的策略

在选择具有德育价值的音乐作品时，应注重以下三点策略。首先，要关注作品的思想性和教育性，确保作品能够传递正确的道德观念和价值观；其次，要注重作品的艺术性和审美性，确保作品能够体现音乐艺术的魅力和特点；最后，要关注作品的适宜性和可接受性，确保作品能够符合学生的认知水平和审美需求。

（二）音乐课程内容的编排——以德育主题为导向

1. 按照德育主题进行课程内容编排的意义

按照德育主题进行课程内容的编排与设计，是实现音乐教育与德育有效融合的重要途径。通过围绕特定的德育主题组织课程内容，可以使学生更加深入地理解音乐作品中的情感和思想，更加明确地感受到音乐作品中的道德力量和价值观。

2. 德育主题的确定与课程内容的编排

在确定德育主题时，应注重以下三点。首先，要关注社会热点和时代精神，确保德育主题能够与时俱进；其次，要注重学生的年龄特点和认知需求，确保德育主题能够符合学生的实际情况；最后，要关注音乐作品的特点和内涵，确保德育主题能够与音乐作品相契合。

在编排课程内容时，应注重以下三点。首先，要围绕德育主题选择恰当的音乐作品，确保课程内容能够体现德育价值；其次，要注重课程内容的连贯性和系统性，确保课程内容能够形成一个有机的整体；最后，要注重课程内容的实践性和体验性，确保课程内容能够让学生在实际操作中体验和感受道德的力量。

三、跨学科整合与课程设计

多元智能理论认为，人的智能是多元化的，不同学科领域的智能发展相互促进。因此，将音乐与其他学科相结合，有助于促进学生的全面发展。同时，实践性学习理论认为，学习是通过实践来获得的经验和知识。设计综合性课程项目，让学生在实践中体验音乐与德育的融合，符合实践性学习理论的要求。通过将音乐与其他学科相结合，并设计综合性课程项目，可以有效地提升学生的音乐素养和道德素养，培养学生的社会责任感和公民意识。这对于推动教育改革、培养全面发展的人才具有重要意义。

（一）音乐与其他学科的结合策略

1. 音乐与历史的结合

音乐与历史有着密切的联系，许多音乐作品都是在特定的历史背景下产生的。通过将音乐与历史相结合，可以让学生在了解历史背景的基础上，更好地理解音乐作品中的情感与思想。例如，在学习某一时期的音乐作品时，可以引入该时期的历史事件、社会风貌等内容，帮助学生建立起音乐作品与历史背景的关联。

2. 音乐与文学的结合

音乐与文学同样具有密切的关联，许多音乐作品的歌词都具有深厚的文学内涵。通过将音乐与文学相结合，可以让学生在欣赏音乐作品的同时，提升文学素养和审美能力。例如，在学习某一首歌曲时，可以引导学生分析歌词中的意象、情感等要素，感受音乐与文学的交融之美。

（二）综合性课程项目的设计与实践

为了更好地让学生在实践中体验音乐与德育的融合，可以设计一些综合性的课程项目。以下是一个以“音乐与社会责任”为主题的课程项目设计案例。

1. 项目主题与目标

本项目以“音乐与社会责任”为主题，旨在通过实际操作来让学生感受音乐的力量和社会责任感的重要性。具体目标包括：提升学生的音乐表演能力；培养学生的团队合作意识和组织协调能力；增强学生的社会责任感和公民意识。

2. 项目实施过程

（1）策划阶段

学生自行组队，确定音乐会的主题、曲目、表演形式等，并制定详细的策划方案。在此过程中，学生需要充分了解社会责任的内涵，将其融入音乐会的策划中。

（2）组织实施阶段

学生按照策划方案进行排练、宣传等工作，同时邀请专业人士进行指导。在此过程中，学生需要注重团队协作、时间管理等方面的能力培养。

（3）表演与反思阶段

学生举行音乐会，展示自己的成果。在音乐会结束后，组织学生进行反思与总结，分享自己在项目实施过程中的收获与感悟。

3. 项目评价与效果

通过本项目的实施，学生不仅提升了音乐表演能力，还培养了团队合作意识和组织协调能力。更重要的是，学生在实际操作中深刻体验到了音乐的力量和社会责任感的重要性。许多学生表示，在策划和组织音乐会的过程中，更加深刻地认识到了作为社会公民应承担的责任与义务。

第二节　教学方法——如何在音乐教育中实现德育目标

随着素质教育的不断推进，音乐教育在培养学生全面素养方面的作用日益凸显。音乐教育不仅能够陶冶学生的情操、提高学生的审美能力，还能够有效渗透德育内容，培养学生的道德情操和社会责任感。因此，如何在音乐教育中实现德育目标，成为当前教育领域关注的重要问题。

一、情境教学法在音乐教育中的应用

情境教学法是一种以情境为核心，通过创设生动、具体的场景来激发学生情感、引导学生体验的教学方法。它强调知识与情境之间的相互关联，注重学生在情境中的主体体验和主动构建。在音乐教育中，情境教学法的应用能够让学生在欣赏音乐的同时，体验其中的道德情感，加深对德育内容的理解。

（一）创设德育情境，让学生在音乐中体验道德情感

音乐作品中蕴含着丰富的情感和思想，通过创设与音乐作品相关的德育情境，可以让学生在欣赏音乐的同时，体验其中的道德情感。

在教授《歌唱祖国》这首经典的爱国主义歌曲时，教师可以结合现代科技手段，创设一个富有创意和感染力的德育情境。为学生打造一个沉浸式的历史场景。比如，模拟抗战时期的战场环境，让学生身临其境地感受那个时代的艰辛与英勇。这样的情境设置有助于学生更深刻地理解歌曲中表达的对祖国的热爱和牺牲精神。邀请当地的老兵或英雄人物来到课堂，与学生分享他们的亲身经历。通过他们的讲

述，学生可以更加直观地感受到歌曲中蕴含的爱国主义情感，从而激发自己的爱国之情。在这样的情境下，教师引导学生学习《歌唱祖国》的歌词和旋律，让学生深情地演唱这首歌曲。在演唱过程中，学生可以深刻体验到歌曲中蕴含的对祖国的热爱和祝福之情。

在教授这《大自然的声音》首以环保为主题的歌曲时，教师可以结合当前的环境问题，创设一个引人深思的德育情境。展示一些受污染影响的地区的照片或视频，如被塑料垃圾覆盖的海洋、因砍伐森林而失去家园的动物等。这些直观的影像资料可以让学生深刻认识到环境污染和破坏对自然生态造成的严重后果。引导学生开展一次环保实践活动，如校园内的垃圾分类、植树造林等。通过亲身参与，学生可以更加深入地理解环保的重要性，并培养起自己的环保意识和责任感。在这样的背景下，通过学习《大自然的声音》歌曲的歌词和旋律，学生可以更加深刻地领悟到自然界的美好与珍贵，并激发起保护环境的决心和行动。同时，歌曲的优美旋律也可以带给学生愉悦的审美体验。

这两个案例都充分利用了音乐作品的特点和优势，通过创设生动、具体的德育情境来引导学生体验道德情感、加深对德育内容的理解。这样的教学方法不仅可以提高音乐教育的效果和质量，还可以有效渗透德育内容、培养学生的道德情操和社会责任感。

（二）通过角色扮演、音乐游戏等方式加深对德育内容的理解

在音乐教育中，情境教学法的应用能够有效地将德育内容融入其中，让学生在轻松愉悦的氛围中接受道德教育。其中，角色扮演和音乐游戏是情境教学法中常用的教学手段，对于加深学生对德育内容的理解具有重要作用。建构主义理论认为，知识是在特定情境中通过主体与环境的相互作用而构建的。情境教学法正是基于这一理论，通过创设生动、具体的情境来引导学生主动构建知识。在音乐教育中，角色扮演和音乐游戏等情境教学法的应用正是体现了建构主义的理念，让学生在特定情境中通过角色扮演和音乐游戏等方式来加深对德育内容的理解。

1. 角色扮演在音乐教育中的德育作用

角色扮演是一种让学生在特定情境中扮演不同角色，通过模仿、体验等方式来加深对德育内容理解的教学方法。在音乐教育中，角色扮演的应用能够让学生在参与过程中更加深入地理解音乐作品中的道德情感。

例如，在教授友谊主题的歌曲时，教师可以组织学生进行角色扮演，分别扮演歌曲中的朋友角色。通过扮演不同的角色，学生能够更加深入地理解歌曲中表达的友谊的珍贵和团结的力量。在角色扮演的过程中，学生不仅需要理解歌曲中的情感，还需要通过自己的表演将其呈现出来。这样的教学方式不仅能够提高学生的音乐理解能力，还能够培养学生的道德情感和表达能力。

2. 音乐游戏在音乐教育中的德育作用

音乐游戏是一种寓教于乐的教学方式，通过游戏的形式让学生在轻松愉悦的氛围中学习德育内容。在音乐教育中，音乐游戏的应用能够让学生在游戏中加深对德育内容的理解。例如，教师可以设计与歌曲主题相关的音乐游戏，如“歌曲接龙”、“歌曲猜谜”等。在游戏过程中，学生不仅可以巩固所学歌曲，还能够在游戏中培养自己的合作精神和竞争意识。通过游戏的形式，学生能够更加积极地参与到音乐学习中来，从而更加深入地理解音乐作品中的道德情感。音乐游戏还能够培养学生的创造力和想象力。在游戏中，学生需要发挥自己的想象力和创造力来解决问题或完成任务。这样的教学方式不仅能够提高学生的音乐素养，还能够培养学生的创新精神和实践能力。

情感教育理论强调音乐教育在培养学生情感方面的重要作用。情境教学法通过让学生在音乐中体验道德情感，有效实现了情感教育的目标。角色扮演和音乐游戏等教学方式的应用，能够让学生在参与过程中更加深入地理解音乐作品中的道德情感，从而培养学生的道德情操和社会责任感。

角色扮演和音乐游戏等情境教学法的应用在音乐教育中对于加深学生对德育内容的理解具有重要意义。通过角色扮演，学生能够更加深入地理解音乐作品中的道德情感和历史事件；通过音乐游戏，学生能够在游戏中加深对德育内容的理解并培养自己的合作精神和竞争意识。这些教学方式的应用不仅能够提高学生的音乐素养和审美能力，还能够培养学生的道德情操和社会责任感。因此，在音乐教育中，教师应该注重情境教学法的应用，通过角色扮演、音乐游戏等方式来加深学生对德育内容的理解。

在未来的音乐教育实践中，教师还可以进一步探索情境创设的多样性和创新性，如结合虚拟现实技术创设更加逼真的情境；同时注重情境教学法与其他教学方法的有机结合形成更加完善的教学体系；并关注学生在情境中的主体体验和主动构建过程以更好地实现音乐教育的德育目标。

二、合作学习法在音乐教育中的实施

合作学习法是一种以小组合作学习为主要形式，通过学生之间的互相合作、互相帮助来实现学习目标的教学方法。在音乐教育中，合作学习法的实施有助于培养学生的团结协作精神和集体荣誉感。

（一）组织小组合作学习，培养团结协作精神

小组合作学习是一种富有成效的教学方式，它将学生分成若干小组，鼓励学生在小组内展开互动与合作，共同完成学习任务。在音乐教育中，小组合作学习的形式可以多样，如小组合唱、小组乐器合奏、小组音乐创作等。这些活动要求学生不仅要关注自己的表现，还要关注与小组成员的协同合作。

在小组合作学习的过程中，学生需要学会倾听。倾听是合作的基础，每个学生都需要倾听他人的意见和建议，理解他人的想法和感受。在音乐创作中，这可能意味着倾听他人的旋律构思，理解他人的节奏感觉，然后在此基础上进行协同创作。这种倾听和理解的过程，实际上就是团结协作精神的初步体现。其次，学生需要学会表达。在小组中，每个学生都是平等的参与者，每个人都有权利和责任表达自己的看法和感受。在音乐表演中，这可能意味着每个学生都需要在适当的时机发挥自己的特长，为小组的表演增添色彩。这种表达的过程，不仅能够增强学生的自信心，也能够促进小组成员之间的互相了解和信任。

更为重要的是，学生需要学会协作。协作是团结的最高形式，它要求学生不仅能够理解他人，还能够与他人共同解决问题，共同完成任务。在音乐创作中，这可能意味着学生需要共同讨论旋律、节奏、和声等音乐元素，共同创作出一首完整的歌曲。这种协作的过程，不仅能够提高学生的音乐素养，更能够培养学生的团队精神和集体荣誉感。

小组合作学习的另一个重要方面是它能够激发学生的学习兴趣和创造力。在小组中，学生可以互相启发、互相激励，共同探索音乐的奥秘。这种学习方式不仅能够提高学生的学习效率，还能够培养学生的自主学习能力和创新精神。

（二）在音乐创作与表演中引导学生互相学习、互相帮助

在音乐创作中，学生面临的是对音乐的理解与表达。每个学生都有自己独特的音乐感受和创作思路。当学生们聚集在一起进行音乐创作时，这些不同的感受和思路就会相互碰撞、相互融合，从而产生新的创作火花。在这个过程中，教师应该鼓励学生们积极分享自己的创作想法，同时也要引导他们学会倾听他人的意见。通过互相交流，学生们可以发现自己的不足之处，并从他人的创作中得到启发，不断完善自己的作品。例如，在一次歌曲创作活动中，学生们可以分组进行。每个小组成员都可以提出自己的旋律构思、歌词创意等。然后，大家可以一起讨论、评价，选择最合适的元素进行整合。在这个过程中，学生们不仅可以锻炼自己的音乐创作能力，还可以学会如何与他人合作、如何取长补短。

音乐表演则是音乐创作的延伸和展示。在表演中，学生们需要将自己对音乐的

理解通过演奏、演唱等方式呈现出来。这同样是一个需要互相学习、互相帮助的过程。在表演准备阶段，学生们可以一起讨论表演的形式、风格等，互相提供意见和建议。在表演过程中，他们可以互相配合、互相鼓励，共同呈现出一场精彩的表演。以合唱表演为例，在合唱表演中，每个学生都有自己的声部和角色。为了达到最佳的表演效果，学生们需要不断地进行排练和磨合。在这个过程中，他们可以学会如何调整自己的音量、音色等以适应整体的需要；同时也可以学会如何与他人保持和谐的合作关系、如何在困难时给予彼此支持和鼓励。

值得注意的是，在音乐创作与表演中引导学生互相学习、互相帮助并不意味着要消除学生的个性。相反，这种教学方式正是为了更好地挖掘和培养学生的个性。每个学生都有自己独特的音乐天赋和创造力，通过互相学习和帮助，他们可以更好地发挥自己的优势、展现自己的风采。

三、反思性教学与自我评价在音乐教育中的运用

反思性教学是一种以培养学生的反思能力为目标的教学方法，通过引导学生反思自己的学习过程和成果来提高学生的自主学习能力和自我管理能力。在音乐教育中，反思性教学与自我评价的运用有助于提升学生的道德认知和自我管理能力。

（一）引导学生反思自己在音乐活动中的行为表现与道德体验

在音乐活动中，学生的行为表现和道德体验是评价其德育效果的重要依据。因此，在音乐教育中，应引导学生反思自己在音乐活动中的行为表现与道德体验。例如，在每次音乐活动结束后，可以组织学生进行集体反思或个人反思，让学生思考自己在活动中的表现如何、有哪些不足之处、如何改进等问题。通过反思，学生可以更加清晰地认识自己的优点和不足，从而有针对性地提高自己的道德素养和音乐素养。

（二）鼓励学生进行自我评价与同伴评价，提升道德认知与自我管理能力

自我评价和同伴评价是反思性教学中的重要环节，能够帮助学生更加客观地认识自己的表现和能力。在音乐教育中，应鼓励学生进行自我评价与同伴评价。例如，在每次音乐表演或创作后，可以让学生对自己的表现进行评价，并邀请同伴进行评价。通过评价，学生可以了解自己的表现如何被他人看待、有哪些需要改进的地方等问题。同时，同伴评价还能够促进学生之间的互相交流和学习，共同提高道德认知和自我管理能力。

通过以上分析可见，情境教学法、合作学习法以及反思性教学与自我评价等教学方法在音乐教育中具有广泛的应用价值和实践意义。它们不仅能够提高音乐教育

的效果和质量，还能够有效渗透德育内容、培养学生的道德情操和社会责任感。因此，在音乐教育中应积极运用这些教学方法来实现德育目标。同时，为了更好地发挥这些教学方法的作用，还需要教师不断提高自身的专业素养和教学能力，为学生创造更加良好的学习环境和条件。

第三节　评价策略——音乐教育与德育融合的效果评估

一、制定明确的评价标准与指标

音乐教育作为学校教育的重要组成部分，具有独特的德育功能。然而，长期以来，音乐教育中的德育评价一直缺乏明确的标准和指标，导致德育实施的效果难以衡量。因此，制定明确的评价标准与指标对于提升音乐教育的德育效果具有重要意义。

（一）德育在音乐教育中的评价地位与权重

德育在音乐教育中占据着举足轻重的地位。音乐教育不仅仅是音乐技能的传授，更是对学生情感、态度、价值观的培养。因此，在评价音乐教育的效果时，德育应当被视为重要的评价维度之一。

为了确立德育在音乐教育中的评价地位与权重，我们需要从以下三个方面入手：首先，明确音乐教育目标与德育目标的关联性，确保音乐教育在实施过程中能够充分体现德育的要求；其次，建立音乐教育评价体系时，将德育作为重要的评价维度之一，并赋予其相应的权重；最后，在制定音乐教育课程标准和教材时，注重德育内容的融入与渗透。

（二）具体的德育评价指标

1. 道德认知

布鲁姆的认知领域教育目标分类理论将认知领域的教育目标分为知识理解、应用、分析、综合和评价等层次。道德认知是指学生对道德规范和价值观的理解和认识。在音乐教育中，道德认知的评价可以通过学生对音乐作品中所蕴含的道德元素的理解程度来体现。例如，在欣赏一首爱国主义歌曲时，学生是否能够理解歌曲中表达的爱国情感、团结精神等道德元素，可以作为评价其道德认知的重要指标。在音乐教育中，道德认知的评价可以借鉴布鲁姆的理论，通过设计不同层次的问题来评价学生对道德元素的理解和认识程度。

2. 情感体验

情感体验是指学生在音乐学习过程中所产生的情感反应和体验。情感教育理论强调教育过程中学生的情感体验和情感培养。在音乐教育中，情感体验是重要的德育评价指标之一。通过关注学生的情感反应和体验，可以评价音乐教育在培养学生情感方面的效果。音乐作为一种情感艺术，能够激发学生的情感共鸣和体验。在评价学生的情感体验时，可以关注学生在欣赏音乐作品时的表情、动作、语言等反应，以及他们在音乐创作和表演中所投入的情感程度。

3. 行为习惯

行为习惯是指学生在日常生活中所表现出的行为方式和习惯。行为习惯培养理论认为，良好的行为习惯是通过长期的训练和培养形成的。在音乐教育中，培养学生的良好行为习惯是德育的重要目标之一。通过观察学生在音乐课堂和课外音乐活动中的表现，可以评价音乐教育在培养学生行为习惯方面的效果。音乐教育中的德育目标之一是培养学生的良好行为习惯。在评价学生的行为习惯时，可以关注学生在音乐课堂中的纪律表现、合作态度、卫生习惯等方面。此外，还可以通过观察学生在课外音乐活动中的表现来评价其行为习惯。

制定明确的评价标准与指标对于提升音乐教育的德育效果具有重要意义。通过确立德育在音乐教育中的评价地位与权重，并提出具体的德育评价指标如道德认知、情感体验、行为习惯等，我们可以更加全面地评价音乐教育的德育效果。同时，借助相关理论文献的支撑，我们可以为音乐教育的德育评价提供更为科学和系统的依据。在未来的音乐教育实践中，我们应该注重德育评价的实施与反馈，不断完善评价体系和指标设置，以更好地发挥音乐教育的德育功能。

三、采用多元化的评价方式与方法

传统的音乐教育评价往往侧重于技能掌握和知识理解，忽视了德育评价的重要性。为了全面、准确地评估学生在音乐教育中的德育表现，采用多元化的评价方式与方法对于全面评估学生在音乐教育中的德育表现具有重要意义。通过结合定性评价与定量评价以及运用观察、访谈、问卷等多种方法收集评价信息，可以更为深入、全面地了解学生的道德发展状况为音乐教育提供更为科学、系统的依据和指导。

（一）结合定性评价与定量评价，全面评估学生的德育表现

定性评价与定量评价是教育评价中的两种基本方式，各有其独特的优势。在音乐教育的德育评价中，将两者有机结合，可以更为全面、准确地评估学生的德育

表现。

定性评价主要侧重于对学生在音乐学习过程中所表现出的情感、态度、价值观等难以量化的方面进行评价。例如，在音乐欣赏课中，教师可以通过观察学生的表情、动作、语言等反应，评估其对音乐作品所蕴含的道德元素的理解和感受程度。此外，定性评价还可以通过学生的自我报告、同伴评价等方式进行，以获取更为丰富、多维的评价信息。

定量评价则主要侧重于对学生在音乐学习过程中所表现出的可量化的方面进行评价。例如，在音乐表演课中，教师可以通过评分、计时等方式，对学生的技能掌握程度、表演水平等进行客观、准确的评价。同时，定量评价还可以通过标准化测试、问卷调查等方式进行，以获取更为客观、可比的评价数据。

将定性评价与定量评价相结合，可以充分发挥两者的优势，相互补充、相互印证，从而更为全面、准确地评估学生在音乐教育中的德育表现。例如，在音乐创作课中，教师可以通过观察学生的创作过程、倾听学生的创作成果，结合学生的自我报告和同伴评价，对学生的创作能力、创新精神和道德认知进行综合评价。

（二）采用观察、访谈、问卷等多种方法收集评价信息

为了获取更为丰富、多维的评价信息，除了结合定性评价与定量评价外，还需要采用多种方法收集评价信息。以下将分别介绍观察、访谈和问卷三种常用的方法。

观察法是指教师在音乐教学过程中对学生的表现进行直接观察并记录下来的方法。观察法具有直观、真实的优点，可以获取第一手资料，直接反映学生在音乐学习过程中的实际表现。例如，在音乐课堂中，教师可以通过观察学生的参与程度、合作态度、纪律表现等，评估其道德品质和行为习惯。

访谈法是指教师通过与学生进行面对面的交流来获取评价信息的方法。访谈法具有灵活、深入的优点，可以针对特定问题进行深入探究，获取更为详细、具体的评价信息。例如，在音乐创作或表演后，教师可以与学生进行个别或集体访谈，了解其创作或表演过程中的感受、体验和思考，评估其道德认知和情感体验。

问卷法是指教师通过设计问卷并让学生填写来获取评价信息的方法。问卷法具有标准化、量化的优点，可以获取大量、客观的评价数据，便于进行统计分析。例如，在音乐课程结束后，教师可以设计问卷调查表让学生填写，了解其对音乐课程的满意度、收获和建议等反馈信息，评估音乐教育的德育效果。

（三）相关研究

多元化的评价方式与方法在音乐教育的德育评价中具有广泛的应用价值和实践

意义。以下将从理论文献角度对本文的观点进行支撑和阐述。

教育评价理论认为评价应该具有多元性、全面性和客观性的特点。在音乐教育的德育评价中采用多元化的评价方式与方法正是体现了这一理论要求。通过结合定性评价与定量评价以及运用观察、访谈、问卷等多种方法收集评价信息可以更为全面、准确地评估学生的德育表现避免片面性和主观性。

心理学理论认为人的心理现象具有复杂性和多样性的特点。在音乐学习过程中学生的情感、态度、价值观等心理现象也会表现出复杂性和多样性的特点。因此采用多元化的评价方式与方法可以更为深入地了解学生的内心世界和道德发展状况为音乐教育提供更为科学的依据和指导。

实践经验也证明了多元化的评价方式与方法在音乐教育的德育评价中的有效性和可行性。许多音乐教育工作者通过实践探索发现结合定性评价与定量评价以及运用多种方法收集评价信息可以更为全面、客观地评估学生的德育表现提高音乐教育的质量和效果。

四、及时反馈与调整教学策略

在实际的音乐教育过程中，很多教师往往忽视了德育评价结果的及时反馈与教学策略的调整，导致德育效果不尽如人意。及时反馈德育评价结果并调整教学策略对于提升音乐教育中的德育效果具有重要意义。这个观点得到了相关论证。教育心理学理论认为，反馈可以帮助学生了解自己的表现并提供改进的方向和方法，对于提升学生的学习效果具有重要作用。建构主义学习理论认为，学生是在与环境的相互作用中建构知识的，因此教师需要根据学生的表现调整教学内容和方法以提供更具针对性的学习支持。道德教育理论认为德育是一个长期的过程需要不断地进行反馈和调整以提升学生的道德素养。

（一）定期向学生反馈德育评价结果，引导学生自我反思与改进

在音乐教育中，定期向学生反馈德育评价结果对于提升学生的道德素养具有重要作用。首先，反馈可以帮助学生了解自己在德育方面的表现，明确自己的优点和不足。其次，反馈可以激发学生的内在动机，促使学生更加积极地投入德育活动中去。最后，反馈还可以为学生提供改进的方向和方法，引导学生进行自我反思与改进。

为了有效地向学生反馈德育评价结果，教师需要注意以下几点。首先，反馈要及时，以便学生能够及时了解自己的表现并进行调整。其次，反馈要具体，以便学生能够清楚地了解自己的优点和不足。最后，反馈要具有建设性，以便学生能够明

确改进的方向和方法。

在引导学生进行自我反思与改进时，教师可以采用以下方法。首先，教师可以鼓励学生写德育日记，记录自己在德育方面的表现和感受。其次，教师可以组织学生进行小组讨论，分享自己在德育方面的经验和教训。最后，教师可以为学生提供个别指导，帮助学生制定改进计划并督促其实施。

（二）根据评价结果调整教学内容与方法，提升德育效果

根据德育评价结果调整教学内容与方法是提升音乐教育德育效果的关键环节。首先，教师需要深入分析德育评价结果，了解学生的道德认知、情感体验和行为习惯等方面的表现。其次，教师需要根据学生的表现调整教学内容，增加或减少某些德育元素的融入。最后，教师需要根据学生的特点调整教学方法，采用更具针对性的教学手段来提升学生的道德素养。

在调整教学内容时，教师可以根据德育评价结果增加或减少某些德育元素的融入。例如，如果学生在道德认知方面存在不足，教师可以增加与道德认知相关的音乐作品欣赏和分析；如果学生在情感体验方面表现较好，教师可以减少情感体验方面的训练，转而加强其他方面的培养。

在调整教学方法时，教师需要根据学生的特点采用更具针对性的教学手段。例如，对于性格内向、不善于表达的学生，教师可以采用角色扮演、情境模拟等教学方法来激发学生的参与热情；对于性格外向、活泼好动的学生，教师可以采用游戏化教学、竞赛等方式来引导学生积极参与德育活动。

通过定期向学生反馈德育评价结果并引导学生进行自我反思与改进以及根据评价结果调整教学内容与方法教师可以更加有效地提升学生的道德素养。在未来的音乐教育实践中我们应该注重德育评价的实施与反馈不断完善教学策略和方法以更好地发挥音乐教育的德育功能。同时，教师也需要不断学习和探索新的德育理念和方法，以适应不断变化的教育环境和学生需求。

第四节　实践指南——为教育工作者提供的操作步骤与方法技巧

在当今社会，道德教育的重要性日益凸显。作为培养学生审美情趣和人文素养的重要途径，音乐教育在德育方面具有独特的优势。然而，如何实现音乐教育与德育的有效融合，仍是教育工作者面临的一大挑战。本节将从实践角度出发，为教育工作者提供一套可操作的步骤与方法技巧，以期推动音乐教育与德育的深度融合。

一、分析学生需求与特点，确定德育目标与内容

（一）了解学生的年龄、心理特点及道德发展水平

音乐教育与德育的融合是现代教育的重要方向，但要实现二者的有效结合，必须深入了解学生的年龄、心理特点及道德发展水平。只有这样，才能确保教育内容与方法符合学生的认知和情感需求，从而达到预期的教育效果。

1. 学生年龄特点与音乐教育需求

（1）小学阶段

小学生正处于身心快速发展的时期，他们好奇心强、活泼好动，喜欢通过直观、形象的方式来认识世界。在音乐教育中，小学生更倾向于接受节奏明快、旋律优美的音乐作品。因此，教育工作者在选择音乐教材和教学方法时，应充分考虑小学生的年龄特点，选取富有童趣、易于理解的音乐作品，通过游戏化、情境化的教学方式激发学生的学习兴趣。

在德育方面，小学阶段的音乐教育应注重培养学生的集体意识和团队合作精神。通过合唱、合奏等集体活动，让学生在音乐中学会与他人合作、分享，从而培养其良好的道德品质。

（2）中学阶段

与小学生相比，中学生的思维更加成熟，情感更加丰富，他们开始关注自我价值的实现和社会责任的承担。在音乐教育中，中学生更倾向于选择具有深刻内涵和独特风格的音乐作品。因此，教育工作者在选择音乐教材和教学方法时，应注重作品的思想性和艺术性，引导学生通过音乐欣赏来提升自己的审美水平和人文素养。

在德育方面，中学阶段的音乐教育应更加注重培养学生的独立思考能力和创新精神。通过音乐创作、音乐评论等活动，让学生在探索音乐奥秘的过程中形成自己的见解和判断，从而培养其独立人格和创新能力。

2. 学生心理特点与音乐教育策略

（1）认知特点

不同年龄段的学生在认知发展上存在差异。小学生主要以形象思维为主，而中学生则开始向抽象思维过渡。因此，在音乐教育中，教育工作者应根据学生的认知特点选择合适的教学内容和方法。对于小学生，可以通过直观、形象的教学方式来帮助学生理解音乐知识；对于中学生，则可以通过分析、比较等抽象思维方式来引导学生深入探究音乐作品的内涵。

（2）情感特点

学生的情感发展也是音乐教育需要关注的重要方面。小学生情感表达直接、强烈，而中学生则开始学会控制自己的情感。在音乐教育中，教育工作者应注重学生的情感体验和表达，通过音乐作品来引导学生感受生活中的美好和真挚。同时，还应关注学生的情感需求，及时给予关爱和支持，帮助学生在音乐教育中建立积极的情感态度和价值观。

3. 学生道德发展水平与音乐教育目标

学生的道德发展水平是音乐教育与德育融合的重要基础。在音乐教育中，教育工作者应根据学生的道德发展水平制定相应的教育目标。对于道德发展水平较低的学生，可以通过音乐教育培养其基本的道德意识和行为习惯；对于道德发展水平较高的学生，则可以通过音乐教育引导其形成更加完善的道德观念和人格品质。

同时，音乐教育本身也具有独特的德育功能。通过音乐欣赏、音乐表演等活动，可以让学生在音乐中感受到真、善、美的力量，从而培养其高尚的道德情操和审美情趣。因此，在音乐教育与德育融合的过程中，教育工作者应注重发挥音乐教育的德育功能，将道德教育渗透到音乐教育的各个环节中去。

要实现音乐教育与德育的有效融合，必须深入了解学生的年龄、心理特点及道德发展水平。只有这样，才能确保教育内容与方法符合学生的认知和情感需求，从而达到预期的教育效果。

（二）结合实际情况确定具体的德育目标与内容

在音乐教育与德育融合的过程中，确定具体、可行的德育目标与内容是至关重要的。这一过程需要充分考虑学生的实际情况，包括年龄、心理特点及道德发展水平等因素，同时结合学校的教育资源、师资力量以及学生的家庭背景等实际情况进行综合分析。

1. 结合学生实际情况确定德育目标

在确定德育目标时，要深入了解学生的年龄、心理特点及道德发展水平。不同年龄段的学生具有不同的认知能力和情感需求，因此德育目标应具有针对性和层次性。例如，对于小学生，德育目标可以着重培养学生的集体意识、团队合作精神和良好行为习惯；对于中学生，则可以在此基础上进一步引导学生形成正确的价值观、人生观和世界观。

同时，德育目标的制定还应考虑学生的个体差异。每个学生都是一个独特的个体，具有不同的兴趣、爱好和特长。因此，在制定德育目标时，要充分尊重学生的个体差异，允许学生根据自己的实际情况和兴趣爱好进行选择性学习和发展。

2. 结合学校实际情况确定德育内容

在确定德育内容时，需要充分考虑学校的教育资源、师资力量以及学生的家庭背景等实际情况。首先，要充分利用学校现有的教育资源，包括音乐教室、乐器设备、音乐图书资料等，为德育内容的实施提供物质保障。其次，要发挥学校师资力量的优势，根据教师的专业特长和教学经验来选择合适的德育内容。例如，如果学校有擅长民族音乐的教师，可以将民族音乐作为德育内容的一部分，引导学生欣赏和传承民族音乐文化。

此外，学生的家庭背景也是确定德育内容时需要考虑的因素之一。不同家庭背景的学生具有不同的生活经验和情感体验，因此德育内容应尽可能贴近学生的生活实际，便于他们在音乐教育中感受和体验道德的力量。例如，可以针对来自农村的学生开展以乡村音乐为主题的德育活动，让他们在欣赏乡村音乐的同时感受家乡的美好和劳动的价值。

3. 德育目标与内容的实施策略

在确定德育目标与内容后，如何将其有效地融入音乐教育中是关键所在。以下是一些建议性的实施策略。

（1）创设德育情境

在音乐教育中创设与德育目标相一致的情境，让学生在情境中体验和学习。例如，在合唱教学中培养学生的团队合作精神时，可以通过分组合作、角色扮演等方式来创设合作情境。

（2）融入德育元素

在音乐作品的欣赏、演唱和创作过程中融入德育元素，引导学生感受音乐作品中的道德力量。例如，在欣赏革命歌曲时引导学生体会爱国主义精神；在创作歌曲时鼓励学生表达积极向上的情感。

（3）开展德育活动

通过组织丰富多样的音乐活动来实施德育目标与内容。例如，举办以爱国主义为主题的音乐会、以环保为主题的音乐创作比赛等。

（4）强化德育评价

将德育评价纳入音乐教育的评价体系中，关注学生的道德表现和进步情况。通过评价结果的反馈来引导学生自觉践行道德规范和行为准则。

结合实际情况确定音乐教育中德育目标与内容是实现音乐教育与德育有效融合的关键环节。在制定德育目标与内容时，要充分考虑学生的年龄、心理特点及道德发展水平等实际情况，同时结合学校的教育资源、师资力量以及学生的家庭背景等因素进行综合分析。通过创设德育情境、融入德育元素、开展德育活动以及强化德育评价等策略的实施，将德育目标与内容有效地融入音乐教育中，从而提高学生的道德素养和综合素质。

二、选择合适的教学方法与手段，设计音乐教育活动

音乐教育与德育的融合是现代教育的重要趋势。为了实现这一目标，教育工作者需要选择合适的教学方法与手段，并精心设计音乐教育活动方案与流程。本文将详细探讨如何根据德育目标与内容选择恰当的教学方法与手段，以及如何精心设计音乐教育活动方案与流程，以期为教育工作者提供有益的参考。

（一）根据德育目标与内容选择合适的教学方法与手段

1. 明确德育目标与内容

在选择教学方法与手段之前，要明确德育目标与内容。德育目标应具体、明确，具有针对性和可操作性。例如，通过音乐教育培养学生的团队合作精神、爱国主义情感等。德育内容应贴近学生生活实际，便于学生在音乐教育中感受和体验道德的力量。

2. 选择恰当的教学方法与手段

根据德育目标与内容，教育工作者可以选择恰当的教学方法与手段。情境教学法是一种有效的教学方法，通过创设生动具体的情境，让学生在情境中体验和学习。例如，在音乐教育中，可以创设与德育内容相关的情境，让学生在情境中感受道德的力量。此外，游戏化教学法也是一种受学生欢迎的教学方法。通过将音乐教育内容与游戏相结合，让学生在轻松愉快的氛围中学习和成长。

同时，借助多媒体技术、音乐软件等现代化教学手段，可以丰富音乐教育的形式和内容，提升德育效果。例如，利用多媒体技术展示音乐作品的创作背景、演奏技巧等，可以帮助学生更深入地理解和欣赏音乐；利用音乐软件进行音乐创作和编辑，可以培养学生的创新精神和实践能力。

（二）精心设计音乐教育活动方案与流程

1. 明确活动目标与内容

在设计音乐教育活动方案与流程时，要明确活动目标与内容。活动目标应与德育目标相一致，具有针对性和可操作性。活动内容应紧扣德育主题，体现音乐教育的特点和优势。例如，可以设计以“爱国主义”为主题的音乐活动，通过演唱爱国歌曲、了解爱国音乐家的故事等方式，培养学生的爱国主义情感。

2. 设计科学合理的活动流程

活动流程的设计应科学合理，注重学生的参与和体验。可以通过以下 4 个环节来设计活动流程。

（1）导入环节

通过创设情境、提出问题等方式激发学生的学习兴趣和探究欲望。

（2）学习环节

采用多种教学方法与手段引导学生学习音乐知识和德育内容。可以通过欣赏音乐作品、学习音乐技能、参与音乐表演等方式让学生在音乐中感受道德的力量。

（3）实践环节

鼓励学生将所学知识应用到实际生活中去。可以组织音乐比赛、音乐会等活动让学生展示自己的才华和成果。

（4）总结环节

引导学生对活动进行总结和反思，提炼经验教训并分享感受。

3. 确保活动过程中的安全性和秩序性

在设计音乐教育活动方案与流程时还要特别注意确保活动过程中的安全性和秩序性。要考虑到场地设施、器材设备等方面的因素确保学生在活动过程中的人身安全；同时要制定明确的规则和纪律要求保证活动的顺利进行。

选择合适的教学方法与手段并精心设计音乐教育活动方案与流程是实现音乐教育与德育有效融合的关键环节。教育工作者应根据德育目标与内容选择恰当的教学方法与手段借助多媒体技术等现代化教学手段丰富音乐教育的形式和内容；同时要明确活动目标与内容设计科学合理的活动流程并确保活动过程中的安全性和秩序性。通过这样的努力可以使学生在参与音乐活动的过程中潜移默化地受到道德教育的影响从而达到音乐教育与德育的有效融合。

三、创设良好的教育环境与氛围，促进学生参与与体验

（一）营造和谐、民主、开放的教育氛围

在追求音乐教育与德育有效融合的过程中，创设良好的教育环境与氛围显得尤为重要。和谐、民主、开放的教育氛围不仅能够激发学生的学习兴趣和创造力，还能为德育的渗透提供有力的支撑。

1. 和谐教育氛围的构建

和谐的教育氛围是指师生之间、学生之间关系融洽，相互尊重，共同进步的教育环境。在音乐教育中，和谐氛围的构建有助于消除学生的紧张情绪，让他们在轻

松愉快的氛围中学习音乐，感受音乐的魅力。

为了营造和谐的教育氛围，教师应树立正确的教育理念，尊重学生的个性差异和兴趣爱好。在音乐教学中，教师应关注学生的情感需求，用爱心和耐心去引导他们，帮助他们建立自信，克服困难。同时，教师还应鼓励学生之间的合作与交流，培养他们的团队精神和集体荣誉感。

2. 民主教育氛围的打造

民主的教育氛围是指在教学中尊重学生的主体地位，充分发挥学生的主观能动性，让学生积极参与教育过程的教育环境。在音乐教育中，民主氛围的打造有助于激发学生的创造力和想象力，培养他们的独立思考能力和批判精神。

为了营造民主的教育氛围，教师应转变传统的教学观念，从知识的传授者转变为学生学习的引导者和合作者。在音乐教学中，教师应鼓励学生发表自己的观点和见解，允许他们对音乐作品进行自由的解读和创作。同时，教师还应关注学生的需求和建议，及时调整教学内容和方法，以满足学生的学习需求。

3. 开放教育氛围的培育

开放的教育氛围是指在教学中打破传统束缚，注重创新和实践，鼓励学生探索未知领域的教育环境。在音乐教育中，开放氛围的培育有助于拓展学生的视野和思维空间，培养他们的创新意识和实践能力。

为了营造开放的教育氛围，教师应注重教学内容的更新和教学方法的创新。在音乐教学中，教师应引入多元化的音乐文化和艺术形式，让学生接触和了解不同风格的音乐作品。同时，教师还应鼓励学生参与音乐创作和表演活动，让他们在实践中体验音乐的魅力和力量。此外，教师还应关注学生的反馈和评价，及时调整教学策略，以提高教学效果。

4. 营造氛围对音乐教育与德育融合的促进作用

营造和谐、民主、开放的教育氛围对于音乐教育与德育的融合具有重要的促进作用。首先，这样的教育氛围有助于消除德育与音乐教育之间的隔阂，让德育自然地渗透到音乐教育中。其次，和谐、民主、开放的教育氛围有助于激发学生的学习兴趣和创造力，为德育的开展提供有力的支撑。最后，这样的教育氛围有助于培养学生的良好品德和审美情趣，促进他们的全面发展。

（二）提供丰富的音乐资源与设备支持学生参与音乐活动

1. 音乐资源与设备在音乐教育中的作用

音乐资源与设备在音乐教育中发挥着至关重要的作用。它们不仅为教师提供了多样化的教学手段，还为学生提供了更加广阔的学习和实践空间。具体来说，音乐资源与设备的作用主要体现在以下 3 个方面。

（1）拓展教学内容

丰富的音乐资源包括各种风格的音乐作品、音乐理论知识、音乐历史文化等，这些资源可以极大地拓展音乐教学的内容，让学生接触到更加多元的音乐文化。

（2）增强教学互动性

音响设备、音乐软件等现代化教学工具可以增强音乐教学的互动性，使学生能够更加积极地参与到音乐活动中去。

（3）提升学习效果

通过亲身实践和操作乐器、音响设备等，学生可以更加直观地感受音乐的魅力，从而提升学习效果和兴趣。

2. 如何提供丰富的音乐资源与设备支持学生参与音乐活动

为了提供丰富的音乐资源与设备支持学生参与音乐活动，教育工作者需要从以下 4 个方面着手。

（1）加强硬件设施建设

学校应加大对音乐教室、乐器设备、音响设备等硬件设施的投入，确保学生有足够的场地和工具进行音乐学习和实践。

（2）完善软件资源配置

除了硬件设施外，学校还应注重音乐作品的收集、音乐知识的整理以及音乐软件的更新等软件资源的配置。这些资源可以为学生提供更加全面的音乐学习体验。

（3）开展校企合作

学校可以与音乐相关的企业、机构等建立合作关系，共享音乐资源和设备。这不仅可以降低学校的投入成本，还可以让学生接触到更加专业和前沿的音乐资源和设备。

（4）鼓励学生自带设备

在条件允许的情况下，学校可以鼓励学生自带一些小型乐器或音乐设备到学校进行学习和交流。这种方式可以增加学生的参与感和归属感，同时也有助于培养他们的自主学习和合作能力。

3. 音乐资源与设备支持对道德体验的影响

提供丰富的音乐资源与设备支持学生参与音乐活动，不仅有助于提升学生的音乐素养和技能水平，还能在潜移默化中引导他们体验和理解道德的内涵。具体来说，这种支持对道德体验的影响主要体现在以下 4 个方面。

（1）培养团队合作精神

在音乐活动中，学生需要与他人合作才能完成一些任务或作品。通过合作与交流，学生可以学会倾听、尊重他人、协调矛盾等团队合作精神和道德品质。

（2）增强责任感

在使用音乐设备和资源的过程中，学生需要承担起相应的责任和义务。例如，保管好设备、按时归还、遵守使用规则等。这些经历可以帮助学生增强责任感和自律意识。

（3）激发创造力

丰富的音乐资源和设备可以为学生提供更加广阔的创作空间。通过创作音乐作品或参与音乐表演等活动，学生可以发挥自己的想象力和创造力，同时也能体验到创新的乐趣和成就感。

（4）陶冶道德情操

优秀的音乐作品往往蕴含着丰富的道德内涵和情感体验。通过欣赏和学习这些作品，学生可以在潜移默化中陶冶自己的道德情操和审美情趣。

四、关注学生表现与反应，及时调整教学策略与方法

（一）密切观察学生在音乐活动中的表现与反应

音乐教育与德育的融合旨在通过音乐活动培养学生的审美情趣、道德品质和综合能力。在这一过程中，密切观察学生在音乐活动中的表现与反应显得尤为重要。通过观察，教师可以及时了解学生的学习状态和需求，为后续的教学策略调整提供依据，从而实现音乐教育与德育的有效融合。

1. 观察的重要性

在音乐教育与德育融合的过程中，观察学生具有至关重要的意义。首先，观察有助于教师了解学生的学习兴趣、能力和需求，为个性化教学提供可能。其次，观察可以揭示学生在音乐活动中的情感变化、态度表现以及道德品质的发展情况，为德育渗透提供契机。最后，观察还能帮助教师发现教学中存在的问题和不足，为改进教学方法和手段提供依据。

2. 观察的内容与方法

（1）观察的内容

在音乐活动中，教师应关注学生的以下 4 个方面。

①言行举止。观察学生在音乐活动中的言行举止，包括他们的动作、表情、语言等，以了解他们的学习投入程度和情感体验。

②技能表现。观察学生在音乐技能方面的表现，如演唱、演奏、创作等，以评估他们的音乐素养和能力水平。

③合作态度。观察学生在音乐活动中的合作态度，包括他们是否愿意与他人分享资源、是否积极参与集体讨论等，以了解他们的团队精神和集体荣誉感。

④道德品质。观察学生在音乐活动中所表现出的道德品质，如尊重他人、遵守规则、勇于挑战等，以判断德育渗透的效果。

（2）观察的方法

为了有效地观察学生在音乐活动中的表现与反应，教师可以采用以下 4 种方法。

①自然观察法。在自然状态下对学生的音乐活动进行观察，记录他们的行为表现和情感反应。这种方法要求教师在日常教学中保持敏锐的观察力，及时发现并记录有价值的信息。

②参与式观察法。教师以参与者的身份加入学生的音乐活动中，与他们共同体验、交流和合作。通过这种方法，教师可以更加深入地了解学生的内心世界和学习需求，同时也有利于建立和谐的师生关系。

③问卷调查法。设计针对性的问卷，让学生自我评价在音乐活动中的表现与感受。这种方法可以帮助学生反思自己的学习过程，同时也有助于教师收集到更加全面和客观的信息。

④作品分析法。对学生的音乐作品进行分析，了解他们在音乐创作和表现方面的特点和风格。这种方法可以帮助教师发现学生的潜力和特长，为后续的教学指导提供方向。

（3）观察后的教学策略调整

在观察了学生在音乐活动中的表现与反应后，教师应根据收集到的信息对教学策略进行相应的调整。具体来说，可以从以下 4 个方面入手。

①调整教学目标。根据学生的实际情况和需求，对教学目标进行细化或调整，使其更加符合学生的最近发展区。

②优化教学内容。根据学生的兴趣和特长，对教学内容进行筛选和补充，以激发学生的学习积极性。

③创新教学方法。根据学生的认知特点和学习风格，采用多样化的教学方法和手段，以提高教学效果。

④加强德育渗透。结合学生的道德发展需求和音乐教育的特点，在音乐活动中有机地融入德育内容，以促进学生的全面发展。

密切观察学生在音乐活动中的表现与反应对于实现音乐教育与德育的有效融合具有重要意义。通过观察，教师可以更加深入地了解学生的内心世界和学习需求，为后续的教学策略调整提供依据。因此，在教育实践中，教师应树立正确的观察理念、掌握科学的观察方法并灵活运用各种教学策略，以期在音乐教育与德育融合的过程中取得更加显著的成果。

（二）根据实际情况及时调整教学策略与方法以满足学生需求

在音乐教育与德育融合的过程中，根据学生的表现和需求及时调整教学策略与方法至关重要。在这一过程中，教育工作者需要密切关注学生的表现与需求，并根据实际情况及时调整教学策略与方法。这种调整不仅有助于满足学生的个性化需求，提高教学效果，还能促进音乐教育与德育的深度融合，为学生的全面发展奠定坚实基础。

1. 调整教学策略与方法的重要性

在音乐教育与德育融合的过程中，学生的表现和需求具有多样性和变化性。一方面，不同学生在音乐素养、学习兴趣和能力水平等方面存在差异；另一方面，随着学习的深入和成长的变化，学生的需求也会不断发生变化。因此，教育工作者需要具备敏锐的观察力和灵活的教学思维，根据学生的实际表现和需求及时调整教学策略与方法。

这种调整的重要性主要体现在以下三个方面：首先，调整教学策略与方法有助于激发学生的学习兴趣和动力，提高他们的学习积极性和参与度；其次，通过调整教学内容、教学方法和教学手段等方面的因素，可以满足不同学生的需求，促进他们的个性化发展；最后，调整教学策略与方法还有助于提高教学效果和教学质量，实现音乐教育与德育的有效融合。

2. 根据学生的实际表现和需求进行灵活调整

（1）观察学生的表现与需求

要根据学生的表现和需求进行调整，要对学生的表现进行全面、细致的观察。这包括观察学生在音乐活动中的言行举止、技能表现、合作态度和道德品质等方面的情况。同时，还要通过与学生交流、收集学生反馈等方式了解学生的需求和期望。

（2）灵活调整教学内容与方法

在了解学生的表现和需求后，教育工作者需要根据实际情况灵活调整教学内容和方法。例如，对于表现积极的学生，可以给予更多的展示机会和挑战性任务，以激发他们的学习潜力和创新精神；对于表现欠佳的学生，则可以提供额外的辅导和支持，帮助他们克服困难、建立信心并取得进步。此外，还可以根据学生的兴趣和特长调整教学内容，使其更加贴近学生的生活实际和发展需求。

（3）创新教学手段与方式

除了调整教学内容和方法外，教育工作者还需要不断创新教学手段和方式以满足学生的需求。例如，可以利用现代信息技术手段如多媒体教学、网络教学等丰富教学资源，提高教学效果；还可以采用游戏化教学、情境教学等新颖的教学方式激发学生的学习兴趣和参与度。这些创新手段不仅有助于提高学生的音乐素养和技能水平，还能在潜移默化中培养学生的道德品质和审美情趣。

（三）调整教学策略与方法对音乐教育与德育融合的促进作用

通过根据学生的表现和需求及时调整教学策略与方法，可以实现音乐教育与德育的有效融合，促进学生的全面发展。具体来说，这种调整对音乐教育与德育融合的促进作用主要体现在以下 3 个方面。

1. 提高教学效果与质量

根据学生的实际表现和需求进行调整可以使教学更加贴近学生的实际情况和发展需求，从而提高教学效果和质量。当教学内容和方法与学生的需求和兴趣相契合时，学生的学习积极性和参与度会得到提高，学习效果也会更加显著。

2. 促进学生的个性化发展

每个学生都有自己独特的学习需求和发展潜力。通过灵活调整教学策略与方法，可以满足不同学生的需求，促进他们的个性化发展。这种个性化教学不仅有助于培养学生的音乐素养和技能水平，还能在潜移默化中引导学生体验和理解道德的内涵。

3. 增强德育渗透的效果

音乐教育与德育的融合要求在教育过程中既注重音乐知识的传授与技能的培养，又关注学生的道德品质与审美情趣的养成。通过根据学生的表现和需求及时调整教学策略与方法，可以在音乐活动中有机地融入德育内容，从而增强德育渗透的效果。这种融合不仅有助于提高学生的道德认知水平和审美情趣，还能培养他们的团队合作精神、创新能力和社会责任感等优秀品质。

根据学生的表现和需求及时调整教学策略与方法是实现音乐教育与德育有效融合的关键环节。在教育实践中，教育工作者应树立以学生为本的教育理念，密切关注学生的表现与需求，并根据实际情况灵活调整教学内容、教学方法和教学手段等方面的因素以满足不同学生的需求。通过这种调整，可以激发学生的学习兴趣和动力，提高他们的学习效果和参与度；同时还可以促进音乐教育与德育的深度融合，为学生的全面发展奠定坚实基础。

五、总结经验与反思不足，不断完善音乐教育与德育融合实践

音乐教育与德育的融合，旨在通过音乐教育培养学生的道德品质，提升学生的综合素养。然而，在这一实践过程中，教育工作者既取得了显著的成果，也遇到了一些挑战和困难。因此，及时总结经验教训，对于推动音乐教育与德育融合实践的深入发展具有重要意义。近年来，越来越多的教育工作者开始尝试将音乐教育与德育相结合，但在实践过程中也遇到了不少挑战和困难。因此，及时总结经验教训，对于推动音乐教育与德育的深度融合具有重要意义。

（一）成功经验探析——音乐教育与德育融合的实践范例

1. 明确教育目标，实现德育与音乐教育的有机结合

成功的音乐教育与德育融合实践应明确教育目标，即通过音乐教育培养学生的道德品质、审美情趣和综合能力。在实践过程中，教育工作者注重德育与音乐教育的有机结合，将德育内容融入音乐教育中，使学生在学习音乐知识、技能的同时，潜移默化地接受道德教育。例如，在音乐欣赏课程中，教师引导学生感受音乐之美，同时传递爱国主义、民族团结等德育内容，实现音乐教育与德育的有效融合。

2. 关注学生需求，实施个性化教学

成功的音乐教育与德育融合实践还关注学生需求，实施个性化教学。教育工作者通过观察学生的表现、收集学生反馈等方式了解学生的需求和兴趣，并根据实际情况灵活调整教学策略和方法。例如，针对学生的不同音乐素养和技能水平，教师采用分层教学、小组合作等教学方式满足学生的个性化需求；同时关注学生的心理发展和道德品质养成，提供有针对性的德育引导和支持。这种关注学生需求、实施个性化教学的做法有助于提高学生的学习兴趣和参与度，促进音乐教育与德育融合实践的深入开展。

3. 创新教学手段，丰富教学资源

在音乐教育与德育融合实践中，创新教学手段和丰富教学资源也是成功的关键因素之一。教育工作者积极运用现代信息技术手段如多媒体教学、网络教学等丰富教学资源，提高教学效果；同时采用游戏化教学、情境教学等新颖的教学方式激发学生的学习兴趣和参与度。这些创新手段不仅有助于提高学生的音乐素养和技能水平，还能在潜移默化中培养学生的道德品质和审美情趣。例如，利用多媒体教学手段展示音乐作品的创作背景和历史背景，帮助学生更好地理解音乐作品；通过网络教学平台实现线上线下教学的有机结合，提高教学效果的延续性和拓展性。

（二）教训反思与改进策略——音乐教育与德育融合中的挑战与应对

在音乐教育与德育融合的实践过程中，教育工作者面临着诸多挑战和困难。教育工作者通过观察学生的表现、收集学生反馈等方式了解学生的需求和兴趣，并根据实际情况灵活调整教学策略和方法。如何将德育内容有机地融入音乐教育中，是一个需要深入思考的问题。例如，针对学生的不同音乐素养和技能水平，采用分层教学、小组合作等教学方式满足学生的个性化需求；简单地将德育内容叠加到音乐教育中，可能会导致学生的反感和抵触。同时关注学生的心理发展和道德品质养成，提供有针对性的德育引导和支持。其次，如何评估融合实践的效果，也是一个亟待解决的问题。

1. 忽视德育目标，过度强调技能训练

在音乐教育与德育融合实践中，一些教育工作者过于强调音乐技能训练而忽视德育目标。他们将大量时间和精力投入提高学生的音乐技能上，而忽视了对学生的道德品质和审美情趣的培养。成功的案例往往能够激发学生的学习兴趣和动力，让学生在愉悦的氛围中接受德育的熏陶。这种做法不仅违背了音乐教育与德育融合的初衷，还可能导致学生产生厌学情绪或片面发展。其次，注重教师的引导作用也很重要。优秀的教师能够根据学生的实际情况和需求，灵活地调整教学策略和方法，确保德育内容的有效传递。

2. 缺乏有效沟通，忽视学生反馈

有效的沟通是实施个性化教学和满足学生需求的前提。最后，注重家校合作也是成功案例中的共同点。家长的支持和配合能够为融合实践提供良好的外部环境。然而在音乐教育与德育融合实践中，一些教育工作者缺乏与学生的有效沟通，忽视了学生的反馈和需求。他们往往根据自己的经验和主观判断进行教学设计和实施，导致教学内容和方法与学生的实际需求和兴趣脱节。

3. 教学资源不足，教学手段单一

丰富的教学资源和多样化的教学手段是提高教学效果和质量的重要保障。其次，缺乏科学的评估机制也是导致失败的原因之一。然而在一些地区和学校中，由于经费投入不足、设备陈旧等原因导致教学资源匮乏；同时受传统教育观念影响较深，一些教育工作者仍采用单一的教学手段进行教学。如果没有科学的评估机制来衡量融合实践的效果，那么实践的质量和水平就无法得到保障。这些因素限制了音乐教育与德育融合实践的深入开展和效果提升。最后，缺乏长期规划也是失败案例中的共同点。融合实践是一个长期的过程，需要教育工作者具备长远的眼光和规划能力。

（三）反思不足之处并制定改进措施以持续提升教育质量

在深入反思音乐教育与德育融合实践的不足之后，教育工作者应致力于构建更为系统、科学的改进策略，以持续提升教育质量，并促进学生的全面发展。具体而言，这些策略应围绕教学内容的优化、教学方法的创新以及评价体系的完善而展开。

1. 教学内容的优化

教育工作者应积极寻求音乐教育与德育之间的内在联系，并以此为基础，对教学内容进行重构和优化。这意味着，教学内容应超越单纯的音乐知识和技能传授，而深入到音乐的文化内涵、审美价值以及道德意义等层面。通过这样的教学内容设计，不仅可以增强学生对音乐的理解和欣赏能力，还能在潜移默化中引导学生形成正确的价值观和道德观。

2. 教学方法的创新

在教学方法上，教育工作者需要打破传统模式的束缚，积极探索和实践符合当代学生特点的教学方法。例如，通过情境教学、问题导向学习、协作式探究等创新方法，可以激发学生的主动学习意识和创造性思维。此外，借助现代信息技术手段，如多媒体教学、网络教学平台等，可以为学生提供更为丰富、多样的学习资源和学习体验。

3. 评价体系的完善

评价体系的完善是提升音乐教育与德育融合教育质量的关键环节。教育工作者应摒弃传统的以技能评价为主的单一评价方式，转而构建一种多元化、综合性的评价体系。这种评价体系应包含对学生音乐知识掌握、技能表现、审美能力发展以及道德品质形成等多个方面的评价。同时，评价过程中应采用多种评价方法和手段，如观察记录、作品展示、自我反思报告等，以确保评价结果的全面性和准确性。通过完善评价体系，不仅可以更全面地反映学生的综合素质发展情况，还能为教学改进提供有力的依据和指导。

第六章　未来展望与挑战

第一节　新时代背景下音乐教育与德育融合的新机遇与挑战

一、融合的契机与挑战

（一）跨学科协同发展的需求

随着社会的不断发展和教育改革的深入推进，传统单一学科的教学模式已经难以满足新时代的教育需求。跨学科协同发展成为当前教育领域的重要议题。音乐教育与德育作为两个紧密相关的学科领域，在新时代背景下也面临着新的挑战和机遇。两者的跨学科协同发展，不仅有助于提升教育质量和效率，还能够更好地适应未来社会的发展需求，培养出具有全面素质和创新能力的新时代人才。

1. 音乐教育与德育跨学科协同发展的需求

（1）教育资源整合与共享

音乐教育与德育在教学内容、方法和目标上存在一定的交叉和互补性。通过跨学科的协同发展，可以实现教育资源的有效整合和共享。例如，音乐教育中的音乐作品欣赏、音乐表演等活动可以与德育中的价值观教育、道德情感培养相结合，共同构建更加全面和丰富的教育内容体系。同时，两者还可以共享教学设备、师资力量等资源，提高教育资源的利用效率。

（2）学生全面发展需求

新时代的教育目标更加注重学生的全面发展。音乐教育与德育的融合可以满足学生在审美、道德、情感等多方面的发展需求。通过音乐教育，可以培养学生的审美能力、创造力和表现力；而德育则注重培养学生的道德品质、社会责任感和公民意识。两者的结合可以为学生提供更加全面和均衡的教育体验，促进其全面素质的提升。

（3）教育创新与实践探索

音乐教育与德育的跨学科协同发展有助于推动教育创新和实践探索。通过融合两者的教学理念和方法，可以探索出更加符合学生发展规律和教育需求的教学模式和策略。例如，可以采用项目式学习、情境教学等创新教学方法，让学生在真实的音乐实践中体验道德情感和价值判断，实现知行合一的教育目标。同时，这种融合还可以为教育实践提供新的研究视角和思路，推动教育理论的不断发展和完善。

2. 音乐教育与德育跨学科协同发展的实践路径

（1）加强理论研究与指导

要实现音乐教育与德育的跨学科协同发展需要加强理论研究与指导。学术界和教育实践者应该共同探讨两者融合的内在逻辑和规律，明确融合的目标、原则和方法。同时，还需要建立相应的理论体系和分析框架，为实践提供科学的指导和支持。

（2）创新教学模式与策略

在跨学科协同发展的背景下，创新教学模式与策略是关键。教师可以采用多样化的教学方法和手段，如合作学习、探究学习、案例分析等，激发学生的学习兴趣和主动性。同时，还可以将音乐教育与德育的内容有机地融入日常教学活动中，让学生在潜移默化中受到全面的教育熏陶。

（3）加强师资培训与专业发展

教师是实现音乐教育与德育跨学科协同发展的关键因素。因此，需要加强师资培训和专业发展，提升教师的跨学科知识和能力水平。可以通过组织专题培训、学术研讨、实践交流等活动，帮助教师了解跨学科的教育理念和方法，掌握融合教育的实施技巧和经验。同时，还需要鼓励教师积极参与融合教育的实践和研究工作，不断提升其专业素养和教育能力。

（4）构建科学评价体系与标准

为了保障音乐教育与德育跨学科协同发展的质量和效果，需要构建科学的评价体系与标准。该体系应该综合考虑学生的音乐技能、情感态度、价值观念等多方面的发展情况，采用多元化的评价方法和手段进行全面、客观、公正的评价。同时，还需要建立相应的激励机制和反馈机制，鼓励教师和学生积极参与融合教育的实践活动，及时总结经验教训并持续改进提升。

（二）学生全面发展的内在要求

学生全面发展作为教育的核心目标，旨在培养具有健全人格、良好道德品质、扎实知识技能和创新能力的新时代青年。在这一背景下，音乐教育与德育的融合显得尤为重要，两者共同作用于学生的成长过程，促进其全面发展。

1. 新时代学生全面发展的内在要求

（1）全面发展的内涵

全面发展是指学生在知识、能力、素质等多方面得到均衡、协调的发展。这包括认知领域的发展，如知识的掌握和运用；情感领域的发展，如情感态度和价值观的形成；以及社会领域的发展，如人际交往和社会适应能力的提升。在新时代背景下，全面发展还强调学生的创新能力和终身学习能力的培养。

（2）审美、道德、情感的发展需求

在全面发展的要求下，学生不仅需要具备扎实的知识技能，还需要在审美、道德、情感等方面得到发展。审美发展是指学生通过对美的感知、鉴赏和创造，培养高雅的审美情趣和审美能力。道德发展是指学生通过道德教育和实践活动，形成正确的道德观念和良好的道德品质。情感发展则是指学生通过情感教育和心理调适，培养健康的情感态度和情感表达能力。

2. 音乐教育与德育的融合与学生全面发展

（1）音乐教育与德育的关系

音乐教育与德育在教育目标、内容和方法上具有一定的互补性。音乐教育通过音乐作品欣赏、音乐表演、音乐创作等活动，培养学生的审美能力、创造力和表现力；而德育则通过道德教育、价值观教育、公民教育等内容，培养学生的道德品质、社会责任感和公民意识。两者在促进学生全面发展方面发挥着不可替代的作用。

（2）音乐教育与德育融合的作用机制

音乐教育与德育的融合通过以下机制作用于学生的全面发展：首先，两者共同构建丰富的教育内容体系，为学生提供多样化的学习体验；其次，两者相互渗透、相互补充，在音乐教育中融入德育元素，在德育中运用音乐教育手段，形成教育合力；最后，两者共同营造良好的教育氛围，让学生在轻松愉悦的环境中实现全面发展。

3. 音乐教育与德育融合的实践路径

（1）整合教育资源，构建融合课程体系

为了实现音乐教育与德育的有效融合，需要整合教育资源，构建融合课程体系。这包括将音乐教育与德育的相关内容进行有机整合，形成跨学科的综合课程；同时，还可以利用现代信息技术手段，开发多媒体教学资源，丰富教学内容和形式。

(2)创新教学方法,实现跨学科协同育人

在融合课程体系的基础上,需要创新教学方法,实现跨学科协同育人。这包括采用项目式学习、情境教学等创新教学方法,让学生在真实的情境中体验和学习;同时,还可以开展跨学科的主题活动和实践项目,让学生在实践中综合运用所学知识和技能。

(3)完善评价体系,保障融合教育质量

为了保障音乐教育与德育融合的质量,需要完善评价体系。这包括建立多元化的评价标准和方法,全面、客观地评价学生的发展情况;同时,还需要建立相应的激励机制和反馈机制,鼓励教师和学生积极参与融合教育的实践活动,及时总结经验教训并持续改进提升。

(三)教育创新与实践的探索

1. 音乐教育与德育融合的教育创新

(1)教育理念的创新

音乐教育与德育的融合带来了教育理念的创新。传统教育理念中,音乐教育和德育往往被视为两个独立的领域,各自承担着不同的教育任务。然而,在新时代背景下,我们需要重新审视这种教育理念,将音乐教育与德育有机地融合在一起,形成全新的教育理念。这种理念强调以学生的全面发展为核心,注重培养学生的审美能力、道德品质和创新能力,推动学生全面素质的提升。

(2)教学内容的创新

音乐教育与德育的融合还带来了教学内容的创新。在传统的教学模式中,音乐教育和德育的教学内容往往相互独立,缺乏有机的联系。然而,在音乐教育与德育融合的背景下,我们可以将两者的教学内容有机地结合在一起,形成更加丰富和多元的教学内容。例如,可以通过音乐作品欣赏来培养学生的审美能力和道德情感,通过德育活动来提升学生的音乐素养和表现能力。这种教学内容的创新不仅可以激发学生的学习兴趣和积极性,还可以提高教学效果和质量。

(3)教学方法的创新

音乐教育与德育的融合还带来了教学方法的创新。在传统的教学模式中,教师往往采用单一的教学方法来进行教学,难以激发学生的学习兴趣和积极性。然而,在音乐教育与德育融合的背景下,我们可以采用更加多样化和创新性的教学方法来进行教学。例如,可以采用项目式学习、情境教学、合作学习等创新教学方法,让学生在真实的音乐实践中体验道德情感和价值判断,实现知行合一的教育目标。这种教学方法的创新不仅可以提高教学效果和质量,还可以培养学生的自主学习能力和创新精神。

2. 音乐教育与德育融合的教育实践路径

（1）创新音乐课程与德育课程的整合方式

为了实现音乐教育与德育的有效融合，需要创新音乐课程与德育课程的整合方式。这包括将音乐元素融入德育课程，如通过音乐作品欣赏来引导学生思考道德问题；同时，也可以将德育内容融入音乐课程，如通过音乐创作来表达对道德理念的理解。这种整合方式有助于打破学科界限，实现跨学科的综合教育。

（2）拓展音乐教育与德育的实践平台

除了课程整合外，还需要拓展音乐教育与德育的实践平台。这包括开展丰富多彩的音乐活动，如音乐会、音乐节等，让学生在音乐实践中体验道德情感和价值判断；同时，也可以组织各种德育主题活动，如志愿服务、社会实践等，让学生在实践活动中培养道德品质和社会责任感。这种实践平台的拓展有助于增强学生的实践能力和创新意识。

（3）提升教师的融合教育能力

教师是实现音乐教育与德育融合的关键因素之一。因此，需要提升教师的融合教育能力。这包括培养教师具备跨学科的知识和技能，能够胜任音乐教育与德育的融合教学任务；同时，还需要引导教师树立创新教育理念，积极探索和实践融合教育的新模式和新方法。通过加强师资培训，可以为音乐教育与德育的融合提供有力的人才保障和支持。

（四）面临的挑战

音乐教育与德育融合的理念强调通过音乐的艺术形式和德育的道德教化，促进学生的全面发展。这种融合不仅体现在课程设置上，更体现在教学理念和方法的创新上。在音乐课程中，可以融入德育元素，引导学生通过音乐作品欣赏、音乐创作等方式来思考道德问题，培养其道德情感和道德判断力；在德育课程中，也可以利用音乐的力量来激发学生的情感共鸣，提高其道德认知和道德行为水平。然而，尽管这种融合的理念得到了广泛的认同，但在实际的教育实践中，两者的融合却面临着诸多挑战。这些挑战不仅影响了融合教育的效果和质量，也制约了其进一步的发展和推广。因此，深入分析这些挑战，对于推动音乐教育与德育的有效融合具有重要意义。

1. 教育理念与实践的脱节

音乐教育与德育的融合需要教育理念上的转变和更新。然而，在现实中，部分教育者虽然口头上认同音乐教育与德育融合的理念，但在具体的教学实践中却难以真正贯彻落实。这主要表现在以下 3 个方面。

（1）教育目标不明确

部分教育者对音乐教育与德育融合的目标缺乏清晰的认识，导致在教学实践中难以有针对性地开展融合教育。

（2）教学内容与方法单一

受传统教育观念的影响，部分教育者仍然将音乐教育和德育作为两个独立的领域进行教学，缺乏跨学科的教学设计和方法创新。

（3）教育评价不科学

部分教育者对融合教育的评价缺乏科学性和客观性，过于注重知识技能的传授，而忽视了对学生的情感态度、价值观等方面的评价。

这种教育理念与实践的脱节现象，不仅影响了融合教育的实施效果，也制约了学生的全面发展。

2. 教师素质与能力的局限性

音乐教育与德育的融合对教师的素质和能力提出了更高的要求。然而，当前部分教师在这方面的知识和技能储备不足，难以胜任融合教育的需求。具体表现在以下 3 个方面。

（1）跨学科知识储备不足

部分教师缺乏跨学科的知识和技能，难以将音乐教育与德育有效地融合在一起。例如，一些音乐教师可能对德育的理念和方法了解不够深入，而一些德育教师则可能对音乐教育的知识和技能掌握不够全面。

（2）创新能力不足

部分教师缺乏创新教育理念和实践经验，难以探索和实践融合教育的新模式和新方法。这导致在教学实践中难以根据学生的实际情况和需求进行有针对性的教学设计和创新。

（3）教育理念更新滞后

部分教师对融合教育的认识和理解不够深入，导致其在教学实践中难以真正贯彻落实融合理念。这可能与教师的教育背景、培训经历以及个人素养等因素有关。

教师素质与能力的局限性不仅影响了融合教育的实施效果，也制约了教师的专业发展和教育质量的提升。因此，加强教师的培训和学习，提高其跨学科知识和技能水平，培养其创新教育理念和实践能力，是推动音乐教育与德育有效融合的重要途径。

3. 评价体系与标准的缺失

音乐教育与德育融合后，如何科学、客观地评价其效果和质量成为一大难题。目前尚未形成统一、完善的评价体系和标准，导致评价结果的主观性和随意性较大。这不仅影响了对音乐教育与德育融合效果的准确评估，也制约了融合教育的进一步发展和推广。评价体系与标准的缺失主要表现在以下 3 个方面。

（1）评价指标不明确

目前对于音乐教育与德育融合的评价指标缺乏明确性和针对性，导致在评价过程中难以准确地衡量融合教育的效果和质量。

（2）评价方法不科学

部分评价方法过于注重知识技能的传授和考核成绩的提高，而忽视了对学生的情感态度、价值观等方面的评价。这使得评价结果难以全面反映融合教育的实际效果。

（3）评价主体单一

目前对于音乐教育与德育融合的评价主体主要以教师为主，而学生、家长和社会等多元主体的参与程度较低。这导致评价结果可能存在一定的主观性和片面性。

二、学术探究与展望

（一）深化理论研究

深化理论研究是推动音乐教育与德育融合发展的基石。只有对相关理论进行详尽的探究，才能为实践提供坚实的科学支撑，确保融合教育的顺畅实施。因此，需要从多个层面对音乐教育与德育融合的理论进行系统的探讨。

1. 必须清晰地界定音乐教育与德育的核心概念和内涵

音乐教育，作为一种艺术教育形式，侧重于培育学生的音乐素养和审美能力；而德育则着重于塑造学生的道德品质和行为习惯。尽管两者在侧重点上有所不同，但它们都是促进学生全面发展的重要组成部分。因此，深入探讨音乐教育与德育在教育目标、任务和内容上的契合点，对于构建融合教育的理论基础至关重要。

2. 需要深入研究音乐教育与德育融合的机制和路径

融合教育并非简单的相加或拼凑，而是需要遵循一定的教育规律和原则。从教育学、心理学、美学等多学科视角出发，深入探究音乐教育与德育融合的内在逻辑和规律，揭示两者相互促进、协同发展的机制和路径，是理论研究的重要任务。同时，关注融合教育过程中的关键因素和变量，如教师素质、学生特点、教学资源等，对于提供科学的实践指导具有重要意义。

3. 构建音乐教育与德育融合的理论模型是深化理论研究的重要方面

理论模型是对现实世界的抽象和概括，有助于更好地理解和解释融合教育的现象和规律。基于对现有研究成果的梳理和分析，构建具有解释力和预测力的理论模型，可以为实践提供有力的理论支撑。同时，不断对模型进行修正和完善，确保其适应性和科学性，是推动理论研究与实践相结合的关键环节。

4. 加强音乐教育与德育融合的实证研究是深化理论研究的重要方向

实证研究是检验理论有效性和可行性的重要手段。通过大量的实证研究，可以验证音乐教育与德育融合的实际效果和影响，为理论提供实践支持。同时，关注实证研究中的方法论问题，如研究设计、样本选择、数据收集和处理等，对于确保研究结果的可靠性和准确性至关重要。

5. 推动音乐教育与德育融合的理论创新是深化理论研究的重要目标

理论创新是推动学科发展的重要动力。在深入研究的基础上，鼓励学者们提出新的理论观点和思想见解，可以为音乐教育与德育融合的发展注入新的活力。同时，加强学术交流与合作，促进不同学派和观点之间的对话与碰撞，对于推动理论研究的深入发展具有重要意义。

总之，深化理论研究是推动音乐教育与德育融合发展的重要保障。从多个层面对相关理论进行系统的探讨，可以为实践提供坚实的科学支撑和指导。同时，加强实证研究和方法论研究，推动理论创新和发展，有助于更好地理解和把握音乐教育与德育融合的契机和挑战，为学生的全面发展提供有力保障。在未来的研究中，还应关注对不同年龄段、文化背景学生的研究，以及新技术、新媒体在融合教育中的应用和影响等方面，以推动音乐教育与德育融合的不断深化和发展。

（二）拓展实践领域

在音乐教育与德育的融合上，理论研究已经为我们提供了坚实的理论基础和指导方向。然而，如何将这些理论转化为实践，探索出适合各级各类学校的具体应用模式和策略，仍是当前教育领域面临的重要课题。本文将从探索多元化的融合模式、总结推广成功的实践经验以及推动融合教育的广泛实施三个方面，对拓展音乐教育与德育融合的实践领域进行深入探讨。

1. 探索多元化的融合模式

由于不同学校、不同地区的教育实际情况存在差异，音乐教育与德育的融合实践不能一概而论。因此，我们需要根据学校的办学特色、学生的年龄特点和实际需求等因素，设计具有针对性的融合模式和策略。

（1）基于学校特色的融合模式

每所学校都有其独特的办学理念和特色。在音乐教育与德育的融合实践中，我们应充分利用这些特色资源，设计出符合学校实际情况的融合模式。例如，对于以艺术教育为特色的学校，可以通过音乐课程与德育活动的有机结合，让学生在欣赏和创作音乐的过程中，潜移默化地接受道德教育；对于以科技教育为特色的学校，则可以通过音乐科技项目的研发与实施，培养学生的创新精神和团队协作能力。

（2）基于学生年龄特点的融合模式

不同年龄段的学生具有不同的认知特点和心理需求。在音乐教育与德育的融合实践中，我们应根据学生的年龄特点，设计出适合他们的融合模式。例如，对于小学生，可以通过寓教于乐的方式，将音乐教育与德育内容融入游戏和活动中，让学生在轻松愉快的氛围中接受教育；对于中学生，则可以通过音乐鉴赏和创作活动，引导他们深入思考道德问题，培养他们的批判性思维和自我教育能力。

（3）基于实际需求的融合模式

随着社会的不断发展和进步，教育领域也面临着新的挑战和机遇。在音乐教育与德育的融合实践中，我们应密切关注社会需求和教育发展趋势，设计出符合实际需求的融合模式。例如，针对当前青少年心理健康问题日益突出的情况，可以通过音乐治疗和德育辅导相结合的方式，为学生提供心理支持和道德引导；针对未来社会对多元化人才的需求，则可以通过音乐与跨学科课程的整合，培养学生的综合素质和创新能力。

2. 总结推广成功的实践经验

在音乐教育与德育的融合实践中，总会涌现出一些成功的案例和经验。这些成功的经验对于推动音乐教育与德育的融合具有重要的借鉴意义。因此，我们需要及时总结和推广这些成功的实践经验，让更多的学校和教师能够从中受益。

（1）建立案例库和经验交流平台

为了方便学校和教师之间的交流和学习，可以建立音乐教育与德育融合案例库和经验交流平台。通过收集和整理成功的实践案例和经验，为其他学校和教师提供参考和借鉴；同时，通过组织线上和线下的交流活动，促进不同学校之间的合作与共享。

（2）加强研究成果的转化和应用

理论研究和实践应用是相辅相成的。在总结推广成功的实践经验时，应注重将研究成果转化为实际应用。例如，可以将成功的融合教育模式和策略编写成教材或教案，供其他学校和教师使用；同时，也可以将实践经验转化为学术论文或研究报告，为理论研究提供新的思路和方向。

（3）发挥示范引领作用

在推广成功的实践经验时，应注重发挥示范引领作用。通过评选和表彰在音乐教育与德育融合实践中表现突出的学校和教师，树立榜样和标杆；同时，组织现场观摩和学习活动，让更多的学校和教师亲身感受成功的实践经验带来的益处。

3. 推动融合教育的广泛实施

目前，音乐教育与德育的融合教育还处于探索和发展阶段，尚未得到广泛的实施和推广。因此，需要积极推动融合教育的广泛实施，让更多的学生能够享受到融合教育带来的益处。

（1）加强政策引导和制度建设

政府和教育部门应加强对音乐教育与德育融合的政策引导和制度建设。通过制定相关政策和法规，明确音乐教育与德育融合的目标、任务和要求；同时，加大对融合教育的投入和支持力度，为学校和教师提供必要的资源和条件。

（2）加强教师培训和队伍建设

教师是实施融合教育的关键力量。因此，需要加强对教师的培训和队伍建设。通过组织专题培训、研讨交流等活动，提高教师对音乐教育与德育融合的认识和理解；同时，鼓励和支持教师开展融合教育的实践探索和研究工作，培养他们的专业素养和创新能力。

（3）加强校际合作和区域联动

校际合作和区域联动是推动融合教育广泛实施的有效途径。通过加强不同学校之间的合作与交流，实现资源共享和优势互补；同时，鼓励和支持区域内的学校开展联合教研、共同开发课程等活动，形成区域特色的融合教育模式和策略。

（4）加强社会宣传和推广工作

社会宣传和推广工作是推动融合教育广泛实施的重要手段。通过利用媒体、网络等渠道，加强对音乐教育与德育融合的宣传和推广工作；同时，组织各类公益活动和文化交流活动，提高公众对融合教育的认识和认可度。

4. 加强国际交流与合作

在全球化的背景下，国际交流与合作已经成为推动教育发展的重要动力。对于音乐教育与德育的融合而言，加强国际交流与合作同样具有重要的意义。

（1）借鉴国际先进教育理念和模式

在国际上，许多国家和地区已经在音乐教育与德育的融合方面积累了丰富的经验和成果。通过与国际先进教育理念和模式的对接与交流，可以借鉴其成功经验，避免走弯路，推动我国音乐教育与德育融合的不断发展与创新。

（2）拓宽国际视野和思维方式

国际交流与合作不仅可以带来先进的教育理念和模式，还可以拓宽我们的国际视野和思维方式。通过与不同文化背景、不同教育体系的交流与合作，可以让我们更加全面地了解音乐教育与德育融合的全球发展趋势和前沿动态，为我国的融合教育实践提供有益的参考和启示。

（3）提升我国教育的国际影响力

加强国际交流与合作还可以提升我国教育的国际影响力。通过向世界展示我国音乐教育与德育融合的实践成果和成功经验，可以增强我国教育的国际话语权和影响力，为构建人类命运共同体贡献中国智慧和中国方案。

第二节　技术辅助在音乐教育与德育中的应用与前景

随着科技的飞速发展，教育领域正经历着前所未有的变革。在这场变革中，音乐教育与德育作为培养学生全面素质的重要组成部分，也在积极探索与新技术的融合之路。技术辅助不仅为音乐教育与德育提供了更加丰富和多样化的教学手段，还通过数据分析、智能推荐等功能，帮助教育者更好地了解学生的学习情况和需求，从而实现个性化教学和精准育人。

一、技术辅助在音乐教育中的应用

（一）数字化音乐工具与平台

数字化音乐工具与平台在音乐教育中发挥着越来越重要的作用。它们通过提供丰富的音乐资源、直观的教学界面和个性化的学习路径，为音乐教育注入了新的活力。例如，人工智能技术可以进一步提高个性化教学和辅导的效果；而虚拟现实和增强现实技术则可以为学生提供更加真实和沉浸式的音乐学习体验。

1. 数字化音乐工具与平台的概述

数字化音乐工具与平台是指利用计算机技术和数字音频处理技术，为音乐教育提供的一系列软件和在线服务。这些工具具有直观、便捷、高效等特点，能够帮助学生更好地理解和掌握音乐知识，提高音乐技能和创作能力。

（1）数字音乐制作软件

数字音乐制作软件是数字化音乐工具与平台中的重要组成部分。这类软件通常集成了作曲、编曲、混音、录音等功能，能够帮助学生进行音乐创作和制作。通过数字音乐制作软件，学生可以更加直观地了解音乐创作的原理和技巧，提高音乐创作能力和实践能力。

（2）在线音乐课程平台

在线音乐课程平台是数字化音乐工具与平台中的另一重要组成部分。这类平台通常提供了丰富的在线音乐课程，包括乐理、视唱练耳、乐器演奏等。学生可以根据自己的需求和兴趣选择适合的课程进行学习。在线音乐课程平台打破了时间和空间的限制，为学生提供了更加灵活和便捷的学习方式。

（3）智能音乐学习应用

智能音乐学习应用是数字化音乐工具与平台中的新兴力量。这类应用通常利用人工智能技术和大数据分析技术，为学生提供个性化的学习路径和反馈。通过智能音乐学习应用，学生可以更加高效地掌握音乐知识和技能，提高学习效果和自信心。

2. 数字化音乐工具与平台在音乐教育中的应用

（1）创作与编曲实践

数字音乐制作软件为学生提供了丰富的创作和编曲工具，使得学生可以更加方便地进行音乐创作和编曲实践。通过数字音乐制作软件，学生可以自由地组合不同的音符、节奏和音色，创作出具有个人特色的音乐作品。这种实践方式不仅可以帮助学生深入理解音乐创作的原理和技巧，还可以培养学生的创新能力和实践能力。

（2）在线学习与互动

在线音乐课程平台为学生提供了随时随地学习音乐的机会。学生可以通过电脑、手机等终端设备访问在线音乐课程平台，随时随地进行学习。此外，在线音乐课程平台还提供了丰富的互动功能，如在线讨论、作业提交、视频通话等，使得学生可以更加方便地与老师和同学进行交流和互动。这种学习方式不仅可以提高学生的学习效果，还可以培养学生的自主学习能力和协作能力。

（3）个性化教学与辅导

智能音乐学习应用通过收集和分析学生的学习数据，可以为学生提供个性化的学习路径和反馈。例如，根据学生的学习进度和掌握情况，智能音乐学习应用可以为学生推荐适合的学习资源和练习题；同时，还可以根据学生的反馈和表现，调整教学策略和难度，实现个性化教学。这种教学方式不仅可以提高学生的学习效果，还可以培养学生的自信心和学习兴趣。

3. 数字化音乐工具与平台对音乐教育的影响

（1）提高教学效果和效率

数字化音乐工具与平台通过提供直观、便捷、高效的教学方式，可以极大地提高音乐教育的效果和效率。例如，数字音乐制作软件可以帮助学生更加直观地了解音乐创作的原理和技巧；在线音乐课程平台可以为学生提供更加灵活和便捷的学习方式；智能音乐学习应用则可以为学生提供个性化的学习路径和反馈。这些工具和平台的应用不仅可以提高学生的学习效果，还可以减轻教师的教学负担，提高教学效率。

（2）培养学生的创新能力和实践能力

数字化音乐工具与平台为学生提供了更加广阔的创作和实践空间。通过数字音乐制作软件和在线音乐课程平台，学生可以更加方便地进行音乐创作和编曲实践；而智能音乐学习应用则可以为学生提供个性化的学习路径和反馈，帮助学生更好地掌握音乐知识和技能。这些实践和创新的机会不仅可以培养学生的创新能力和实践能力，还可以提高学生的综合素质和竞争力。

（3）推动音乐教育的普及和发展

数字化音乐工具与平台通过降低音乐教育的门槛和成本，可以推动音乐教育的普及和发展。例如，在线音乐课程平台可以为学生提供更加便捷和经济的学习方式；而智能音乐学习应用则可以为学生提供个性化的学习路径和反馈，帮助学生更好地掌握音乐知识和技能。这些工具和平台的应用不仅可以降低音乐教育的成本，还可以扩大音乐教育的受众范围，推动音乐教育的普及和发展。

（二）虚拟现实与增强现实技术

随着科技的飞速发展，虚拟现实（VR）与增强现实（AR）技术逐渐渗透到各个领域，为人们的生活和工作带来了前所未有的变革。音乐教育作为培养学生艺术素养和审美能力的重要途径，也在积极探索与新技术的融合之路。本文旨在深入探讨 VR 与 AR 技术在音乐教育中的创新应用及其对学生学习音乐的影响，以期为音乐教育的改革与发展提供新的思路。

1. 虚拟现实与增强现实技术概述

虚拟现实技术是一种能够创建和体验虚拟世界的计算机技术。它利用计算机生成一种模拟环境，使用户能够沉浸其中，产生身临其境的感觉。而增强现实技术则是一种将虚拟信息融合到真实世界中的技术。它通过计算机生成的元素与用户周围环境的实时互动，增强用户对现实世界的感知和体验。

在音乐教育中，VR 与 AR 技术的应用为学生提供了更加直观、生动和真实的学习体验。通过构建虚拟的音乐场景和实时的互动体验，这些技术使学生能够更加深入地感受音乐的魅力和内涵，从而激发学生的学习兴趣和创造力。

2. 虚拟现实技术在音乐教育中的应用

（1）虚拟音乐厅与博物馆参观

利用虚拟现实技术，学生可以身临其境地参观世界各地的音乐厅和博物馆，感受不同文化和风格的音乐。通过虚拟导览，学生可以自由选择参观路线和展品，深入了解音乐的历史、发展和演奏技巧。同时，虚拟现实技术还可以模拟真实的演奏环境，让学生在虚拟的音乐厅中进行演奏实践，提高学生的演奏技能和舞台表现力。

（2）虚拟音乐创作与表演

虚拟现实技术为学生提供了广阔的虚拟创作和表演空间。通过虚拟音乐编辑器，学生可以自由地组合不同的音符、节奏和音色，创作出具有个人特色的音乐作品。同时，虚拟现实技术还可以模拟真实的演出场景，让学生在虚拟的舞台上进行表演实践，提高学生的表演能力和自信心。

3. 增强现实技术在音乐教育中的应用

（1）增强现实音乐教材

增强现实技术可以将虚拟的音乐元素与现实世界相结合，为学生提供更加直观和生动的音乐学习体验。例如，增强现实音乐教材可以在纸质教材的基础上添加虚拟的音乐元素和互动功能，使学生能够通过扫描二维码或识别图像等方式获取更加丰富的音乐资源和信息。这种教材不仅可以激发学生的学习兴趣和好奇心，还可以帮助学生更好地理解和掌握音乐知识。

（2）增强现实音乐创作与表演

增强现实技术为学生的音乐创作和表演提供了更加广阔的空间。通过增强现实应用，学生可以在现实环境中添加虚拟的音乐元素和效果，创作出具有独特风格和创意的音乐作品。同时，增强现实技术还可以为学生的表演增添虚拟的舞美效果和互动功能，使表演更加生动和有趣。

4. 虚拟现实与增强现实技术对音乐教育的影响

（1）激发学生的学习热情和创造力

虚拟现实与增强现实技术通过构建生动、真实和互动的音乐学习场景，极大地激发了学生的学习热情和创造力。这些技术使学生能够更加深入地感受音乐的魅力和内涵，从而更加热爱音乐、积极投入音乐学习。

（2）提高学生的音乐技能和表演能力

虚拟现实与增强现实技术为学生提供了更加直观、生动和真实的音乐学习体验，使学生能够更加深入地理解和掌握音乐知识和技能。通过虚拟演奏、虚拟创作和虚拟表演等实践方式，学生的音乐技能和表演能力得到了极大的提高。

（3）培养学生的跨文化交流能力

虚拟现实与增强现实技术使学生能够身临其境地参观世界各地的音乐厅和博物馆，感受不同文化和风格的音乐。这种跨文化的音乐体验不仅丰富了学生的音乐素养和审美能力，还培养了学生的跨文化交流能力和全球视野。

二、技术辅助在德育中的应用

（一）大数据分析与评估

大数据分析与评估是技术辅助在德育中的重要应用之一。通过对学生在校期间的行为、成绩、社交等多维度数据进行收集和分析，教育者可以更加全面地了解学生的思想动态、道德品质和成长需求。这些数据不仅可以帮助教育者及时发现和干预学生的问题行为，还可以为德育课程的设置和教学策略的制定提供科学依据。此外，大数据分析还可以用于评估德育工作的效果和影响力，为教育决策提供有力支持。

1. 大数据分析与评估的概念及特点

大数据分析是指对海量、多样、快速变化的数据进行收集、整理、挖掘和分析，以揭示数据背后的规律和趋势。在德育中，大数据分析主要涉及对学生在校期间的行为、成绩、社交等多维度数据的收集和分析。这些数据具有以下 3 个特点。

（1）数据量大

德育涉及的数据种类繁多，包括学生的日常行为、学习成绩、社交活动等，这些数据量巨大，需要强大的数据处理能力。

（2）多样性

德育数据不仅包括结构化数据，如成绩、出勤率等，还包括非结构化数据，如学生的社交媒体活动、课外活动等。

（3）实时性

德育数据具有实时变化的特点，需要及时收集和分析，以反映学生的最新动态。

评估则是对数据分析结果的解读和应用，通过评估可以判断德育工作的效果和影响力，为教育决策提供有力支持。

2. 大数据分析与评估在德育中的应用

（1）学生思想动态监测与预警

通过对学生日常行为、社交媒体活动等数据的收集和分析，教育者可以更加全面地了解学生的思想动态和情绪变化。例如，通过分析学生的网络言论和社交互动，可以发现学生的价值观、道德观等方面的倾向和问题。这些数据可以帮助教育者及时发现和干预学生的问题行为，防止不良思想的传播和扩散。

（2）道德品质评估与提升

大数据分析可以对学生的道德品质进行客观、科学的评估。通过对学生在校期间的诚信记录、公益活动参与情况、团队协作表现等数据的分析，可以判断学生的道德品质和素养水平。这些数据可以为德育课程的设置和教学策略的制定提供科学依据，帮助学生提升道德品质和素养。

（3）成长需求分析与个性化教育

通过对学生的学习成绩、兴趣爱好、特长优势等数据的分析，教育者可以更加准确地了解学生的成长需求和发展潜力。这些数据可以为教育者提供个性化的教育方案和指导建议，帮助学生更好地发挥自己的优势和潜力。

（4）德育工作效果评估与改进

大数据分析还可以用于评估德育工作的效果和影响力。通过对德育课程实施情况、学生参与度、满意度等数据的收集和分析，可以判断德育工作的实际效果和影响力。这些数据可以为教育决策者提供有力的支持，帮助决策者及时调整和优化德育工作的策略和方案。

3. 大数据分析与评估在德育中的挑战与对策

尽管大数据分析与评估在德育中具有广泛的应用前景和巨大的价值，但在实际应用中也面临着一些挑战和问题。例如，数据收集的难度和隐私问题、数据处理的复杂性和技术要求、数据解读的准确性和客观性等。为了克服这些挑战和问题，需要采取以下对策。

（1）加强数据收集和管理

建立完善的数据收集和管理机制，确保数据的真实性、完整性和安全性。

（2）提高数据处理和分析能力

加强技术研发和人才培养，提高数据处理和分析的能力和水平。

（3）强化数据解读和应用

建立科学的数据解读和应用机制，确保数据解读的准确性和客观性，为德育工作提供有力的支持。

（二）智能化教学与辅导

智能化教学与辅导是技术辅助在德育中的另一重要应用。利用人工智能技术，教育者可以为学生提供更加个性化和精准的教学服务。例如，智能推荐系统可以根据学生的学习兴趣和能力水平，为其推荐合适的德育资源和活动；智能辅导系统则可以通过对话和互动等方式，为学生提供及时的问题解答和心理支持。这些智能化的教学手段不仅提高了德育工作的效率和效果，还让学生感受到了更加温暖和人性化的教育关怀。

1. 智能化教学与辅导的概念及特点

智能化教学与辅导是指利用人工智能技术，根据学生的学习需求和特点，提供个性化、精准的教学服务。这种教学手段具有以下 3 个特点。

（1）个性化

智能化教学与辅导能够根据学生的学习兴趣、能力水平等因素，为其量身定制合适的教学内容和策略。

（2）精准性

通过人工智能技术，教育者可以准确地识别学生的学习需求和问题，从而提供有针对性的教学辅导。

（3）互动性

智能化教学与辅导注重与学生的互动和对话，通过智能问答、情感交流等方式，增强学生的学习体验和效果。

2. 智能化教学与辅导在德育中的应用

（1）智能推荐系统与德育资源个性化配置

利用智能推荐系统，教育者可以根据学生的学习兴趣和能力水平，为其推荐合适的德育资源和活动。例如，对于喜欢历史的学生，可以推荐相关的历史故事和人物传记；对于在团队合作方面存在问题的学生，可以推荐相关的团队协作训练活动。这种个性化的资源配置方式，不仅可以提高学生的学习兴趣和参与度，还有助于培养其自主学习和探究的能力。

（2）智能辅导系统与心理问题及时干预

智能辅导系统可以通过对话和互动等方式，为学生提供及时的问题解答和心理支持。例如，当学生在学习或生活中遇到困难和挫折时，可以通过智能辅导系统进行情感倾诉和寻求帮助。系统可以根据学生的情感状态和需求，提供相应的安慰、鼓励和建议，帮助学生走出困境，增强自信心和抗压能力。这种及时的心理干预方式，对于预防和解决学生的心理问题具有重要意义。

（3）智能化评价与反馈机制构建

通过人工智能技术，可以构建智能化的评价和反馈机制，对学生的学习成果和德育表现进行客观、全面的评价。这种评价机制不仅可以提供及时、准确的反馈信息，帮助学生了解自己的优点和不足，还可以为教育者提供科学、有效的教学依据，帮助其调整和优化教学策略。

3. 智能化教学与辅导在德育中的挑战与对策

尽管智能化教学与辅导在德育中具有广泛的应用前景和巨大的价值，但在实际应用中也面临着一些挑战和问题。例如，技术应用的成本和可行性、数据安全和隐私保护、教育者的技术素养和能力提升等。为了克服这些挑战和问题，需要采取以下对策。

（1）加强技术研发和投入

加大对人工智能技术的研发力度和投入，降低技术应用的成本和门槛，提高其在德育中的可行性和普及率。

（2）完善数据安全和隐私保护机制

建立健全的数据安全和隐私保护机制，确保学生的个人信息和隐私不被泄露和滥用。

（3）提升教育者的技术素养和能力

加强对教育者的技术培训和指导，提高其应用智能化教学与辅导的能力和水平。

三、技术辅助在音乐教育与德育中的前景展望

随着科技的不断发展和进步，技术辅助在音乐教育与德育中的应用前景将更加广阔。以下是对未来发展趋势的几点展望。

（一）人工智能技术的深入应用

1. 人工智能技术在音乐教育中的应用

（1）智能教学系统的构建

AI 技术通过深度学习和自然语言处理等手段，可以模拟人类教师的行为和思维方式，为学生提供更加自然和智能的教学服务。例如，智能音乐教学系统能够根据学生的学习进度和能力，推荐合适的曲目进行练习，并提供实时的反馈和指导。此外，系统还能分析学生的演奏技巧和情感表达，为其量身定制个性化的学习方案。

（2）智能创作与表演

AI 技术在音乐创作和表演领域也展现出巨大的潜力。通过机器学习和大数据分析，AI 能够学习和模仿各种音乐风格，甚至创作出具有独特风格的音乐作品。同时，智能乐器和虚拟歌手等技术的出现，也为音乐表演带来了全新的可能。这些技术的应用，不仅丰富了音乐教育的形式和内容，也激发了学生的学习兴趣和创造力。

2. 人工智能技术在德育中的应用

（1）构建智能德育评估系统

AI 技术可以构建智能德育评估系统，通过对学生的行为、言论等多维度数据的收集和分析，全面评估学生的道德品质和发展状况。这种评估方式更加客观、科学，能够为教育者提供有力的决策支持。同时，系统还能根据学生的个体差异，提供个性化的德育建议和指导。

（2）AI 技术在心理辅导方面具有广阔的应用前景

AI 技术在心理辅导方面具有广阔的应用前景。智能心理辅导系统能够通过对话和互动，及时发现和解决学生的心理问题。例如，系统可以通过分析学生的言语和情感，识别其是否存在焦虑、抑郁等情绪问题，并提供相应的心理支持和干预措施。这种智能化的心理辅导方式，不仅提高了心理辅导的效率和效果，也保护了学生的隐私。

（二）大数据与云计算的融合发展

1. 大数据与云计算的基本概念及关系

大数据是指无法在一定时间范围内用常规软件工具进行捕捉、管理和处理的数据集合，是需要新处理模式才能具有更强的决策力、洞察发现力和流程优化能力的海量、高增长率和多样化的信息资产。而云计算则是一种基于互联网的计算方式，通过这种方式，共享的软硬件资源和信息可以按需求提供给计算机各种终端和其他设备。大数据与云计算的关系紧密相连，云计算为大数据提供了强大的计算能力和存储空间，而大数据则为云计算提供了丰富的数据资源和应用场景。

2. 大数据与云计算的融合发展在音乐教育中的应用

（1）构建音乐教育数据平台

借助大数据与云计算技术，可以构建音乐教育数据平台，实现教育资源的集中存储和共享。该平台可以整合各类音乐教育资源，如乐谱、音频、视频等，并按照不同的分类和标签进行管理和展示。同时，通过云计算的弹性扩展能力，可以满足大量用户同时访问和使用的需求，提高教育资源的利用率和普及率。

（2）个性化音乐学习推荐

基于大数据的挖掘和分析技术，可以对学生的学习行为、兴趣爱好和能力水平进行深度分析，从而为其推荐个性化的音乐学习内容和学习路径。例如，根据学生的听歌记录和偏好，可以为其推荐相似的歌曲和歌手；根据学生的学习进度和反馈，可以为其调整学习计划和难度。这种个性化的学习方式不仅可以提高学生的学习兴趣和积极性，还可以帮助其更好地掌握音乐知识和技能。

（3）智能音乐创作与表演

大数据与云计算的融合发展还为音乐创作和表演提供了智能化的支持。通过机器学习和深度学习等技术，可以模拟人类的音乐创作和表演过程，生成具有独特风格的音乐作品和表演效果。这种智能化的创作和表演方式不仅可以丰富音乐教育的形式和内容，还可以激发学生的创造力和想象力。

3. 大数据与云计算的融合发展在德育中的应用

（1）构建德育数据平台

与音乐教育类似，大数据与云计算的融合发展也可以构建德育数据平台，实现德育资源的集中存储和共享。该平台可以整合各类德育资源，如德育案例、德育视频、德育活动等，并按照不同的主题和分类进行管理和展示。同时，通过云计算的弹性扩展能力，可以满足大量用户同时访问和使用的需求，提高德育资源的利用率和影响力。

（2）精准德育评估与干预

基于大数据的挖掘和分析技术，可以对学生的行为、言论和情绪等数据进行深度分析，从而评估其道德品质和心理素质。这种评估方式更加客观、科学和精准，可以帮助教育者及时发现问题并采取有效的干预措施。同时，通过云计算的实时处理能力，可以对德育数据进行实时监控和分析，为教育者提供实时的反馈和指导。

（3）智能心理辅导与支持

大数据与云计算的融合发展还为心理辅导提供了智能化的支持。通过构建智能心理辅导系统，可以为学生提供 24 小时不间断的心理支持和帮助。该系统可以通过对话和互动等方式，识别学生的情绪状态和心理问题，并提供相应的建议和支持。这种智能化的心理辅导方式不仅可以保护学生的隐私和尊严，还可以提高其心理健康水平和幸福感。

（三）物联网技术的广泛应用

物联网技术将为音乐教育与德育提供更加智能和高效的教学环境。例如，通过智能化的教室设备和校园管理系统，教育者可以更加方便地对学生进行实时监控和管理；而学生也可以通过各种智能设备和应用程序进行自主学习和交流。这些智能化的教学环境将极大地提升教育教学的效果和效率。

1. 物联网技术的基本概念及应用领域

物联网是指通过各种信息传感器、射频识别技术、全球定位系统、红外感应器、激光扫描器等各种装置与技术，实时采集任何需要监控、连接、互动的物体或过程，采集其声、光、热、电、力学、化学、生物、位置等信息，通过各类可能的网络接入，实现物与物、物与人的泛在连接，实现对物品和过程的智能化感知、识别和管理。物联网是一个基于互联网、传统电信网等的信息承载体，它让所有能够被独立寻址的普通物理对象形成互联互通的网络。

在教育领域，物联网技术的应用主要体现在智能化教学环境的构建、教学资源的优化配置、学生管理的高效化等方面。例如，智能化的教室设备可以实时感知和调节教室内的温度、湿度、光照等环境参数，为学生提供舒适的学习环境；校园管理系统可以实时监控和管理学生的出入、行为等，确保学生的安全；而学生则可以通过各种智能设备和应用程序进行自主学习和交流，提高学习效果和效率。

2. 物联网技术在音乐教育中的应用

（1）智能化音乐教室的构建

物联网技术可以构建智能化的音乐教室，实现教学设备的智能控制和管理。例如，智能化的音乐教室可以自动调节乐器的音准和音色，确保学生使用的乐器处于最佳状态；同时，教室内的音响设备可以根据学生的位置和需求自动调节音量和音质，为学生提供清晰、舒适的听觉体验。此外，智能化的音乐教室还可以实时监控学生的练习情况，为学生提供及时的反馈和指导。

（2）音乐资源的优化配置

物联网技术可以实现音乐资源的优化配置，提高音乐教育的效率和效果。例如，通过物联网技术，可以实时感知和了解学生的学习需求和兴趣偏好，从而为其推荐合适的音乐作品和学习资源。同时，物联网技术还可以实现音乐资源的共享和协同编辑，方便学生之间进行合作学习和交流。

（3）学生音乐技能评估的智能化

物联网技术可以构建智能化的学生音乐技能评估系统。该系统可以通过收集学生的演奏数据、练习时长等信息，对学生的音乐技能进行全面、客观地评估。这种评估方式不仅可以减轻教师的工作负担，还可以为学生提供更加精准、个性化的学习建议和指导。

3. 物联网技术在德育中的应用

（1）智能化德育环境的构建

物联网技术可以构建智能化的德育环境，实现德育资源的智能感知和管理。例如，智能化的校园管理系统可以实时监控学生的行为和言论，及时发现和解决德育问题；同时，系统还可以根据学生的个体差异和德育需求，为其提供个性化的德育服务和指导。

（2）德育活动的智能化组织与管理

物联网技术可以实现德育活动的智能化组织与管理，提高德育活动的效率和效果。例如，通过物联网技术，可以实时感知和了解学生的参与情况和反馈意见，从而及时调整活动方案和组织形式。同时，物联网技术还可以实现德育资源的共享和协同编辑，方便学生之间进行合作学习和交流。

（3）学生德育表现的智能化评估

物联网技术可以构建智能化的学生德育表现评估系统。该系统可以通过收集学生的行为数据、社交数据等信息，对学生的道德品质进行全面、客观地评估。这种评估方式不仅可以减轻教师的工作负担，还可以为学生提供更加精准、个性化的德育建议和指导。

（四）技术革新对音乐教育与德育融合的双重影响

物联网技术、人工智能技术，以及大数据与云计算的融合发展，正深刻影响着音乐教育与德育的领域，带来显著的积极影响同时也伴随着一系列挑战。

积极方面，这些技术的应用显著提升了音乐教育与德育的教学效果与效率。通过智能化的教学环境，如物联网技术打造的智能教室和校园管理系统，以及基于大数据与云计算的在线教育平台，教学资源的配置与管理得到了优化，资源的利用率和共享程度大幅提高。同时，这些技术也为学生提供了个性化的学习环境和德育服务，促进了学生的个性化发展。例如，人工智能技术的智能推荐系统可以根据学生的学习风格和进度，为其提供定制化的学习资源，满足学生多样化的学习需求。此外，大数据与云计算的融合发展还促进了教育公平和普及，使得优质的教育资源能够跨越地域和经济的限制，让更多的人享受到高质量的教育。

然而，这些技术的应用也带来了一系列挑战和问题。首先，技术安全与隐私保护是一个重要的问题。在物联网技术的应用过程中，需要确保技术安全和隐私保护，避免数据泄露和滥用。同样，在大数据与云计算的融合发展中，也需要严格保护学生数据的隐私和安全。其次，技术更新与维护成本也是一个需要考虑的问题。随着技术的不断发展，需要持续更新和维护相关的系统和设备，这可能会增加成本投入。最后，教育理念与模式创新也是一个重要的挑战。物联网技术、人工智能技术，以及大数据与云计算的融合发展要求教育者不断更新教育理念和创新教育模式，以适应新的教育环境和需求。这需要教育者具备更高的技术素养和创新能力，以应对新的教育挑战。

第三节　跨文化交流背景下的音乐教育与德育发展思考

一、跨文化交流背景下的音乐教育发展

（一）多元音乐文化的接触与认知

多元音乐文化的接触与认知是音乐教育发展的重要趋势和方向之一。通过加强课堂教学、课外活动和网络资源建设等途径和方法来推动多元音乐文化的接触与认知进程；同时关注并解决语言和文化差异、音乐作品多样性和复杂性以及教育资源不均衡分布等问题和挑战；最终培养出具有国际视野和跨文化沟通能力的优秀音乐人才，通过多元音乐文化的接触与认知，音乐教育正逐步摆脱传统单一文化背景的束缚，向着更加全面、多元和国际化的方向发展。

1. 多元音乐文化接触的必要性

多元音乐文化接触是音乐教育发展的必然趋势。在全球化的背景下，不同国家和地区之间的文化交流日益频繁，音乐作为文化的重要组成部分，其交流与融合也成为一种必然。这种交流与融合不仅有助于推动音乐艺术的创新与发展，更有助于促进不同文化之间的理解与沟通。

对于学生而言，多元音乐文化的接触具有多重意义。首先，它可以帮助学生拓宽音乐视野，了解世界各地的音乐风格、特点和价值。通过学习和欣赏不同文化背景下的音乐作品，学生可以更加深入地理解音乐的多样性和包容性，从而培养起更加开放和多元的音乐审美观念。其次，多元音乐文化的接触可以激发学生对音乐的兴趣和热情。当学生接触到与自己文化背景不同的音乐时，他们往往会被其中所蕴含的独特韵味所吸引，从而产生学习和探索的欲望。这种欲望将推动学生更加主动地参与到音乐学习和实践中来，形成良性的学习循环。

2. 多元音乐文化认知的深度与广度

多元音乐文化的认知不仅包括对音乐作品的欣赏和理解，更包括对音乐文化背后深层次的社会、历史、文化背景的探寻和思考。这种认知的深度和广度直接决定了学生对多元音乐文化的理解程度和接受程度。

在深度上，学生需要通过对音乐作品的深入分析来挖掘其中所蕴含的文化内涵和情感表达。这需要学生具备一定的音乐理论知识和分析能力，能够运用所学知识对音乐作品进行解构和重构，从而理解其背后的文化逻辑和情感诉求。同时，学生还需要通过对相关文献和资料的研读来了解音乐作品所处的社会历史背景和文化环境，以便更加准确地理解作品的内涵和意义。

在广度上，学生需要通过对不同国家和地区音乐文化的比较和对照来把握音乐文化的共性和差异。这需要学生具备一定的跨文化沟通能力和比较分析能力，能够运用所学知识对不同音乐文化进行客观的描述和评价。同时，学生还需要通过对不同音乐文化之间的交流与融合现象的关注来把握音乐文化的发展动态和趋势，以便更加全面地了解音乐文化的多样性和包容性。

3. 多元音乐文化接触与认知的途径与方法

多元音乐文化的接触与认知需要通过多种途径和方法来实现。第一，课堂教学是多元音乐文化接触与认知的重要途径之一。在音乐课堂上，教师可以引入世界各地的优秀音乐作品和教学资源，通过讲解、演示、欣赏等方式来引导学生了解和感受不同音乐文化的魅力。同时，教师还可以结合学生的实际情况和兴趣爱好来设计丰富多样的教学活动和互动环节，以激发学生的学习兴趣和创造力。

第二，课外活动也是多元音乐文化接触与认知的重要途径之一。学校可以通过组织音乐文化交流活动、音乐研讨会和音乐节等形式多样的课外活动来为学生提供更多接触和了解不同音乐文化的机会。这些活动不仅可以帮助学生拓展音乐视野，还可以促进学生之间的交流与合作，培养学生的团队协作能力和跨文化沟通能力。

第三，网络资源也是多元音乐文化接触与认知的重要途径之一。随着互联网技术的快速发展，越来越多的音乐资源和信息可以在网络上找到。学生可以通过搜索引擎、音乐网站、社交媒体等渠道来获取世界各地的音乐作品和相关资料，以便更加便捷地了解和感受不同音乐文化的魅力。

4. 多元音乐文化接触与认知的挑战与对策

在多元音乐文化的接触与认知过程中，学生也面临着一些挑战和困难。第一，语言和文化差异是多元音乐文化接触与认知的主要障碍之一。不同国家和地区的音乐作品往往使用不同的语言和文化符号来表达情感和意境，这对于不熟悉这些语言和文化的学生来说可能会造成一定的理解困难。为了克服这一困难，学生需要加强对相关语言和文化的学习和了解，提高自己的跨文化沟通能力。

第二，音乐作品的多样性和复杂性也是多元音乐文化接触与认知的难点之一。世界各地的音乐作品种类繁多、风格各异、内涵丰富，要想全面了解和欣赏这些作品需要花费大量的时间和精力。为了应对这一挑战，学生需要制定合理的学习计划和目标，有计划地选择和欣赏不同风格和类型的音乐作品，逐步提高自己的音乐素养和审美能力。

第三，教育资源的不均衡分布也是多元音乐文化接触与认知面临的问题之一。在一些地区和学校中，由于教育资源有限或分配不均等原因，学生可能无法获得充分和优质的多元音乐文化教育。为了解决这一问题，教育部门和相关机构需要加强对音乐教育的投入和支持力度，优化教育资源配置和管理机制，确保所有学生都能够获得公平和优质的多元音乐文化教育机会。

（二）音乐教育的创新与发展

跨文化交流为音乐教育的创新与发展提供了契机。在这一背景下，音乐教育者可以积极借鉴和吸收世界各地的优秀音乐教育理念和教学方法，结合本土实际情况，形成具有特色的音乐教育体系。同时，跨文化交流还促进了音乐教育资源的共享和合作，为音乐教育的国际化发展奠定了基础。

1. 音乐教育理念的创新

跨文化交流为音乐教育理念的创新提供了广阔的视野。传统的音乐教育理念往往局限于单一文化背景，注重技能的传授和知识的灌输，而忽视了学生的主体性和创造性。在跨文化交流的背景下，音乐教育者开始积极借鉴和吸收世界各地的优秀音乐教育理念，如奥尔夫教学法、柯达伊教学法等，这些教学法注重学生的参与和体验，强调音乐的情感表达和创造性。

同时，音乐教育者也开始关注到学生的个体差异和多元化需求。他们意识到每个学生都是独一无二的个体，具有不同的音乐天赋和学习方式。因此，音乐教育者开始尝试采用个性化的教学方式，根据学生的兴趣和特长来制定教学计划，以激发学生的学习动力和创造力。

此外，音乐教育者还开始注重培养学生的跨文化音乐审美能力。他们认识到音乐是一种全球性的语言，不同国家和地区的音乐都有其独特的韵味和价值。因此，音乐教育者开始引入世界各地的音乐作品和教学资源，让学生接触和了解不同音乐文化的魅力，从而培养学生的跨文化音乐审美能力和理解力。

2. 音乐教学方法的创新

跨文化交流同样为音乐教学方法的创新提供了丰富的资源。传统的音乐教学方法往往以教师为中心，注重单向的知识传授和技能训练，而忽视了学生的主体地位和互动合作。在跨文化交流的背景下，音乐教育者开始尝试采用更加灵活多样的教学方法来激发学生的学习兴趣和创造力。

例如，他们开始采用合作学习的方法，让学生在小组中互相学习和交流，共同完成任务和解决问题。这种方法不仅可以培养学生的团队协作能力和沟通能力，还可以让学生在互动中产生更多的创意和灵感。

此外，音乐教育者还开始尝试将现代科技手段引入音乐教学中。他们利用多媒体和网络技术来制作教学课件和教学资源，让学生通过视听结合的方式来学习音乐知识和技能。这种方法不仅可以提高学生的学习兴趣和效果，还可以为学生提供更加广阔的学习空间和资源。

同时，音乐教育者也开始关注到游戏化教学在音乐教学中的应用。他们通过设计各种有趣的游戏和活动来让学生在轻松愉快的氛围中学习音乐知识和技能。这种方法不仅可以激发学生的学习兴趣和动力，还可以让学生在游戏中体验到音乐的乐趣和魅力。

3. 音乐教育资源的共享与合作

跨文化交流还为音乐教育资源的共享与合作提供了契机。在全球化的背景下，各国之间的音乐教育交流与合作日益频繁。这种合作不仅促进了音乐教育资源的共享和优化配置，还为音乐教育的国际化发展提供了契机。

通过国际合作，音乐教育者可以学习到其他国家的优秀音乐教育理念和经验，从而推动本国音乐教育的改革与发展。同时，国际合作还可以为音乐教育者提供更多的交流和展示平台，促进不同音乐教育体系之间的互相了解和互相学习。这种互相学习和互相借鉴的过程将有助于推动音乐教育的创新与发展，形成更加多元化和开放性的音乐教育体系。

此外，国际合作还可以为音乐教育者提供更多的合作研究机会。通过合作研究，音乐教育者可以共同探讨音乐教育的重大问题和发展趋势，共同开展音乐教育实验和改革实践，从而推动音乐教育的理论与实践的不断创新和发展。这种合作研究的过程将有助于形成更加科学和系统的音乐教育理论体系和实践模式，为音乐教育的长远发展奠定坚实基础。

4. 音乐教育的未来发展趋势

在跨文化交流的推动下，音乐教育的未来发展将呈现出以下三个趋势。

首先，音乐教育将更加注重学生的主体性和创造性。未来的音乐教育将更加注重学生的参与和体验，强调学生的自主学习和创造性表达。音乐教育者将通过设计各种有趣的教学活动和实践项目来激发学生的学习兴趣和创造力，让学生在亲身体验中感受到音乐的魅力和价值。

其次，音乐教育将更加注重多元化和个性化。未来的音乐教育将更加注重学生的个体差异和多元化需求，采用个性化的教学方式来满足不同学生的需求。同时，音乐教育者还将积极引入世界各地的音乐作品和教学资源，让学生接触和了解不同音乐文化的魅力，从而培养学生的跨文化音乐审美能力和理解力。

最后，音乐教育将更加注重国际合作与交流。未来的音乐教育将更加注重国际合作与交流，通过国际合作来共享和优化音乐教育资源，推动音乐教育的国际化发展。同时，国际合作还将为音乐教育者提供更多的交流和展示平台，促进不同音乐教育体系之间的互相了解和互相学习，从而推动音乐教育的不断创新和发展。

二、跨文化交流背景下的德育发展

（一）培养开放与包容的心态

跨文化交流背景下的德育发展注重培养学生的开放与包容心态。通过接触不同文化背景下的音乐，学生可以更加深入地了解世界各地的文化差异和共同点，从而学会尊重和理解他人。这种开放与包容的心态不仅有助于学生在跨文化交流中建立良好的人际关系，还可以为其未来的国际交流与合作奠定基础。

1. 跨文化交流背景下的音乐教育与德育发展的内在联系

音乐教育在跨文化交流中扮演着重要角色。音乐，作为一种无国界的语言，能够跨越文化和地域的差异，将不同背景的人们紧密地联系在一起。通过音乐教育，学生可以接触到世界各地的音乐作品和风格，了解不同文化背景下的音乐创作、表演和欣赏方式。这种跨文化的音乐体验不仅能够丰富学生的音乐知识和技能，更能够拓宽他们的文化视野，激发他们的好奇心和探索欲望。

音乐教育也是德育发展的重要途径。在跨文化交流的背景下，音乐教育不仅要传授音乐知识和技能，更要注重培养学生的道德品质和价值观念。通过欣赏和理解不同文化背景下的音乐，学生可以学会尊重他人的文化传统和表达方式，形成开放、包容、平等的国际视野。这种开放与包容的心态不仅有助于学生在跨文化交流中建立良好的人际关系，还能够为他们未来的国际交流与合作奠定坚实基础。

2. 跨文化交流背景下的音乐教育中开放与包容心态的培养

在跨文化交流的背景下，音乐教育的目标不仅仅是培养学生的音乐素养和技能，更重要的是通过音乐教育来培养学生的开放与包容心态。这种心态的培养需要音乐教育者采取一系列有效的教学策略和方法。

音乐教育者需要注重音乐作品的多元性。在音乐教育中，音乐作品是传达不同文化背景和价值观念的重要载体。为了培养学生的开放与包容心态，音乐教育者需要选择具有代表性和多元性的音乐作品，让学生接触到不同风格、流派和地区的音乐。通过欣赏和理解这些音乐作品，学生可以更加深入地了解世界各地的文化差异和共同点，从而建立起对多元文化的认识和尊重。

音乐教育者需要注重教学方法的多样性。在跨文化交流的背景下，单一的教学方法已经无法满足学生的需求。为了培养学生的开放与包容心态，音乐教育者需要采用多种教学方法，如合作学习、探究学习、体验学习等。这些方法可以让学生在参与和体验中感受到音乐的魅力，同时也有助于培养学生的团队协作精神、创新思维能力和跨文化沟通能力。

音乐教育者需要注重评价方式的多元化。在传统的音乐教育中，评价方式往往以考试成绩为主，这种单一的评价方式已经无法满足跨文化交流背景下的音乐教育需求。为了培养学生的开放与包容心态，音乐教育者需要采用多元化的评价方式，如表现性评价、过程性评价、自我评价等。这些评价方式可以更加全面地反映学生的学习情况和进步，同时也有助于培养学生的自信心和自主发展能力。

3. 跨文化交流背景下的音乐教育中开放与包容心态的实践意义

培养开放与包容的心态对于学生在跨文化交流中的实践具有重要意义。这种心态可以帮助学生更好地适应跨文化环境。在跨文化交流中，学生往往会遇到不同的文化观念和行为方式，如果缺乏开放与包容的心态，就很难适应这种环境。而通过音乐教育的培养，学生可以建立起对多元文化的认识和尊重，从而更好地适应跨文化环境。

培养开放与包容的心态可以促进学生的国际交流与合作。在全球化的时代背景下，国际交流与合作已经成为不可或缺的一部分。而学生要想在国际交流与合作中取得成功，就必须具备开放与包容的心态。通过音乐教育的培养，学生可以学会尊重他人的文化传统和表达方式，从而在国际交流与合作中建立起良好的人际关系。

培养开放与包容的心态也有助于推动世界文化的交流与融合。音乐作为人类文化传承和发展的重要载体，具有强大的凝聚力和传播力。通过音乐教育的培养，学生可以更加深入地了解世界各地的文化差异和共同点，从而推动世界文化的交流与融合。这种交流与融合不仅有助于促进世界和平与发展，还能够为人类社会的进步注入新的活力和动力。

（二）拓展德育内容与形式

1. 跨文化交流与德育内容的丰富

在跨文化交流的语境下，德育内容不再局限于单一的文化传统和价值观念。世界各地的历史故事、文化传统、社会习俗等都可以成为德育的宝贵资源。德育者可以通过引入这些资源，让学生接触到更加多元的文化观念和价值体系，从而拓宽他们的文化视野和思维空间。

以音乐为载体进行德育内容的拓展是一种有效的尝试。音乐是一种跨越国界和文化的艺术形式，具有强大的感染力和传播力。通过欣赏和理解世界各地的音乐作品，学生可以更加深入地了解不同文化的历史背景、社会风貌和人文精神。这种跨文化的音乐体验不仅可以增强学生的文化素养和审美能力，还可以激发他们对多元文化的兴趣和好奇心。例如，德育者可以组织学生欣赏非洲的鼓乐、印度的古典音乐、欧洲的交响乐等，让他们在音乐的海洋中感受不同文化的魅力和力量。同时，德育者还可以结合音乐作品的历史背景和社会意义，引导学生进行深入的讨论和思考，培养他们的批判性思维和跨文化交流能力。

2. 跨文化交流与德育形式的创新

跨文化交流不仅为德育提供了丰富的内容资源，还为德育形式的创新提供了契机。在传统的德育实践中，德育者往往采用单一的说教式教学方式，这种方式容易使学生产生厌倦和抵触情绪。而在跨文化交流的背景下，德育者可以尝试采用更加灵活多样的教学方式来激发学生的学习兴趣和参与热情。

以音乐为媒介的德育活动是一种富有创意和实践性的尝试。通过音乐表演、音乐创作、音乐欣赏等形式，德育者可以让学生在亲身体验中感受德育的魅力和力量。例如，德育者可以组织学生参加音乐会或音乐节活动，让他们在现场感受音乐的震撼和感染力；还可以鼓励学生创作自己的音乐作品或编排音乐剧等，让他们在创作过程中体验团队合作和创新的乐趣。此外，德育者还可以利用现代科技手段来丰富德育形式。例如，可以利用多媒体技术制作德育课件和教学视频，让学生在视听结合的环境中学习德育知识；还可以利用网络社交平台建立德育交流群或论坛等，让学生在虚拟空间中分享德育体验和感悟。

3. 跨文化交流背景下的德育实践策略

在跨文化交流的背景下进行有效的德育实践需要德育者采取一系列策略。首先，德育者需要树立跨文化交流的意识，积极引入世界各地的优秀德育资源，为学生提供更加多元的文化体验和学习机会。其次，德育者需要注重培养学生的跨文化交流能力和批判性思维能力，引导他们在跨文化交流中保持开放、包容、平等的态度。最后，德育者需要注重评价方式的多元化和个性化，尊重学生的个体差异和多元需求，采用表现性评价、过程性评价等多样化的评价方式来全面反映学生的德育成果和进步情况。

4. 跨文化交流背景下的德育挑战与展望

虽然跨文化交流为德育带来了前所未有的发展机遇，但同时也带来了一系列挑战。例如，如何在多元文化的背景下保持德育的本土性和民族性？如何平衡不同文化之间的差异和冲突？如何培养学生的跨文化适应能力和国际竞争力？这些问题都需要德育者在实践中进行深入的思考和探索。

展望未来，跨文化交流背景下的德育将更加注重学生的主体性和实践性。德育者将通过设计各种有趣的教学活动和实践项目来激发学生的学习兴趣和创造力，让他们在亲身体验中感受到德育的魅力和价值。同时，德育者还将积极引入现代科技手段来丰富德育形式和内容，为学生提供更加广阔的学习空间和资源。最终，跨文化交流背景下的德育将致力于培养具有国际视野、跨文化沟通能力和社会责任感的新时代青年人才。

三、跨文化交流背景下的挑战与应对策略

（一）跨文化交流背景下的挑战——文化差异与教学难题

随着全球化时代的来临，跨文化交流已经成为教育领域不可忽视的现象。在这一背景下，音乐教育与德育作为培养学生综合素质的重要途径，也面临着前所未有的挑战。其中，文化差异带来的教学难题是首要问题。文化差异体现在音乐教育与德育中，主要表现在以下两个方面。

第一，不同国家和地区的音乐文化有着各自独特的传统和风格。这些差异不仅体现在音乐的形式和技巧上，更深入到音乐的内涵和精神层面。例如，西方古典音乐注重和声与对位，追求音乐的逻辑性和严谨性；而东方音乐则更注重旋律的线条和色彩，追求音乐的意境和韵味。这种差异可能导致学生在理解和接受外来音乐文化时产生困难，甚至产生文化冲突。

第二，文化差异还体现在德育观念和价值观上。不同文化背景下的德育观念和价值观可能存在较大差异。例如，西方文化强调个人主义和自由主义，注重培养学生的独立性和创造性；而东方文化则更注重集体主义和社会责任感，强调学生的纪律性和服从性。这种差异可能导致在德育过程中产生理解和执行上的偏差，影响德育效果。

针对文化差异带来的教学难题，我们需要深入分析其产生的原因和影响。一方面，文化差异是由于不同国家和地区的历史、地理、社会等因素长期作用而形成的，具有深厚的历史和文化根基。因此，我们不能简单地用好坏、优劣来评价不同文化之间的差异，而应该尊重和理解这些差异，并寻求有效的沟通和交流方式。另一方面，文化差异对教学的影响是全方位的，从教学目标、教学内容、教学方法到教学评价都可能受到文化差异的影响。因此，我们需要在教学过程中充分考虑文化

差异的因素，采用多样化的教学手段和策略来适应不同文化背景的学生。

为了应对文化差异带来的教学难题，我们需要采取一系列措施来提高教师的跨文化交流能力和学生的跨文化适应能力。首先，教师应该具备对不同文化的认知和理解能力，能够尊重和接纳不同文化背景下的学生。为此，教师可以通过参加跨文化交流培训、阅读相关书籍和资料等方式来增强自己的跨文化意识。其次，教师应该掌握多样化的教学方法和手段，能够根据不同文化背景的学生的特点和需求进行有针对性的教学。例如，可以采用情境教学法、合作学习法、案例分析法等教学方法来激发学生的学习兴趣和创造力。最后，教师应该注重培养学生的跨文化适应能力，让学生能够在不同文化背景下自信地表达和交流。为此，教师可以通过组织跨文化交流活动、鼓励学生参与国际交流等方式来提高学生的跨文化交流能力。

除了教师方面的努力外，学生也应该积极参与到跨文化交流中来，提高自己的跨文化适应能力。学生可以通过学习外语、了解不同国家和地区的文化习俗、参加国际交流活动等方式来增强自己的跨文化意识。同时，学生也应该注重培养自己的独立思考能力和批判性思维，能够在不同文化背景下保持自己的独立性和创造性。

（二）本土文化与外来文化的冲突与融合——挑战与策略

在跨文化交流的背景下，本土文化与外来文化的冲突与融合成为音乐教育与德育面临的另一重要挑战。这一挑战不仅关乎文化的多样性，更直接影响到音乐教育与德育的效果与方向。

1. 挑战的具体表现

本土文化与外来文化的冲突在音乐教育与德育中表现为三个层面。

第一，在教育理念上，本土文化可能强调传统、秩序与尊重，而外来文化可能更加注重创新、自由与个性。这种理念上的差异可能导致教育者在实施音乐教育与德育时感到困惑，不知如何平衡两者的关系。

第二，在教学内容上，本土音乐文化与外来音乐文化在风格、技巧、理论等方面存在显著差异。如何选择和整合这些内容，使之既符合本土文化的审美习惯，又能吸收外来文化的精华，是音乐教育与德育面临的一大难题。

第三，在教学方法上，本土文化可能更倾向于教师主导、注重模仿与练习，而外来文化可能更强调学生中心、注重探究与合作。这种教学方法上的差异可能导致学生在学习过程中产生不适应感，影响学习效果。

2. 应对策略

为了应对本土文化与外来文化的冲突与融合这一挑战，本文提出以下策略。

（1）建立文化自觉与文化自信

在跨文化交流中，建立文化自觉与文化自信是应对文化冲突的关键。教育者应认识到本土文化的独特价值与魅力，坚定文化自信，同时积极了解和学习外来文化，拓宽文化视野。通过比较与对话，教育者可以更好地理解本土文化与外来文化之间的差异与联系，从而在教育实践中更加自如地运用两种文化资源。

（2）整合本土文化与外来文化资源

在音乐教育与德育中，整合本土文化与外来文化资源是实现文化融合的重要途径。教育者可以通过挖掘本土音乐文化的深厚底蕴，将其与外来音乐文化的精华相结合，创造出既具有本土特色又具有国际视野的教学内容。同时，教育者还可以借鉴外来文化中先进的教育理念和教学方法，将其融入本土教育实践中，提高教育效果。

（3）培养学生的跨文化交流能力

培养学生的跨文化交流能力是应对文化冲突与融合的长远之计。教育者应注重培养学生的多元文化意识，让他们学会尊重和理解不同文化背景下的音乐与德育观念。同时，教育者还应通过组织各种形式的跨文化交流活动，如音乐会、音乐节、音乐研讨会等，为学生提供展示和交流的平台，让他们在亲身体验中感受不同文化的魅力。

（4）加强国际合作与交流

加强国际合作与交流是实现文化融合的重要途径。教育者可以通过参与国际音乐教育组织、举办国际音乐节等方式，加强与国际音乐教育界的交流与合作。通过与国际同行的交流与学习，教育者可以及时了解国际音乐教育的最新动态和趋势，从而为本土音乐教育与德育的发展提供有益的借鉴和参考。

跨文化交流背景下的音乐教育与德育发展面临着新的机遇和挑战。通过多元音乐文化的接触与认知、音乐教育的创新与发展以及德育内容与形式的拓展等措施的实施，可以进一步推动音乐教育与德育的国际化发展。同时，针对跨文化交流背景下的挑战，我们需要采取积极的应对策略，加强跨文化交流能力培训、促进本土文化与外来文化的对话与互动以及挖掘和传承本民族的音乐文化遗产等。展望未来，随着全球化进程的深入发展以及跨文化交流的不断加强，音乐教育与德育将迎来更加广阔的发展空间和更加丰富的教育资源。